최고의 적중률로
최적합
합격을 보장하는

lution Architect 자격증 시험대비용

클라우드
AWS 자격증으로
시작하기

단원별 실력점검문제 수록 ⊕ Solution Architect 실전문제 수록

행복소프트 지음

BM (주)도서출판 **성안당**

클라우드
AWS 자격증으로
시작하기

2022. 6. 27. 1판 1쇄 인쇄
2022. 7. 4. 1판 1쇄 발행

저자와의
협의하에
검인생략

지은이 | 행복소프트
펴낸이 | 이종춘
펴낸곳 | BM (주)도서출판 **성안당**
주소 | 04032 서울시 마포구 양화로 127 첨단빌딩 3층(출판기획 R&D 센터)
       10881 경기도 파주시 문발로 112 파주 출판 문화도시(제작 및 물류)
전화 | 02) 3142-0036
       031) 950-6300
팩스 | 031) 955-0510
등록 | 1973. 2. 1. 제406-2005-000046호
내용문의 | blog.naver.com/limhojin123
출판사 홈페이지 | **www.cyber.co.kr**
ISBN | 978-89-315-5811-1 (13000)
정가 | 20,000원

이 책을 만든 사람들

책임 | 최옥현
진행 | 최창동
본문 디자인 | 인투
표지 디자인 | 박현정
홍보 | 김계향, 이보람, 유미나, 서세원, 이준영
국제부 | 이선민, 조혜란, 권수경
마케팅 | 구본철, 차정욱, 오영일, 나진호, 강호묵
마케팅 지원 | 장상범, 박지연
제작 | 김유석

■ 도서 A/S 안내

성안당에서 발행하는 모든 도서는 저자와 출판사, 그리고 독자가 함께 만들어 나갑니다.
좋은 책을 펴내기 위해 많은 노력을 기울이고 있습니다. 혹시라도 내용상의 오류나 오탈자 등이 발견되면 "좋은 책은 나라의 보배"로서 우리 모두가 함께 만들어 간다는 마음으로 연락주시기 바랍니다. 수정 보완하여 더 나은 책이 되도록 최선을 다하겠습니다.
성안당은 늘 독자 여러분들의 소중한 의견을 기다리고 있습니다. 좋은 의견을 보내주시는 분께는 성안당 쇼핑몰의 포인트(3,000포인트)를 적립해 드립니다.
잘못 만들어진 책이나 부록 등이 파손된 경우에는 교환해 드립니다.

AWS 자격증 유료 동영상 강의 및 AWS 블로그 안내

◼ AWS 자격증 유료 동영상 강의 과정 안내

성안당 이러닝 사이트(https://bm.cyber.co.kr/)에 접속하여 로그인한 후 『AWS』를 입력하고 돋보기 버튼을 클릭하여 해당 강의를 등록하고 학습할 수 있습니다.

◼ AWS 블로그 안내

① 네이버 블로그에서 『임베스트』로 검색 후 『임베스트/정보처리기술사/정보보안기사/ADsP/보안취업』 클릭
② 『blog.naver.com/limhojin123』에서 [AWS 자격증] 메뉴 클릭

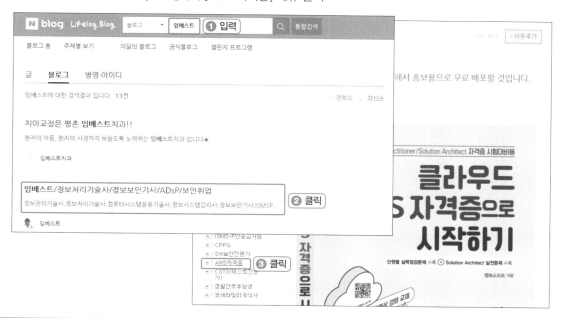

빅데이터와 인공지능은 세상을 크게 바꾸고 있습니다. 그리고 그 중심엔 클라우드 컴퓨팅이 있습니다. 과거 클라우드 컴퓨팅은 비용 절감과 효율화를 위해 시작했지만, 이제 빅데이터와 인공지능을 실현하기 위한 필수 인프라가 되었습니다. 대기업, 금융, 게임, 전자상거래를 비롯한 대부분의 기업들이 이미 클라우드 컴퓨팅을 도입했거나 도입 중에 있고, 공공 부문을 포함한 고용 시장에서 클라우드 컴퓨팅 전문가에 대한 수요는 끊이질 않고 있습니다. 다만, 클라우드 컴퓨팅은 접근하기 어려운 기술입니다.

그런 측면에서 이번에 출간되는 이 서적은 쉽고 명확한 설명과 자격증 시험에 대비한 다양한 예제와 연습문제를 제시하고 있어 클라우드 컴퓨팅을 본격적으로 준비하는 분들과 자격증을 준비하는 분들께 큰 도움이 될 것으로 생각합니다.

이 책을 통해 꿈이 이루어지길 기원합니다.

이재호 / 한국지능정보사회진흥원(NIA) 본부장 / 성균관대학교 정보통신대학원 겸임교수

많은 관련 전문 도서가 있지만, 현재 국내에서 가장 많이 활용하고 있는 AWS 클라우드 컴퓨팅과 클라우드의 학습을 돕는 귀한 도서입니다.

기문지학(記問之學)이란 말이 있습니다. 단순히 암기만 하고 제대로 이해하지 못한 학문을 뜻할 때 사용하는 옛말인데요. 이 책은 이론 과정을 문제 풀이로 학습하고, 클라우드 환경 내에서 직접 운용할 수 있는 다양한 서비스 또는 서버 환경을 독자가 따라 해봄으로써 전문가가 갖춰야 할 지식과 더불어 기술을 잘 익힐 수 있도록 구성된 책이라고 할 수 있습니다.

제가 조금 더 일찍 이 책을 만났더라면, 기존에 배웠던 클라우드에 대한 공부가 좀 더 쉽고 즐거웠을 거란 생각에 학습자 및 자격증을 준비하는 수험생들에게 권해드립니다.

차효성 / 국립암센터 국가암데이터센터 데이터운영팀장 / 공학박사

많은 기업들이 Digital Transformation이라는 기치 하에 클라우드로의 여정을 향하고 있는 요즘, 현실적으로 클라우드 지향 엔지니어의 부족이 가장 큰 문제로 대두되고 있습니다. 이런 상황에서 이 전문 서적은 누구나 쉽게 AWS 기반의 기술을 이해하고, 자격증을 취득하는 데 많은 도움을 드릴 수 있는 기술 필독서라 생각합니다.

현재환 / AWS Korea WWSO Database Team Manager

고객 중심의 서비스 전환으로 전 세계적으로 클라우드 기반 디지털 전환 추세가 빠르게 가속화되고 있는 가운데 AWS에서 제공하는 최신 클라우드 인프라 전환은 IT 산업을 근본적으로 바꾸고 시장을 주도하고 있습니다. 이제 기업들은 클라우드 컴퓨팅 플랫폼 서비스라는 영역으로 클라우드 환경에서 애플리케이션을 어떻게 개발하고 운영할지에 대한 본격적인 연구와 함께 클라우드 AWS 서비스를 핸들링할 수 있는 훌륭한 인재 확보를 위한 고민을 하고 있습니다.

이런 환경에서 「클라우드 AWS 자격증으로 시작하기」 수험서의 발간은 클라우드 기반 AWS의 기본 개념 이해와 응용을 요구하는 정보와 AWS를 컨트롤할 수 있는 실무적인 내용을 담고 있어 인재 양성에 많은 도움이 될 것으로 기대하며, 단순히 자격을 취득하기 위한 도구뿐만 아니라 전문가로 한 걸음 발돋음할 수 있는 실무 서적으로 활용할 수 있을 것으로 예상합니다.

또한 이 책을 통하여 독자들이 가장 효과적인 합격 지침서로서 비전공자까지도 쉽게 이해할 수 있고 쉽게 클라우드 기반의 AWS를 핸들링할 수 있는 능력을 키울 수 있도록 많은 도움을 줄 수 있는 서적으로 기대합니다.

윤진환 / 여기어때 사이버보안센터 센터장 / 공학박사

급변하는 국내외 IT 산업에 있어서 꼭 필요한 클라우드 서적을 발간하여 축하드립니다.

A(AI), B(Bigdata), C(Cloud) 시대에 맞추어 클라우드 사업에서는 AWS, MS Azure, Google Cloud, Oracle Cloud, Alibaba Cloud 등 많은 CSP(Cloud Service Provider) 서비스가 제공되고 있습니다. 특히 Public Cloud 중 국내 시장 50% 이상을 차지하고 있는 AWS를 다룬 본 서적은 클라우드 도입, 전환 사업을 고려하는 국내 기업들에게 도움이 될 수 있을 거라고 사료됩니다.

Cloud4C Korea(클라우드포씨 코리아)는 Global MSP(Managed Service Provider)로서 다양한 글로벌 CSP 社들과의 파트너 협업을 하는 기업으로, 이렇게 화두가 되고 있는 AWS를 본 서적을 통해 많은 도움을 얻을 수 있었습니다. 또한, IT 취업을 목표로 하는 취업 준비생분들은 AWS에 대한 전반적인 내용을 책 한 권으로 마스터할 수 있으며, 클라우드 실무에 대해 한 차원 높은 이해를 원하는 분들이 읽으면 큰 도움이 될 것입니다.

차준호 / Cloud4C Korea Sales Executive

AWS(Amazon Web Service) 자격시험

AWS 자격증은 아마존 클라우드 환경에서 애플리케이션을 개발하거나, 인프라를 설계하기 위해서 필요한 전문성을 확인하기 위한 자격시험으로 전 세계 테스트 센터에서 온라인으로 시험이 진행된다.

▲ AWS 자격증 체계도(관련 URL: https://aws.amazon.com/ko/certification)

가. 기초 등급(Fundational)

- Cloud Practitioner은 클라우드 컴퓨팅의 개념, 운영비용, 보안 등의 내용을 포함하고 있으며 클라우드 컴퓨팅 사용에 필요한 기본적인 지식들을 포함한다.

- 시험 형태는 객관식으로 100분 동안 진행된다.

나. 어소시에이트(Associate)

어소시에이트는 객관식(복수 정답) 형태로 130분 동안 시험이 진행된다.

▣ 어소시에이트(Associate)

종류	주요 내용
Solution Architect	AWS에서 비용 효율성, 시스템 확장성, 가용성 등을 고려하여 애플리케이션을 설계 배포하는 지식을 테스트한다.
SysOps Administrator	플랫폼에 대한 운영, 배포관리에 필요한 지식을 테스트한다.
Developer	클라우드 기반 애플리케이션 개발, 배포에 대한 지식을 테스트한다.

다. 프로페셔널(Professional)

프로페셔널은 객관식(복수 정답) 형태로 180분 동안 시험이 진행된다.

▣ 프로페셔널(Professional)

종류	주요 내용
Solution Architect	분산 애플리케이션 및 분산 시스템을 설계하는 지식을 테스트한다.
DevOps Engineer	플랫폼에 분산 애플리케이션을 제공하고 운영 및 관리 능력을 테스트한다.

라. 전문분야 등급(Specialty)

프로페셔널은 객관식(복수 정답) 형태로 170분 동안 시험이 진행된다.

▣ 전문분야 등급(Specialty)

종류	주요 내용
Advanced Networking	대규모 AWS환경에서 Hybrid 형태의 IT 아키텍처를 설계하고 구현할 수 있는 능력을 테스트한다.
Security	AWS 보안과 관련한 전문성을 확인한다.
Bigdata	AWS 빅데이터 서비스 및 환경의 전문성을 테스트한다.
Alexa Skill Builder	Alexa 스킬 구축, 테스트 등의 전문성을 테스트한다.
Machine Learning	AWS 머신러닝 서비스를 사용해서 모델을 생성하고 튜닝하는 능력을 테스트한다.

Cloud Practitioner 시험범위

가. Cloud Practitioner 시험

Cloud Practitioner 자격증은 100분 시험이고 하나 혹은 여러 개의 답을 선택하는 객관식 시험이다.

◾ Cloud Practitioner 시험범위(시험코드: CLF-C01)

시험범위	주요 내용	출제 비중
Cloud 개념	– AWS클라우드 및 가치 – AWS 클라우드의 경제성 – 클라우드 아키텍처 설계 원칙	26%
보안과 컴플라이언스	– AWS 클라우드의 공동책임 모델 – AWS 클라우드 보안 및 규정 – AWS Access Management 기능 – 보안 기능	25%
기술	– AWS 클라우드 운영방법 – AWS 글로벌 인프라 – 핵심 AWS 서비스 – 기술 지원	33%
지불과 비용	– AWS 요금 모델 – 요금 청구 및 계정 구조 – 청구를 위한 리소스 식별	16%

나. Cloud Practitioner 샘플문제

01 어떤 AWS 서비스가 AWS의 데이터베이스 마이그레이션을 간소화합니까?

A) AWS Storage Gateway

B) AWS Database Migration Service(AWS DMS)

C) Amazon EC2

D) Amazon AppStream 2.0

정답 및 풀이

AWS Database Migration Service는 빠르고 편리하게 데이터베이스를 마이그레이션할 수 있다. 마이그레이션이란, 어떤 데이터베이스에 있는 데이터를 변환하여 다른 데이터베이스로 적재하는 작업을 의미한다.

정답 : B

02 사용자가 AWS 환경에서 소프트웨어 솔루션을 찾아서 구입하고, 즉시 사용할 수 있도록 하는 AWS 제품은 무엇입니까?

A) AWS Config

B) AWS OpsWorks

C) AWS SDK

D) AWS Marketplace

정답 및 풀이

AWS Marketplace는 AWS환경에서 소프트웨어 제품을 구매할 수 있는 온라인 장터이다.

정답 : D

Solutions Architect 시험범위

가. Solutions Architect 시험

Solutions Architect 자격증은 1000점 만점에 최소 720점이 넘어야 합격이다.

■ Solutions Architect 시험범위(시험코드: SAA-C02)

시험범위	주요 내용	출제 비중
탄력적 아키텍처 설계	– 멀티 티어 아키텍처 솔루션 설계 – 고가용성, 내결함성이 있는 아키텍처 설계 – AWS 서비스를 사용한 분리구조 설계 – 적절한 스토리지 설계	30%
고성능 아키텍처 설계	– 워크로드를 위한 탄력적이고 확장 가능한 컴퓨팅 솔루션 – 워크로드를 위한 고성능, 확장 가능한 스토리지 솔루션 – 워크로드를 위한 고성능 네트워킹 솔루션 – 워크로드를 위한 고성능 데이터베이스 솔루션	28%
안전한 애플리케이션 및 아키텍처 설계	– AWS 리소스에 대한 안전한 액세스 설계 – 안전한 애플리케이션 티어 설계 – 적절한 보안 옵션 선택	24%
비용 최적화된 아키텍처 설계	– 비용 효율적인 스토리지 솔루션 파악 – 비용 효율적인 컴퓨팅 및 데이터베이스 서비스 파악 – 비용 최적화된 네트워크 아키텍처 설계	18%

나. Solutions Architect 샘플문제

01 CRM(고객 관계 관리) 애플리케이션은 Application Load Balancer 뒤의 여러 가용 영역에 있는 Amazon EC2 인스턴스에서 실행됩니다. 이러한 인스턴스 중 하나에 장애가 발생하면 어떻게 됩니까?

A) 로드 밸런서가 장애 발생 인스턴스로 요청을 보내는 것을 중지합니다.

B) 로드 밸런서가 장애 발생 인스턴스를 종료합니다.

C) 로드 밸런서가 장애 발생 인스턴스를 자동으로 교체합니다.

D) 인스턴스가 교체될 때까지 로드 밸런서가 504 게이트웨이 시간 초과 오류를 반환합니다.

> **정답 및 풀이**
>
> ALB(Application Load Balancer)는 요청을 정상 인스턴스로만 보내며, 대상 그룹의 대상에 상태 확인을 정기적으로 수행한다. 구성 가능한 연속 횟수 동안 상태 확인에 실패한 인스턴스는 비정상으로 간주된다. 로드 밸런서는 다음 번 상태 확인을 통과할 때까지 더 이상 인스턴스에 요청을 보내지 않는다.
>
> 정답 : **A**

02 Amazon SQS를 분리된 아키텍처로 갖추고 있는 회사에서 비동기 처리를 수행해야 합니다. 이 회사는 폴링 요청의 빈 응답 수를 최소로 유지하려고 합니다. 빈 응답을 줄이려면 솔루션 아키텍트는 어떻게 해야 합니까?

A) 큐의 메시지 최대 보존 기간을 늘립니다.

B) 큐의 재드라이브 정책에서 최대 수신 수를 늘립니다.

C) 큐의 기본 가시성 제한 시간을 늘립니다.

D) 큐의 수신 메시지 대기 시간을 늘립니다.

> **정답 및 풀이**
>
> 큐의 ReceiveMessageWaitTimeSeconds 속성이 0 보다 큰 값으로 설정되어 있으면 긴 폴링이 적용된다. 긴 폴링은 Amazon SQS가 메시지를 사용할 수 있을 때까지 기다렸다가 ReceiveMessage 요청에 응답을 보내도록 하여 빈 응답 수를 줄인다.
>
> 정답 : **D**

AWS(Amazon Web Service) 신청 방법

AWS 자격증 시험접수는 아마존 홈페이지(aws.amzon.com/ko/training)에서 신청할 수 있으며, AWS 시험센터에서 언제든 응시할 수 있다.

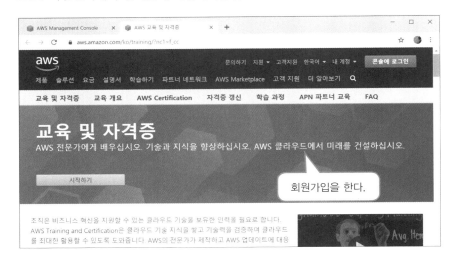

▲ AWS 사이트 접속 및 회원가입

▲ 자격증(aws.training/Certification)

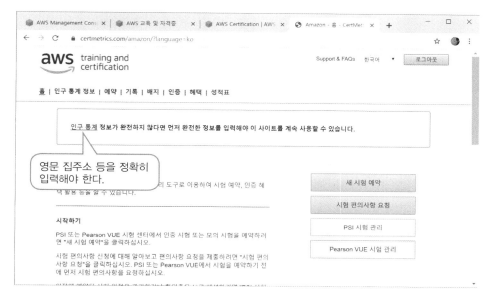

▲ 인구통계 정보 입력

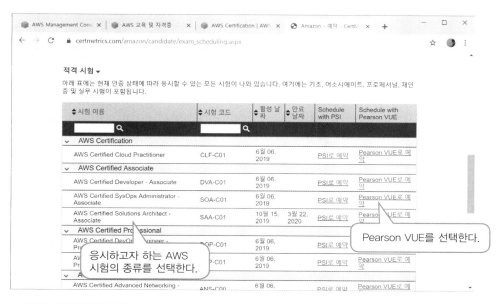

▲ AWS 자격증 종류 선택

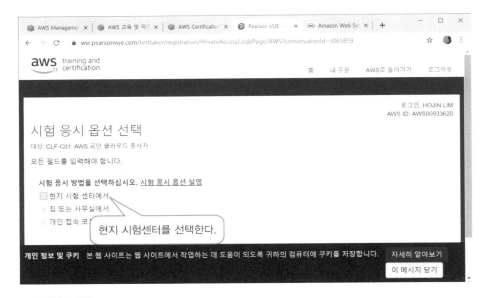

▲ 시험센터 선택

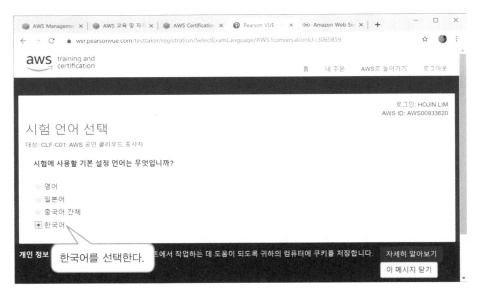

▲ 시험문제 언어 선택

– 한국어를 선택하면 영어까지 볼 수 있다.

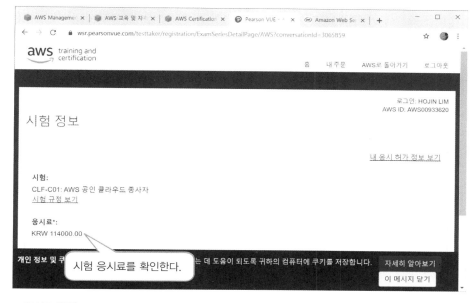

시험 응시료를 확인한다.

▲ 응시료 확인

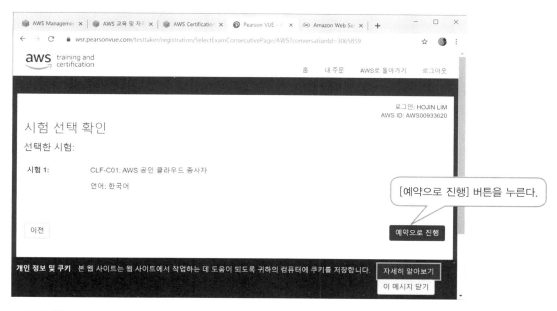

[예약으로 진행] 버튼을 누른다.

▲ 예약 진행

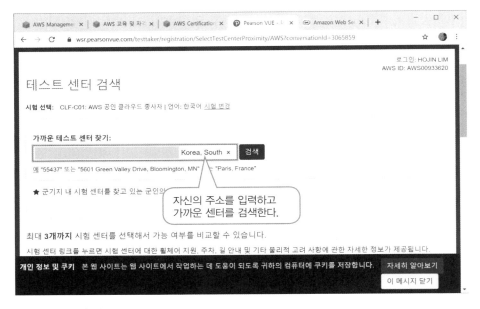

▲ 테스트 센터 확인

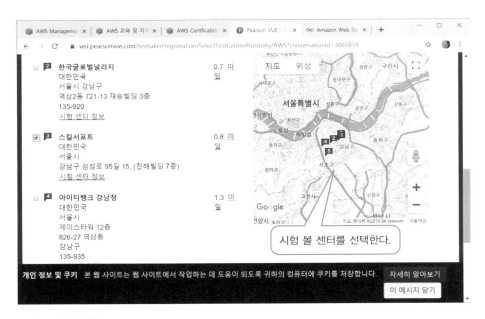

▲ 테스트 센터 위치

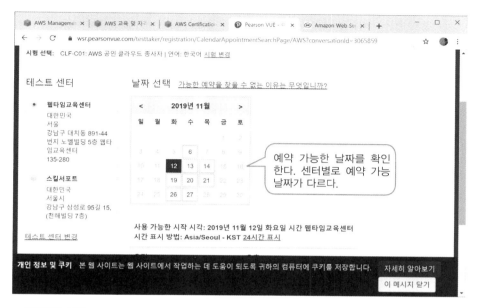

▲ 시험일자 선택

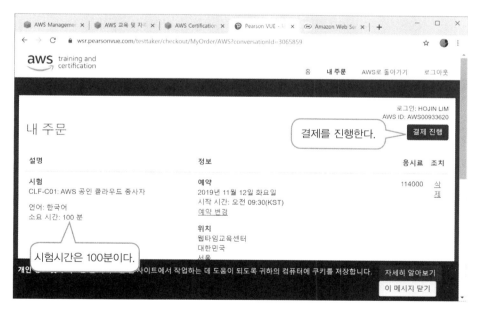

▲ 결제

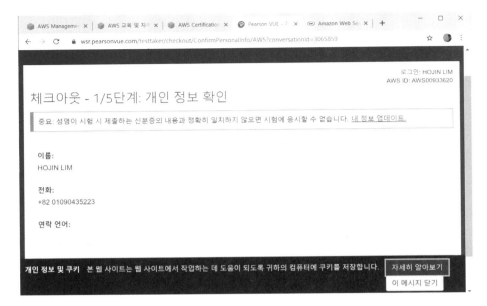

▲ 개인정보 확인

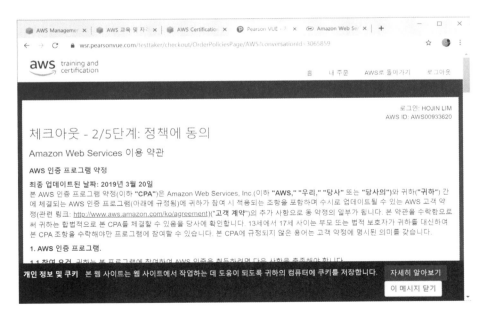

▲ 약관 확인

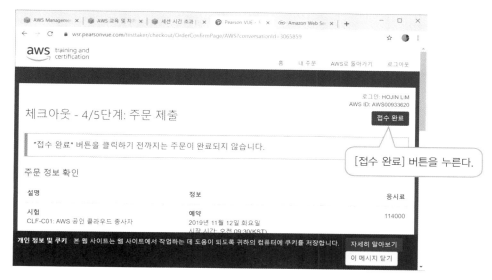

▲ 접수 완료

– 반드시 [접수 완료] 버튼을 클릭해야 한다.

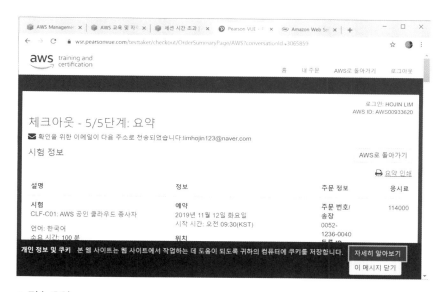

▲ 접수 요약

위의 내용을 모두 진행하면 AWS 자격시험 접수가 완료된다. 단, AWS 홈페이지 내용이 조금 변경될 수 있지만, 기본적인 접수방법은 동일하다.

목차

CHAPTER 03 **Solution Architect 실전문제**

CHAPTER 04 **AWS 보안 취약점**

학습목표

본 장에서는 클라우드 컴퓨팅의 기본적인 개념과 클라우드 컴퓨팅을 학습하기 위한 가상화(Virtualization)를 이해하고 클라우드 컴퓨팅 모델에 대해서 학습한다.

클라우드 컴퓨팅과 AWS

Section 01 클라우드 컴퓨팅 개요

POINT 1 클라우드 컴퓨팅

 클라우드 컴퓨팅(Cloud Computing)

클라우드 컴퓨팅은 인터넷(Internet)을 사용해서 공유자원(서버, 네트워크, 스토리지)을 사용할 수 있는 서비스이다.

기업 혹은 개인이 컴퓨터가 필요할 때는 서버 혹은 PC를 구매하고 전원을 연결한다. 그리고 운영체제라는 소프트웨어를 설치해야 한다. 운영체제는 컴퓨터 하드웨어(기계)를 사용할 수 있게 하는 소프트웨어로 윈도 혹은 리눅스 같은 것이 있다. 운영체제를 설치한 이후에는 자신이 필요로 하는 소프트웨어를 설치해야 한다. 예를 들어 크롬 웹브라우저를 설치하거나 MS Office 등을 설치해야 한다. 클라우드 컴퓨팅은 이러한 모든 작업을 서비스(Service) 형태로 제공한다. 예를 들어 컴퓨터를 구매할 필요가 없고 컴퓨터에 운영체제를 설치할 필요도 없이 오직 인터넷에서 제공하는 서비스를 호출하여 즉시 필요한 자원(서버, 네트워크, 스토리지, 소프트웨어 등)을 사용할 수 있는 것이다.

인터넷을 사용해서 개인 혹은 기업이 사용할 수 있는 클라우드 컴퓨팅은 Amazon AWS, Microsoft Azure, Google Cloud Platform으로 가장 대표적인 클라우드 서비스이다. 특히 국내에서 인터넷 홈쇼핑 업체들은 일부 혹은 전부를 클라우드 컴퓨팅을 사용해서 서비스하고 있으며, 이 중에서 Amazon의 AWS를 많이 사용하고 있다. 예를 들어 롯데쇼핑, GS홈쇼핑, AK프라자 등은 일부 혹은 전체를 AWS 클라우드를 사용하고 있다.

▣ 인터넷에서 제공하고 있는 클라우드 컴퓨팅 종류

구분	특징
Amazon AWS	2019년을 기준으로 세계 클라우드 컴퓨팅 시장의 34.6%를 차지하고 있으며, 국내 기업들도 AWS를 가장 많이 사용하고 있다.
Microsoft Azure	2019년을 기준으로 세계 18.1%의 시장을 점유하고 있으며, 국내에서도 점유율이 계속 높아지고 있다.
Google Cloud Platform	구글에서 제공하는 클라우드 서비스로 SAP, VMWare, Windows, Oracle, 데이터 센터 마이그레이션 등을 제공한다.

POINT 2 On demand 서비스와 SLA

 On demand(주문형 서비스)

On demand는 클라우드 컴퓨팅 서비스 사용자가 요청한 만큼 서비스를 제공하고 비용을 청구하는 모델을 의미한다.

서비스 사용자는 더 이상 하드웨어 및 소프트웨어를 구매하지 않고 자신이 필요한 시점에 요청하면 서비스하는 형태를 On demand라고 한다. 예를 들어 IBM의 서버를 구매하지 않고 CPU 4개에 주기억장치(Main memory) 8Giga byte가 필요하면 IBM에 요청하고 서버를 제공받는 것이다.

IBM이 서버를 제공할 때는 대용량의 서버를 IBM에 설치하고 서비스 사용자가 요청한 만큼의 컴퓨터 자원을 사용할 수 있게 한다. 이때 IBM은 대용량 자원의 일부만 서비스 사용자에게 제공하기 때문에 해당 서버의 자원을 분할, 할당할 수 있는 방법이 있어야 한다. 즉 가상화(Virutalization) 기술이 필요한 것이다. 가상화 기술은 하드웨어를 분할하거나 할당할 수 있어서 물리적으로 한 대의 서버를 여러 서비스 사용자가 같이 사용할 수 있다. 또한 가상화는 여러 개의 물리적 자원을 통합하여 하나의 컴퓨터처럼 사용할 수도 있게 한다.

▣ 가상화(Virtualization)

하나의 물리적 자원을 같이 사용	여러 개의 물리적 자원을 통합
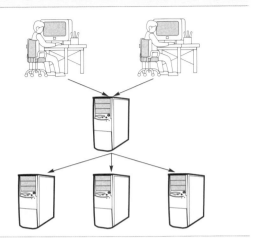	
가상화는 한 대의 고성능 컴퓨터를 분할하여 여러 명의 서비스 사용자에게 제공할 수 있게 한다.	가상화는 여러 개의 물리적 서버를 통합하여 마치 한 대의 고성능 컴퓨터를 사용하는 것처럼 한다.

 SLA(Service Level Agreement)

SLA란, On demand 서비스를 사용할 때 클라우드 컴퓨팅 서비스 사용자와 서비스 제공자(예 AWS) 간에 서비스 수준에 대한 협약서이다. 즉 SLA를 통해서 사용한 서비스만큼 비용을 지불하게 된다.

POINT 3 가상화(Virtualization)

 가상화(Virtualization)

가상화란, 여러 개의 물리적 자원을 하나로 통합해서 관리하거나 하나의 물리적 자원을 여러 개로 분할하여 사용하는 기술로 서버 가상화, 데스크톱 가상화, 스토리지 가상화 등의 기술이 있다.

가상화 기술을 사용하면 여러 개의 자원을 통합하여 보다 효율적으로 컴퓨터 자원을 사용할 수 있다. 즉 하나의 컴퓨팅 자원을 여러 명의 클라우드 서비스 사용자에게 분할하여 개별적인 시스템을 구축하거나 사용할 수 있는 것이다.

■ Host OS와 Guest OS

구분	특징
Host OS(Operating System)	하드웨어 위에 설치된 운영체제를 의미한다.
Guest OS(Operating System)	호스트 가상화 혹은 하이퍼바이저 위에 설치된 운영체제이다.

서버 가상화 기술은 호스트 가상화, 하이퍼바이저 가상화, 컨테이너 가상화 기술이 있으며, 서버 가상화란 운영체제 혹은 애플리케이션에 대해서 가상환경을 구현하는 기술이다.

■ 가상화 종류

구분	특징
호스트 가상화 (Host Virtualization)	- Host OS 위에 Guest OS가 실행되는 방식이다. - VM Workstation, VMServer, Virtual Box 등이 있다.
하이퍼바이저 (Hypervisor Virtualization)	- Host OS가 없고 하드웨어에 하이퍼바이저를 설치하여 사용하는 방식이다. - Xen, Microsoft Hyper-V, Citrix, KVM 등이 있다.
컨테이너 가상화 (Container Virtualization)	- Host OS 위에 컨테이너 관리 소프트웨어를 설치하여 논리적인 컨테이너를 나누어서 사용한다. - Docker가 있다.

1) 호스트 가상화(Host Virtualization)

호스트 가상화는 일반적으로 교육환경에서 많이 사용되는 방식으로 컴퓨터에 설치된 운영체제에 가상머신(Virtual Machine)을 설치하고 가상머신에 Guest OS를 설치한다. 즉 Oracle VM Virtual Box나 Vmware Workstation이 있다.

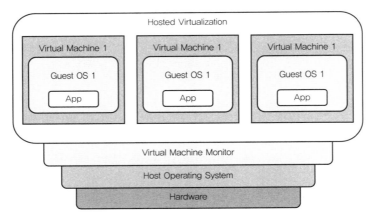

▲ 호스트 가상화

위의 그림을 보면 하드웨어 위에 설치된 운영체가 Host OS이고 Host OS에 Virtual Machine(예 Virtual Box)을 설치한다. 그리고 Virtual Machine 위에 리눅스 혹은 윈도 같은 Guest OS를 설치하여 사용한다.

■ 호스트 가상화의 장점과 단점

장점	단점
Host OS에 제약이 없다.	Host OS 위에 다시 Guest OS를 설치해서 사용하기 때문에 오버헤드(Overhead)가 크다.

2) 하이퍼바이저(Hypervisor Virtualization)

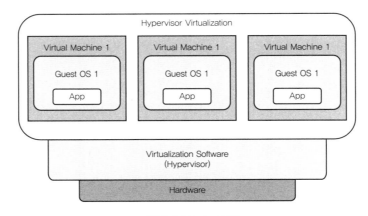

▲ 하이퍼바이저 가상화

하이퍼바이저는 하드웨어 위에 별도의 Host OS를 설치하지 않고 하이퍼바이저라는 가상화 소프트웨어를 설치한다. 그리고 하이퍼바이저 위에 Guest OS를 설치하는 구조이다.

■ 하이퍼바이저 가상화의 종류

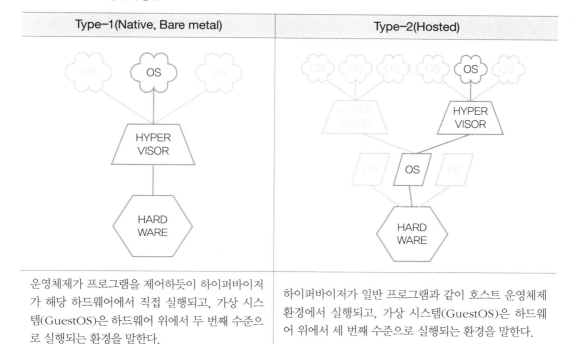

Type-1(Native, Bare metal)	Type-2(Hosted)
운영체제가 프로그램을 제어하듯이 하이퍼바이저가 해당 하드웨어에서 직접 실행되고, 가상 시스템(GuestOS)은 하드웨어 위에서 두 번째 수준으로 실행되는 환경을 말한다.	하이퍼바이저가 일반 프로그램과 같이 호스트 운영체제 환경에서 실행되고, 가상 시스템(GuestOS)은 하드웨어 위에서 세 번째 수준으로 실행되는 환경을 말한다.

■ 하이퍼바이저 가상화의 장점과 단점

장점	단점
Host OS가 없기 때문에 오버헤드가 적다.	자체적으로 머신에 대한 관리 기능이 없기 때문에 관리를 위한 컴퓨터 혹은 콘솔이 필요하다.

3) 컨테이너 가상화(Container Virtualization)

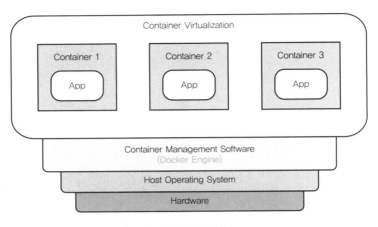

▲ 컨테이너 가상화

컨테이너 방식은 Host OS 위에 컨테이너(예 Docker)를 설치하고 각각의 컨테이너 별로 애플리케이션을 사용하는 방식이다.

▣ 컨테이너 가상화의 장점과 단점

장점	단점
오버헤드가 적고 속도가 빠르다.	만약 Docker를 사용한다면 리눅스 기반의 운영체제를 사용해야 한다.

Section 02 클라우드 컴퓨팅 모델

POINT 1 On-Premise

On-Premise는 서버, 데이터베이스, 네트워크 장비 등을 모두 구매해서 구축하고 운영하는 서비스를 의미한다. 일반적으로 IDC(Internet Data Center)에 서버를 설치하고 전용 네트워크를 통해서 운영하는 시스템 형태이다.

■ IDC(Internet Data Center) 시설

서버 랙(Server Rack)	케이블 타워	항온항습기

랙은 서버를 설치하는 장치를 의미한다.	각종 서버에 케이블을 연결하여 통신하고, 케이블은 케이블 타워에 설치한다.	IDC의 온도와 습도 등을 조절한다.

On-Premise에 시스템을 구축하려면 시설 및 서버 구매 등의 비용이 발생하고 IDC를 운영하기 위한 각종 부대비용 및 인력 비용 등이 발생한다. AWS는 전 세계에 리젼을 두고 AWS에서 이러한 IDC를 구축하고 서비스한다. 즉 AWS 사용자는 서비스를 신청하고 사용하여 원하는 시스템을 빠르고 저렴하게 구축할 수 있다.

클라우드 컴퓨팅 종류

클라우드 컴퓨팅은 서비스를 제공하는 방식에 따라서 Private Cloud, Public Cloud, Hybrid Cloud로 분류된다.

■ 클라우드 컴퓨팅 종류

종류	설명
Private Cloud	기업 내부에서 기업 내부 조직원들을 위한 서비스를 제공한다.
Public Cloud	인터넷을 사용해서 제공하는 클라우드 컴퓨팅 형태로 AWS, Azure 등이 있다.
Hybrid Cloud	Private 및 Public Cloud를 모두 제공하는 형태이다.

POINT 3 클라우드 컴퓨팅 모델

클라우드 컴퓨팅 모델은 IaaS, PaaS, SaaS로 분리되면 아마존 AWS는 3가지 모델 모두를 제공한다.

가. IaaS(Infrastructure as a Service)

- 인프라를 서비스 형태로 제공하는 것으로 서버, 스토리지, 네트워크 관련 각종 물리적 장비를 서비스 형태로 제공한다.
- AWS에서는 EC2, S3, VPC 등의 서비스가 해당된다.

나. PaaS(Platform as a Service)

- 인프라에 설치되는 운영체제, 미들웨어, 데이터베이스 관리 시스템 등의 소프트웨어를 제공한다.
- AWS에서는 리눅스 및 윈도 운영체제, Oracle, MySQL 등의 DBMS를 제공하는 것이다.

다. SaaS(Software as a Service)

- 응용 프로그램을 서비스 형태로 제공하는 것이다.

– 구글 Office 365, 드롭박스 등의 응용 프로그램을 제공한다.

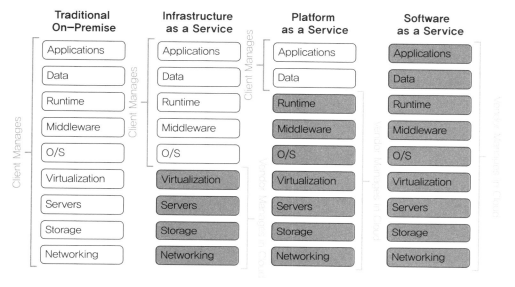

▲ 전통적인 모델과 클라우드 모델

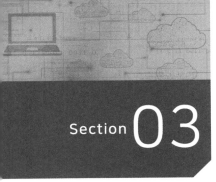

Section 03 AWS(Amazon Web Service)

POINT 1 AWS(Amazon Web Service)

아마존 AWS는 컴퓨팅, 네트워킹, 스토리지, 분석 플랫폼 등 다양한 서비스를 제공한다. AWS에서 제공하는 서비스는 클라우드 서비스 사용자가 AWS Management Console에서 몇 번의 버튼 클릭만으로 사용할 수 있다.

■ 컴퓨팅 서비스

서비스	설명
Amazon EC2	– 다양한 타입의 가상화 서버를 지원한다. – Windows, Linux, Aurora 등을 지원한다.
Amazon Auto Scaling	– 특정 조건에 따라서 자동으로 서버를 추가, 삭제하는 서비스이다. – 즉 사용량에 따른 증설과 축소를 자동으로 한다.
Amazon Lightsail	– VPS(Virtual Private Server)는 웹사이트 및 웹 애플리케이션을 배포하거나 관리한다.
Amazon Workspace	– 데스크톱 가상화 서비스로 사내 PC를 가상화하고 개인 PC에 문서를 저장하지 않고 서버에 보관한다.

■ 네트워킹 서비스

서비스	설명
Amazon Route 53	클라우드 기반의 DNS(Domain Name System)이다.

서비스	설명
Amazon VPN (Virtual Private Network)	네트워크 접근제어, DHCP, VPN을 사용하여 가상 사설 네트워크를 구성한다.
AWS Direct Connect	AWS를 연결하기 위해서 전용선을 구성하는 것으로 AWS-On-Premise를 연결한다.
Amazon ELB(Elastic Load Balancer)	네트워크 부하를 분산하기 위해서 L4 스위치 역할을 한다.

■ 스토리지 서비스

서비스	설명
Amazon S3	범용적인 스토리지를 제공하는 서비스로 데이터 보관, 웹사이트 호스팅 등의 데이터를 보관하고 관리한다.
Amazon DynamoDB	NoSQL 서비스로 대용량의 데이터를 저장하고 분석하기 위한 서비스이다.
Amazon ElasticCache	In-memory 기반의 Cache 서비스이다.

■ 분석 플랫폼

서비스	설명
Amazon Kinesis	- 대규모 스트리밍 서비스를 하기 위해서 대량의 데이터를 저장 분류하는 서비스이다. - 기계학습 분석, 비디오, 오디오, 애플리케이션 로그, IoT 데이터를 실시간으로 수집할 수 있다.
Amazon RedShift	- Data warehouse와 데이터 Lake를 지원하는 분석용 서버이다.
Amazon EMR	- 저장된 데이터를 분류하고 분석하는 서비스를 제공한다.

■ 분석 플랫폼

서비스	설명
Amazon CloudSearch	대량의 데이터를 검색할 수 있는 서비스로 정보를 모바일로 전달할 수 있다.
Amazon SES(Simple Email Services)	외부로 대량의 메일을 발송할 수 있는 서비스이다.
Amazon Elastic Transcoder	동영상 인코딩을 지원하는 서비스이다.

AWS는 인프라 설계를 위한 안내서를 제공한다. 즉 Well-Architecture Framework는 보안 및 고성능 시스템, 복원력을 확보하기 위해서 아키텍처를 평가하고 구현하는 체계적인 방법을 제시하는 모범 사례이다.

■ AWS Well-Architected 및 6대 원칙

6대 원칙	설명
운영 우수성 원칙	시스템의 실행 및 모니터링에 대한 프로세스와 절차를 개선한다.
보안 원칙	데이터의 기밀성 및 무결성, 사용자 권한 관리, 보안 이벤트 감지를 위한 설정을 제공한다.
안정성 원칙	실행하는 워크로드와 요구사항을 만족하기 위해서 신속하게 복구하는 방법을 제공한다.
성능 효율성 원칙	최적화된 리소스 선택 및 성능 모터링 방법을 제공한다.
비용 최적화 원칙	불필요한 비용이 발생하지 않도록 한다.
지속 가능성 원칙	클라우드 워크로드 실행이 환경에 미치는 영향을 최소화한다.

AWS Trusted Advisor는 비용적인 측면에서 비용을 절감하거나 성능 개선, 보안 강화를 위한 지침을 제공한다. 즉 Trusted Advisor는 사용하는 계정을 평가하여 최적화하고 보안 및 성능을 개선하며, 비용을 절감한다.

확인문제

01 이메일로 관리자들에게 뉴스레터를 분산 전송하는 것은 어느 것인가? (AWS Cloud Practitioner)

1) Amazon ElasticCache Store는 뉴스레터를 중계한다.
2) Amazon SNS를 생성하고 관리자들에게 전송한다.
3) Amazon S3와 AWS CloudTrail에 뉴스레터를 저장한다.
4) Amazon CloudFront에 메시지 큐를 생성한다.

정답 및 풀이

Amazon SNS(Simple Notification Service)는 게시 및 구독 기능에서 다대다 메시징 서비스를 제공한다.

정답 : **2번**

02 Amazon EC2 인스턴스를 사용할 때 장점은? (2개를 선택하세요.) (AWS Cloud Practitioner)

1) 자동백업

2) RAM을 신속하게 추가할 수 있는 경우

3) 크기 조정 가능

4) 새로운 다른 스토리지 요구사항을 지원할 수 있는 기능

5) 사용한 용량에 대해서만 비용 지불

정답 및 풀이

Amazon EC2를 사용하면 사용한 용량만큼 비용을 지불하고 새로운 다른 스토리지 요구사항을 지원할 수 있다.

정답 : **4, 5번**

03 시스템의 성능과 애플리케이션의 성능을 모니터링하고 최적화 되게 자원을 사용할 수 있도록 변경하거나 운영을 진단할 수 있는 서비스는? (AWS Cloud Practitioner)

1) AWS Cloud9   2) Amazon CloudWatch

3) AWS CloudFormation   4) AWS CloudTrail

정답 및 풀이

CloudWatch 서비스는 성능 모니터링 및 로그관리 등을 수행한다.

▲ AWS CloudWatch

정답 : **2번**

04 당신의 인프라스트럭처에 대해서 보안 최적화를 할 수 있도록 추천하는 AWS 서비스는?

(AWS Cloud Practitioner)

1) Amazon Aurora

2) Amazon CloudWatch

3) AWS Trusted Advisor

4) Amazon Inspector

정답 및 풀이

Trusted Advisor는 성능 및 보안을 최적화한다.

▲ AWS Trusted Advisor

정답 : **3번**

05 다음 중 AWS Trusted Advisor를 가장 잘 설명한 문장은 무엇인가? (AWS Cloud Practitioner)

1) 고객의 월별 AWS 청구서를 효율적으로 추정하는 데 도움이 되는 도구

2) AWS의 모범사례에 따라서 리소스를 프로비저닝 하는 데 도움이 되는 실시간 지침을 제공하는 도구

3) AWS 사용 시 비용 절감을 추정하고 상세한 보고서 세트를 제공하는 도구

4) 비용 및 사용량을 보고 분석할 수 있게 지원하는 도구

정답 및 풀이

AWS Trusted Advisor는 모범사례에 따라서 리소스를 프로비저닝 하는 데 도움이 되는 실시간 지침을 제공하는 도구이다.

정답 : **2번**

06 다음 중 비즈니스 가치를 제공하고 지원 프로세스 및 절차를 지속적으로 개선하기 위해 시스템을 실행 및 모니터링하는 기능으로 정의되는 Well-Architected 프레임워크의 핵심요소는 무엇인가? (AWS Cloud Practitioner)

1) 보안　　　　　　　　　　　　　　　2) 운영 우수성

3) 민첩성　　　　　　　　　　　　　　4) 성능 효율성

정답 및 풀이

6대 원칙 중에서 운영 우수성의 원칙은 시스템의 실행 및 모니터링에 대한 프로세스와 절차를 개선한다.

정답 : **2번**

07 당신 서비스들에 대해 사용자들의 Latency 보고서를 받는다. 관리자는 서버들의 로드(부하) 등을 통지받는다. 어떻게 자동화하여 받을 수 있는가? (AWS Cloud Practitioner)

1) Latency 이슈를 AWS CloudTrail을 활성화한다.
2) 다른 가용 영역에 6개의 Amazon EC2를 생성한다.
3) AWS CloudFormation에 새로운 템플릿을 생성한다.
4) Amazon CloudWatch alarm과 스케일 정책을 트리거한다.

정답 및 풀이

CloudWatch는 성능을 모니터링하고 통지한다.

정답 : **4번**

08 자원을 모니터링하고 자동으로 자원변경 통지할 수 있는 AWS 서비스는? (AWS Cloud Practitioner)

1) Amazon CloudWatch　　　　　　　2) Amazon EC2

3) Amazon Aurora　　　　　　　　　4) Elastic Load Balancing

정답 및 풀이

리소스(자원)를 모니터링하는 것은 CloudWatch 서비스이다.

정답 : **1번**

기업이 아마존 AWS로 전환 시에 어떤 장점이 있을까? 스타트업과 같은 기업은 자신의 아이디어를 실제 비즈니스에 구현하기 위해서 정보시스템이 필요하다. 즉 서버, 스토리지, 네트워크 등의 정보시스템을 구매하고 소프트웨어를 개발해야 한다. 하지만 클라우드 컴퓨팅인 AWS를 사용하면 사업 초기 투자비용이 발생하지 않는다. 즉 서버, 스토리지, 네트워크 등을 구매하지 않고 서비스 형태로 사용하기 때문에 초기 투자비용이 발생하지 않는 장점이 있다.

On-Premise로 정보시스템을 구축하기 위해서는 최소한의 시설이 필요하다. 즉 서버를 설치해 둘 기계실(혹은 IDC)이 필요하고 해당 기계실에 전원, 항온항습기, 전원 이중화 등의 시설이 필요하다. 하지만 AWS는 이러한 물리적 시설을 모두 구축해서 서비스 형태로 제공하고 있다. 따라서 물리적 시설 운영비용 또한 물리적 시설을 관리하기 위한 인건비 등이 절감되어 운영비용이 감소하게 된다.

만약 스타트업 기업이 서버를 구매해야 한다면 어떤 사양의 서버를 구매해야 할까? 초기에 너무 저렴한 서버를 구매했는데 향후 사용자가 폭증하게 되면 다시 서버를 구매해야 한다. 즉 사업 초기에 이러한 것을 예측하는 것은 쉽지 않다. 하지만 AWS 서비스 형태로 제공하기 때문에 저사양의 서버에서 고사양 서버로 탄력적 확장이 가능하다.

새로운 사업을 하기 위해서 때로는 타이밍이 중요하다. 새로운 시장이 생성되었을 때 경쟁사보다 빠르게 시장을 점유하는 것은 아주 중요하지만 시스템 구축과 운영 등으로 시간이 오래 발생한다면, 이미 경쟁사에게 타이밍을 빼앗길 것이다. 따라서 AWS의 장점 중 하나가 속도 및 민첩성이다. 즉 정보시스템을 수분 만에 구축하여 바로 서비스할 수 있게 하는 것이다.

또한 AWS에서 제공하는 서비스는 언제든지 전 세계로 확장하여 사업을 확장할 수 있다. 즉 AWS는 전 세계적으로 서비스하기 때문에 언제든 글로벌 확장이 가능하다.

아마존 AWS는 정보시스템의 구축과 운영 등에 대한 부분을 모두 서비스 형태로 제공하여 클라우드 사용자가 필요로 하는 시점에 저렴한 비용으로 제공할 수 있다. 따라서 클라우드 사용자는 자신의 기업이 주력으로 하는 비즈니스에 집중하여 보다 더 높은 경쟁력을 가질 수 있다.

■ AWS

장점	특징
초기 투자비용	– 사전에 서버, 스토리지, 네트워크 등의 인프라를 구매하지 않고 서비스 형태로 사용할 수 있다. – 즉 사용량과 관계없이 지출되는 고정비용을 사용량만큼 지불하는 가변비용으로 대체하게 된다.
운영비용 절감	– 실제 클라우드 서비스 사용자가 사용한 만큼 비용을 지불하여 운영비용을 줄일 수 있다. – 또한 AWS는 글로벌 시장에서 서비스를 제공하기 때문에 규모의 경제 측면으로 비용을 낮출 수 있다.
탄력적 운영 및 확장	– AWS는 클라우드 서비스 사용자가 필요한 만큼의 용량을 언제든지 제공할 수 있다. – 즉 용량을 예측하지 않고 필요한 만큼 확장이 가능하다.
속도 및 민첩성	– 클라우드 서비스 제공자가 필요한 시점에 정보시스템 인프라를 구축하고 확장이 가능하다.
핵심역량 집중	– 정보시스템에 대한 부분을 전문업체인 아마존 AWS에 의뢰하고 클라우드 서비스 사용자는 자신의 핵심 비즈니스에 집중할 수 있다.
글로벌 확장	– AWS는 전 세계적으로 리전을 보유하고 서비스를 하고 있기 때문에 언제든지 글로벌 확장이 가능하다.

 AWS 장점

AWS 장점은 AWS Cloud Practitioner 시험에 항상 2~3문제 정도 출제된다. 따라서 AWS 장점을 반드시 기억해야 한다.

확인문제

01 컴퓨팅 워크로드가 다양한 애플리케이션에서 AWS가 기존 데이터 센터보다 경제적인 이유는 무엇인가? (AWS Cloud Practitioner)

1) Amazon EC2 비용은 월단위로 비용이 청구된다.

2) 고객은 Amazon EC2 인스턴스에 대한 전체 관리 액세스 권한을 보유한다.

3) 필요할 때 필요에 따라 Amazon EC2 인스턴스를 시작할 수 있다.

4) 고객은 최대 워크로드를 처리하기에 충분한 영구적인 인스턴스를 실행할 수 있다.

AWS EC2 비용 계산은 초 단위로 계산되고 경제적인 측면에서 필요한 시점에 Amazon EC2 인스턴스를 시작할 수 있다.

정답 : 3번

02 고객이 AWS환경에서 소프트웨어 솔루션을 찾고 즉시 구입하여 사용할 수 있는 환경을 제공하는 AWS 제품은 무엇인가? (AWS Cloud Practitioner)

1) AWS Config

2) AWS OpsWorks

3) AWS SDK

4) AWS Marketplace

AWS Marketpalce는 보안, 네트워크, 스토리지, 기계학습, IoT(Internet of Things), 데이터베이스, DevOps 등의 수천 개의 소프트웨어를 조회하고 자신이 원하는 소프트웨어를 사용할 수 있는 서비스이다.

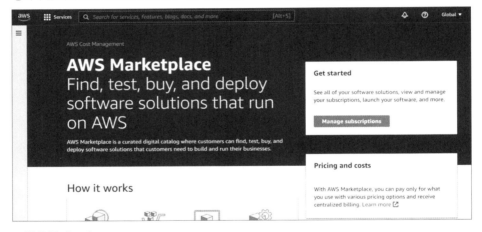

▲ AWS Marketplace

정답 : 4번

03 클라우드 컴퓨팅으로 전환하는 가장 큰 이유는? (AWS Cloud Practitioner)

1) 즉각적인 구성

2) 인프라

3) 민첩성

4) 자동화

5) 프로비저닝

기업들이 클라우드로 전환하는 가장 큰 이유는 민첩성이다.

정답 : **3번**

04 AWS 클라우드의 가치에 포함되어야 하는 것은 어느 것인가? (AWS Cloud Practitioner)

1) 표준적인 보안제약

2) 파라메터가 없는 전체적으로 독립적 개발

3) 광대역적인 경제적 확장

4) 당신의 서버들의 물리적 재배치

AWS는 글로벌 시장에서 서비스를 제공하므로 광대역적인 경제적 확장이 가능하다.

정답 : **3번**

05 On-Premise 데이터 센터에서 AWS Cloud 환경으로 이동할 경우 고객이 좋은 점 하나는?
(AWS Cloud Practitioner)

1) 비즈니스로부터 IT 지불을 제한할 수 있다.

2) 고객들의 데이터 센터의 서버들을 기록한다.

3) 비즈니스 활동에 포커스할 수 있다.

4) 서버 패치로부터 해방된다.

AWS 장점 중에 하나는 클라우드 서비스 사용자는 자신의 핵심 역량에 집중할 수 있다.

정답 : **3번**

POINT 3 · AWS 공동책임 모델 및 규정 준수 프로그램

AWS 공동책임 모델이란 아마존 AWS와 클라우드 서비스 사용자(고객) 간에 책임을 정의한 모델이다.

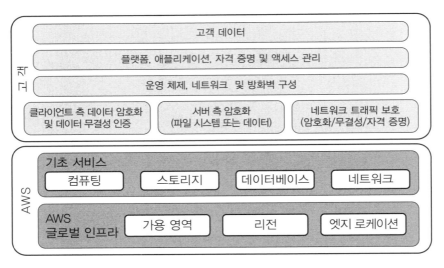

▲ AWS 장점

1) AWS 책임

AWS 클라우드에서 제공되는 모든 서비스에 대해서 인프라를 보호할 책임이 있다. 여기서 인프라란 하드웨어, 소프트웨어, 네트워킹 및 시설을 의미한다.

– 호스트, 네트워크, 소프트웨어, 시설

– AWS 글로벌 인프라 보호

2) 고객책임

고객은 AWS 내에 저장 및 관리하는 고객 데이터 관리(암호화), 자산 분류, 적절한 허가를 위한 IAM 도구, AWS EC2 인스턴스에 설치한 모든 애플리케이션, 유틸리티 등은 고객책임이다.

– 고객 데이터, 애플리케이션, 데이터 암호화, 운영체제 패치

– 네트워크로 전송되는 데이터 암호화, 자격 증명, 액세스 관리 등

– 접근통제

AWS 규정 준수 프로그램은 고객이 AWS의 보안과 규정 준수를 할 수 있도록 지원하는 것이다. AWS는 인증/증명, 법률, 규정, 프라이버시 등으로 분류해서 독립된 기관에게 감사보고서 또는 규정 준수 인증을 평가받는다.

01 고객이 AWS 인프라에 금지된 작업에 대한 정보를 찾을 수 있는 곳은 어디인가? (AWS Cloud Practitioner)

1) AWS Trusted Advisor

2) AWS ID 및 액세스 관리(IAM)

3) AWS 빌링 콘솔

4) AWS 허용 사용 정책

정답 및 풀이

■ AWS 정책 유형

정책 유형	설명
자격 증명 기반 정책	사용자, 그룹, 역할을 연결하는 것으로 자격 증명에 권한을 부여한다.
리소스 기반 정책	정책에 지정된 보안 주체에 권한을 부여한다. 예를 들어 Amazon S3 버킷 정책, IAM 역할 신뢰정책이 있다.
권한경계	사용자 또는 역할에 대한 권한 경계이다.
Organizations SCP	조직의 멤버에 대한 최대 권한을 정의한다.
액세스 제어 목록 (Access Control List)	ACL에 연결된 리소스에 액세스할 수 있는 다른 계정의 보안주체를 정의한다.
세션정책	AWS CLI, AWS API를 사용할 때 세션 정책을 전달한다.

정답 : 4번

02 SOC에 대해서 AWS Compliance 문서는 어느 것인가? (AWS Cloud Practitioner)

1) Amazon Inspector

2) AWS CloudTrail

3) AWS Artifact

4) AWS Certificate Manager

정답 및 풀이

AWS Artifact는 글로벌, 지역별, 산업별 보안 표준 및 규제에 대해서 규정을 준수하는지 테스트하고 규정 준수 보고서를 제공한다.

정답 : 3번

03 고객과 AWS 사이에서 공유통제는 어느 것인가? (AWS Cloud Practitioner)

1) Amazon S3에 암호화된 키를 제어한다.

2) Amazon EC2 인스턴스들의 환경제어

3) 물리적 AWS 데이터 센터들의 환경제어

4) 인식과 훈련

보안 규정과 지침은 AWS와 고객이 함께 책임진다. 보안 규정과 지침을 이행하는 방법 중에 하나가 인식과 훈련 (보안교육)이다.

정답 : 4번

04 AWS 공유 책임 모델에서 고객책임은 어느 것인가? (2개를 선택하세요.) (AWS Cloud Practitioner)

1) Amazon RDS 컴포넌트를 패치한다.

2) 클라이언트 측에 있는 데이터 암호화

3) 데이터 센터 스탬프의 훈련

4) NACL(Network Access Control)을 구성한다.

5) 데이터 센터 내에 환경적 제어를 유지 보수한다.

고객 데이터 암호화 및 NACL을 사용한 네트워크 접근 통제는 고객책임이다.

정답 : 2, 4번

05 AWS 공유 책임 모델에서 고객들의 책임은 어느 것인가? (AWS Cloud Practitioner)

1) 인프라스트럭처에 대해서 패치한다.

2) 물리적 보안

3) Amazon EC2 인스턴스들을 패치한다.

4) 네트워크 인프라스트럭처에 대해서 패치한다.

EC2 서버를 패치하는 것은 고객책임이다.

정답 : 3번

06 AWS 공유 책임 모델에서 다음 중 고객의 책임은 어느 것인가? (AWS Cloud Practitioner)

1) 사용 전에 Disk Driver가 고장났다.

2) 하드웨어 디바이스의 펌웨어를 업데이트한다.

3) 데이터 암호화가 남아 있다.

4) 네트워크 케이블을 6 카테고리나 높은 것을 가진다.

데이터 암호화는 고객책임이다.

정답 : **3번**

POINT **4** AWS 사용 방법

AWS 사용 방법(인터페이스 방법)에는 세 가지 방법이 있다. 첫 번째는 가장 일반적으로 많이 사용하는 AWS Management Console이라는 웹사이트를 통해서 AWS를 사용하는 방법이다. AWS Management Console은 "aws.amazon.com" 웹사이트를 방문하여 로그인하면 된다.

AWS Management Console은 하나의 웹 인터페이스로 AWS에서 제공하는 모든 기능을 쉽고 빠르게 관리할 수 있다.

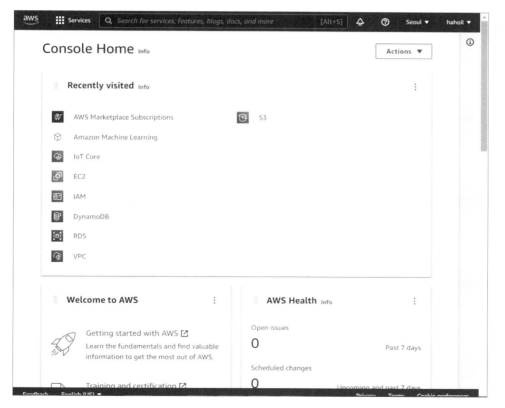

▲ AWS Management Console

AWS Management Console에서 상단의 "Services" 메뉴를 클릭하면 AWS에서 제공하는 서비스의 종류를 확인할 수 있다.

두 번째 방법은 AWS CLI(Command Line Interface)를 사용하는 방법이다. CLI는 AWS를 관리하는 통합 도구로 여러 AWS 서비스를 명령줄에서 제어 관리하며 스크립트를 사용하여 자동화할 수도 있다.

▣ AWS CLI(Command Line Interface) 다운로드

https://awscli.amazonaws.com/AWSCLIV2-2.0.30.msi

◀ AWS CLI(Command Line Interface) 설치(1)

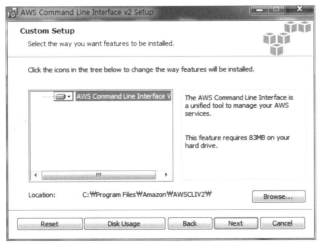

◀ AWS CLI(Command Line Interface) 설치(2)

◀ AWS CLI(Command Line Interface) 설치(3)

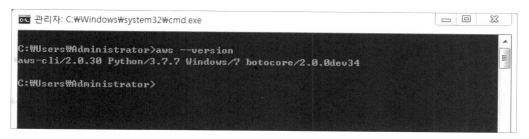

▲ AWS CLI(Command Line Interface버전 확인

세 번째 방법은 SDK(Software Development Kit)를 사용해서 AWS를 사용할 수 있다. SDK는 프로그램에서 AWS를 연계할 수 있는 방법으로 제공한다. 예를 들어 Javascript용 AWS SDK는 Node.js 혹은 React.js 등으로 AWS를 연계하여 사용할 수 있다.

▣ AWS 인터페이스 방법

인터페이스 방법	설명
AWS Management Console	– 클라우드 서비스 사용자에게 사용하기 쉬운 그래픽 인터페이스를 제공한다.
CLI (Command Line Interface)	– 클라우드 서비스 사용자에게 개별 명령어를 입력받아서 AWS 서비스를 사용한다. – Linux, MacOS, Windows 운영체제 모두를 지원한다.
SDK (Software Development Kit)	– 애플리케이션에서 AWS 서비스를 사용할 수 있다. – Javascript, Python, Go, PHP, .Net, Ruby, Node.js 등에서 사용할 수 있다.

01 AWS를 사용할 수 있는 세 가지 방법은? (AWS Cloud Practitioner)

1) AWS Management Console   2) CLI

3) SDK   4) 해당 없음

정답 및 풀이

AWS Management Console, CLI, SDK로 AWS 서비스를 사용할 수 있다.

정답 : **1, 2, 3번**

POINT 5 리전과 가용 영역

리전(Region)은 AWS에서 전 세계에 있는 데이터 센터의 물리적 위치를 의미한다. 그리고 논리적 데이터 센터의 그룹은 가용 영역(AZ; Availability Zone)이라고 한다. AWS 리전은 물리적으로 분리되어 있다.

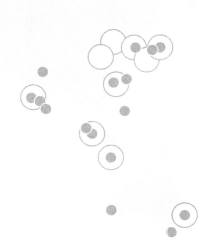

▲ AWS 아시아 태평양 지역 리전

아시아 태평양 지역은 서울, 도쿄, 싱가폴, 호주 등에 위치하고 있다.

가용 영역은 AWS 리전의 중복 전력, 네트워킹이 제공되는 하나 이상의 개별 데이터 센터로 구성된다. 가용 영역은 높은 가용성과 확장성을 제공하고 가용 영역 간의 데이터 복제를 지원한다.

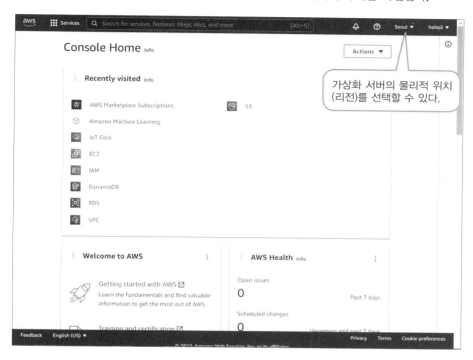

▲ AWS Management Console에서 리전 선택

확인문제

01 AWS 글로벌 인프라에 존재하는 것으로 데이터 센터 내에 하나 또는 그 이상의 연결로 구성된다. (AWS Cloud Practitioner)

1) Availability Zone

2) Edge Location

3) Region

4) Private networking

정답 및 풀이

가용 영역(AZ; Availability Zone)은 데이터 센터 내에 존재하는 하나 또는 그 이상으로 구성된다.

정답 : 1번

02 AWS의 고가용성 아키텍처 패턴을 설명한 것은 어느 것인가? (AWS Cloud Practitioner)

1) 낮은 응답을 가지는 네트워크 연결을 가지고 있다.

2) EC2 인스턴스들의 피크 부하를 관리한다.

3) 모든 Single Point component 장애 시에 대응하기 위해서 설계되었다.

4) 모든 오퍼레이션에 대해서 모놀리틱 애플리케이션 핸들이 사용된다.

고가용성이란 사용자 서비스를 요청할 때 언제든 서비스할 수 있는 특성으로 이중화를 하여 설계된다.

정답 : **3번**

03 높은 가용성을 제공하기 위해서 컴퓨터 자원을 몇 개의 Availability Zone이 제공되어야 하는가? (AWS Cloud Practitioner)

1) 최소 한 개

2) 최소 두 개

3) 최소 세 개

4) 최소 네 개 혹은 그 이상

최소 한 개 이상으로 제공된다.

정답 : **1번**

04 모든 고객들은 낮은 Latency를 요구하기 때문에 AWS에서 지원할 수 있는 것은? (AWS Cloud Practitioner)

1) Fault tolerance

2) Global reach

3) Pay-as-you-go pricing

4) High availability

낮은 지연시간(Latency)의 요구에 대해서 고가용성(High availability)을 제공해야 한다.

정답 : **4번**

05 AWS 클라우드의 멀티 리전의 예제는? (AWS Cloud Practitioner)

1) Agility(민첩)

2) Global infrastructure

3) Elasticity(탄력)

4) Pay-as-you-go pricing

AWS의 다중 리전 애플리케이션 아키텍처는 내결함성이 뛰어나며 장애 발생 시에 백업 리전으로 간편하고 빠르게 장애를 해결한다.

정답 : **1번**

06 고객은 새로운 애플리케이션 배포의 필요성에서 리전을 선택해야 한다. 고객들은 어떤 요인에 의해서 의사결정을 해야 하나? (2개를 선택하세요.) (AWS Cloud Practitioner)

1) 고객들의 Latency를 줄인다.

2) 지역 언어로 애플리케이션을 프레젠테이션 한다.

3) 데이터 주권의 컴플라이언스

4) 더운 기후에 냉각 비용을 줄인다.

5) 현장 방문을 위해서 고객 사무실에 근접한 곳의 리전을 선택한다.

정답 및 풀이

AWS 리전에 새로운 애플리케이션을 배포할 때 고객들은 지연시간(Latency)을 줄이고 더운 기후에 냉각 비용을 줄이는 것으로 결정할 수 있다.

정답 : 1, 4번

07 다음 중 AWS 리전, 가용 영역, 엣지 로케이션에 대한 설명으로 올바른 것은? (AWS Cloud Practitioner)

1) 데이터 센터에 리전이 포함되어 있다.

2) 리전에 가용 영역이 포함되어 있다.

3) 가용 영역에 엣지 로케이션이 포함되어 있다.

4) 엣지 로케이션에 리전이 포함되어 있다.

정답 및 풀이

리전은 물리적 위치이고 가용 영역은 리전 내에 논리적 센터이다.

정답 : 2번

08 다음 중 하나의 지리적 영역 내에서 여러 개의 격리된 위치로 설명할 수 있는 AWS 인프라 구성요소는 무엇인가? (AWS Cloud Practitioner)

1) S3 버킷

2) 가용 영역

3) 엣지 로케이션

4) 리전

정답 및 풀이

본 문제는 가용 영역에 대한 설명이다.

정답 : 2번

아마존 AWS에서 요금 정책은 기본적으로 사용한 만큼만 비용을 지불하는 방식이다. 즉 수도세나 전기세와 같이 사용한 만큼만 비용을 납부하는 방식으로 사용한 서비스에 대한 요금만 지불하는 형태이다.

가. AWS 요금정책

1) 사용량에 따리 지불(Pay-as-you-go)

클라우드 서비스 사용자는 자신이 사용한 만큼만 비용을 지불하여 비즈니스의 탄력성을 높인다.

2) 커밋을 통한 비용 절감(Save when you commit)

Saving Plans는 AWS 요금을 절감할 수 있는 방법으로 1년 또는 3년 기간의 약정 조건으로 비용을 절감한다.

3) 더 많이 사용하고 더 적은 비용 지불(Pay less by using more)

대량 구매 할인을 통해서 사용량이 증가해도 비용을 절감할 수 있게 한다. 즉 더 많이 사용할수록 GB(Giga Byte) 당 요금을 줄일 수 있다. 즉 AWS 사용 요구가 증가하면 도입을 확장하면서 비용을 통제할 수 있게 한다.

나. AWS Cost Management

AWS를 사용할 때 예산을 책정하고 비용을 예측할 수 있는 기능을 제공한다. AWS 비용을 절감하기 위해서 요금을 최적화하는 방법을 제공하는 것이다.

1) AWS 비용 탐색기(Cost Explorer)

AWS 비용 탐색기(Cost Explorer)는 비용 데이터를 차트로 시각화하여 정보를 제공한다. 클라우드 사용자의 구매 유형, 구매 옵션 등을 모두 포함하며 과거 비용 데이터를 기반으로 미래 비용도 예측할 수 있다.

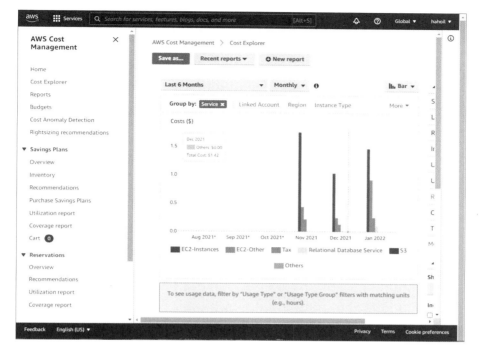

▲ AWS Cost Explorer

2) AWS 예산

AWS 비용 및 사용량을 추적한다. AWS 예산을 사용해서 예약 인스턴스 또는 저축계획(Savings Plan)에 대한 집계 사용률 등을 모니터링한다.

3) AWS 비용 이상 감지(Cost Anomaly Detection)

기계학습을 사용해서 비용과 사용량을 지속적으로 모니터링한다. 클라우드 서비스 사용자의 비정상적인 지출을 감지하는 기능을 제공한다.

4) 적정 크기 권장사항

비용 탐색기의 기능으로 적정 크기 권장 사항 기능은 EC2에서 인스턴스를 축소하거나 종료하여 비용 절감 요소를 식별한다.

5) 저축계획(Savings Plan)

AWS 사용량을 절감할 수 있도록 유연한 요금 모델을 제공하여 최대 72%까지 비용을 절감할 수 있다. 1년에서 3년 동안 지정된 양의 컴퓨팅 성능을 사용하는 대가로 온디맨드 이상의 비용 절감을 제공한다.

■ AWS EC2 인스턴스 구매 옵션

구매 옵션	설명
온디맨드 인스턴스 (On-Demand)	– 사용자가 필요할 때 EC2 인스턴스를 생성한다. – 비용은 초 단위 비용이 계산된다.
예약 인스턴스 (Reserved)	– 1년에서 3년 단위 약정을 통해서 비용을 지불한다. – 온디맨드 인스턴스에 비해서 약 75%의 비용을 줄일 수 있다.
스폿 인스턴스(Spot)	– AWS에서 여유 있는 시스템을 경매 방식으로 사용한다. – 90%까지 비용이 절감된다.
전용 호스트 인스턴스(Dedicated)	– 고객 전용 하드웨어를 제공하는 서비스이다.

확인문제

01 On-Demand 비용보다 예약 인스턴스(Reserved Instance) 가격 모델이 평균적으로 비용을 줄이는 것은? (AWS Cloud Practitioner)

1) One-year, No Upfront, Standard RI pricing

2) One-year, All Upfront, Convertible RI pricing

3) Three-year, All Upfront, Standard RI pricing

4) Three-year, No Upfront, Convertible RI pricing

정답 및 풀이

RI(Reserved Instance)는 예약 인스턴스를 의미하고 3년간 모두 선결제(All Upfront) 하는 것이 가장 저렴하다.

정답 : **3번**

02 시스템의 성능을 제공하고 사용자들의 비용을 절감할 수 있도록 AWS 환경을 조사하여 기회를 찾아 제공하는 AWS 서비스는? (AWS Cloud Practitioner)

1) AWS Cost Explorer   2) AWS Trusted Advisor

3) Consolidated billing   4) Detailed billing

AWS Cost Explorers는 비용 데이터를 가시화하여 각종 차트로 분석할 수 있게 한다.

정답 : **1번**

03 다음 중 가장 일반적인 AWS 결제 모델을 설명하는 옵션은 무엇인가? (AWS Cloud Practitioner)

1) 일별 결제   2) 선결제

3) 사용량에 따라 지불   4) 연간 결제

가장 일반적인 비용 지불 모델은 사용량에 따라 비용을 지불하는 방식이다.

정답 : **3번**

04 On-Premise의 TCO와 AWS TCO를 비교할 때 포함해야 하는 비용은? (AWS Cloud Practitioner)

1) Project Management   2) Antivirus software licensing

3) Data Center security   4) Software development

TCO(Total Cost Ownership)는 총 비용을 의미하는 것으로 프로젝트 관리 비용도 포함되어야 한다.

정답 : **1번**

05 전통적이고 가상화된 데이터 센터와 AWS를 비교해서 AWS의 비용적 효과는? (AWS Cloud Practitioner)

1) 많은 가변적 비용과 많은 선불 비용   2) 고정된 사용 비용과 낮은 선불 비용

3) 낮은 가변적 비용과 높은 선불 비용   4) 낮은 가변적 비용과 낮은 선불 비용

AWS는 비용 변화의 요소가 적고 이상적으로 비용이 변화하면 기계학습을 통해서 이상 감지하여 클라우드 서비스 사용자에게 알려 준다. 또한 모든 비용을 예약비용으로 할 때 비용이 절감되면, 이때 선불로 모두 지불하는 것이 가장 비용이 절감된다.

정답 : **4번**

06 Amazon EC2 인스턴스의 가격 모델에서 90% 정도의 금액을 절감할 수 있는 것은? (AWS Cloud Practitioner)

1) 예약 인스턴스   2) On-Demand(종량제)

3) 전용 호스트   4) 스팟 인스턴스

스폿 인스턴스라는 것은 아마존이 구매한 서버 중 사용자가 없는 서버를 낮은 비용으로 경매하여 제공하는 것이다. 따라서 비용 절감 효과가 가장 크다.

정답 : 4번

07 Amazon EC2 가격 모델 중에서 고객들의 Server bound software licenses가 있는 경우 어느 것을 사용해야 하나? (AWS Cloud Practitioner)

1) 스폿 인스턴스　　　　　　　　　　2) 예약 인스턴스

3) 전용 호스트　　　　　　　　　　　4) On-demand

Sever bound software licenses라는 것은 서버와 관련한 전용 라이선스가 있다는 것이고, 이때는 전용 호스트를 사용한다.

정답 : 3번

08 AWS Tools 중에서 비용을 추정(예측) 할 수 있는 것은? (2개를 선택하세요.) (AWS Cloud Practitioner)

1) 상세화된 지불 보고서　　　　　　2) 비용 할당 태그(Cost allocation tags)

3) AWS TCO 계산기　　　　　　　　4) Cost Eliminator

AWS에서 비용을 추정할 수 있는 것은 비용 할당 태그, AWS TCO 계산기이다.

Amazon EC2 예상 비용	
Amazon Elastic Block Storage(EBS) 요금 (monthly)	3.42 USD
Amazon EC2 Instance Savings Plans 인스턴스 (monthly)	73.51 USD
월별 총비용:	**76.93 USD**
취소	내 예상 비용에 추가

▲ AWS TCO 계산기

위의 예는 EC2 서버 한 대를 사용할 때 월 예상 비용이다.

태그(Tag)는 AWS 리소스에 할당하는 레이블이며 키와 값으로 구성된다. 비용 할당 태크를 사용하면 리소스별로 자세한 비용을 추적할 수 있다.

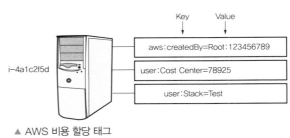

▲ AWS 비용 할당 태그

정답 : 2, 3번

09 AWS에서 비용을 지불할 때 유익한 것은? (2개를 선택하세요.) (AWS Cloud Practitioner)

1) 여러 개의 계정을 하나로 해서 받을 수 있다.

2) 기본적으로 모든 계정들의 서비스 증감을 제한한다.

3) 월별 지불에 고정된 할인을 한다.

4) 모든 계정을 조합해서 사용하고 부분적인 할인을 받는다.

5) 마스터 계정에서 AWS의 모든 계정을 자동으로 확인한다.

정답 및 풀이

본 문제는 AWS Organizations 서비스를 묻는 문제이다. 즉 여러 개의 AWS 계정을 그룹화하여 모든 계정에 대해서 단일 결제 방법을 사용하게 한다. AWS Organizations 서비스를 사용하면 비용 청구를 간소화하고 절감할 수 있다.

정답 : **1, 4번**

10 기업은 AWS의 어떤 기능 또는 서비스를 사용해서 상세 수준의 지출을 추적하고 서비스할 수 있는가? (AWS Cloud Practitioner)

1) Cost Allocation tags

2) Consolidated billing

3) AWS Budgets

4) AWS Marketplace

정답 및 풀이

AWS Budgets는 유동적인 예상 및 예측 기능을 사용해서 비용 계획을 수립하거나 관리한다. 본 문제는 AWS Organizations 서비스를 묻는 문제이다. 즉 여러 개의 AWS 계정을 그룹화하여 모든 계정에 대해서 단일 결제 방법을 사용하게 한다. AWS Organizations 서비스를 사용하면 비용 청구를 간소화하고 절감할 수 있다.

정답 : **3번**

11 다음 중 온디맨드 인스턴스 요금과 비교하여 상당한 할인 혜택을 제공하는 인스턴스 유형은 무엇인가? (AWS Cloud Practitioner)

1) Amazon EC2 전용 인스턴스

2) Amazon EC2 인스턴스

3) Amazon EC2 예약 인스턴스

4) Amazon EC2 전용 호스트

정답 및 풀이

예약 인스턴스는 1년에서 3년 동안 고정 비용으로 비용을 지불하는 것으로 최고 할인율이 적용된다.

정답 : **3번**

실력점검문제

01 AWS 공동책임 모델에서 IAM 사용자의 액세스키와 비밀키 관리의 책임은? (AWS Cloud Practitioner)

1) 필요시에 AWS와 고객이 함께 변경한다.
2) 액세스 키와 비밀키는 시스템 내부에 있기 때문에 관리하지 않아도 된다.
3) 고객
4) AWS

> **해설**
> AWS IAM의 액세스 키 및 비밀키는 AWS로 접근하기 위한 키이다. 따라서 해당 키 관리는 고객이 해야 한다.

02 AWS 공동책임 모델에서 AWS가 책임을 져야 하는 것은? (AWS Cloud Practitioner)

1) IAM 관리
2) NACL(Network Access Control List)
3) 물리적 인프라에 대한 보안
4) 데이터 암호화

> **해설**
> AWS는 물리적 인프라에 대한 보안을 책임져야 한다.

03 AWS 공동책임 모델에 따라서 보안 및 규정 준수 책임은? (2개) (AWS Cloud Practitioner)

1) AWS
2) 고객
3) 사용자
4) 엔지니어

> **해설**
> 보안 및 규정 준수는 AWS와 고객의 공동책임이다.

04 고객 워크로드의 물리적 격리를 허용하는 비용 분석을 할 때 총 소유비용에서 어떤 컴퓨팅 호스팅 모델을 고려해야 하나? (AWS Cloud Practitioner)

1) 선결제 예약 인스턴스
2) 전용 인스턴스
3) 예약 인스턴스
4) 온디맨드 인스턴스

> **해설**
> 전용 인스턴스는 물리적 서버를 안정적으로 사용할 수 있다.

05 여러 개의 AWS 계정이 있는 경우 통합결제를 하는 방법은? (AWS Cloud Practitioner)

1) AWS 예산을 사용한다.
2) AWS Support에 문의한다.
3) 개별 계정으로 결제하고 AWS Support에 문의한다.
4) AWS Organization을 생성하여 사용한다.

> **해설**
> AWS Organization 서비스는 계정을 통합하여 통합결제를 할 수 있다.

01 3   02 3   03 1, 2   04 2   05 4   **정답**

06 AWS Support 플랜이 있는 AWS 계정이 있을 때 계정에 대한 주요 질문은 어디로 해야 하나? (AWS Cloud Practitioner)

1) AWS 파트너, 네트워크 파트너
2) AWS Marketplace 판매자
3) AWS Concierge Support 팀
4) Solutions architect

[해설]

AWS Concierge Support 팀에 문의해야 한다.

07 AWS Trusted Advisor의 기능은? (2개를 선택하세요.) (AWS Cloud Practitioner)

1) 감사
2) 서버 아키텍처
3) 확장성
4) 비용 최적화
5) 실적

[해설]

AWS Trusted Advisor는 비용적인 측면에서 비용을 절감하거나 성능을 개선, 보안 강화를 위한 지침을 제공한다. 즉 Trusted Advisor는 사용하는 계정을 평가하여 최적화하고 보안 및 성능을 개선한다. 또한 비용을 절감한다.

08 가용 영역에 워크로드를 분산 지원하는 클라우드 아키텍처 설계는? (AWS Cloud Practitioner)

1) AWS 서비스를 자동으로 구현한다.
2) 실패를 위한 디자인을 한다.
3) 탄력성을 구현한다.
4) 민첩성을 구현한다.

[해설]

가용 영역은 이중화하여 실패 시에 장애를 처리할 수 있게 하는 것이다.

09 코드로 작업을 수행해야 한다는 설계 철학을 지원하는 AWS Well-Architected 프레임워크는? (AWS Cloud Practitioner)

1) 성능 효율성
2) 신뢰성
3) 보안
4) 운영 우수성

[해설]

■ AWS Well-Architected 및 6대 원칙

6대 원칙	설명
운영 우수성 원칙	시스템의 실행 및 모니터링에 대한 프로세스와 절차를 개선한다.
보안원칙	데이터의 기밀성 및 무결성, 사용자 권한 관리, 보안 이벤트 감지를 위한 설정을 제공한다.
안정성 원칙	실행하는 워크로드와 요구사항을 만족하기 위해서 신속하게 복구하는 방법을 제공한다.
성능 효율성 원칙	최적화된 리소스 선택 및 성능 모니터링 방법을 제공한다.
비용 최적화 원칙	불필요한 비용이 발생하지 않도록 한다.
지속 가능성 원칙	클라우드 워크로드 실행이 환경에 미치는 영향을 최소화한다.

10 AWS 공동책임 모델에서 AWS가 책임지는 것은? (AWS Cloud Practitioner)

1) 패치관리
2) 구성관리
3) 데이터 센터 보안관리
4) 접근관리

[해설]

데이터 센터에 대한 물리적 시설과 운영에 대한 것은 AWS가 책임진다.

정답 06 3   07 4, 5   08 2   09 4   10 3

Chapter 02

Chapter 02

Chapter 04

11 AWS EC2 인스턴가 종료되었을 때 EC2 인스턴스를 종료 API 요청한 사람을 알 수 있는 방법은? (AWS Cloud Practitioner)

1) Amazon CloudWatch
2) AWS CloudTrail
3) AWS ID 및 IAM
4) AWS Xray

해설

AWS CloudTrail은 AWS 계정에 대한 규정 준수, 운영, 위험 감시를 하는 서비스로 사용자 AWS 서비스에 대해서 수행한 작업은 CloudTrail의 이벤트에 모두 기록된다. 기록되는 이벤트는 AWS SDK 및 API 호출 등이다.

12 AWS 관리형 서비스에서 고객 책임은? (AWS Cloud Practitioner)

1) 운영체제 패치
2) 고객 데이터
3) 데이터 센터 관리
4) 물리적 시설에 대한 접근통제

해설

고객 데이터 관리 및 암호화는 고객의 책임이다.

13 AWS 제어정책(SCP)에 의해서 관리되는 권한은? (AWS Cloud Practitioner)

1) AWS 리전
2) 엣지 로케이션
3) AWS 조직
4) 가용 영역

해설

AWS SCP는 서비스 제어정책으로 조직의 권한을 관리하는 데 사용되는 조직 정책 종류이다.

14 AWS 리소스의 변경관리를 감시하기 위해서 사용되는 서비스는? (AWS Cloud Practitioner)

1) AWS Config
2) Amazon CloudWatch
3) Amazon Inspector
4) AWS Trusted Advisor

해설

AWS Config는 AWS 리소스 구성을 감시 및 평가하는 서비스로 지속적으로 리소스 구성을 모니터링하고 기록한다. 즉 규정 준수, 보안 분석, 변경 관리, 운영 문제 해결 등을 관리한다.

15 AWS RDS를 사용하는 고객의 책임은? (AWS Cloud Practitioner)

1) 운영체제 패치 및 관리
2) 보안 그룹을 사용한 네트워크 접근제어
3) 데이터베이스 자동백업 관리
4) 하드웨어 오류에 대한 책임

해설

보안 그룹(Security Groups)을 사용한 접근통제는 고객이 직접 설정하고 관리해야 하는 것이다.

16 여러 AWS 리전에 웹서버를 설치하면 무엇이 향상되나? (AWS Cloud Practitioner)

1) 가용성   2) 보안
3) 내구성   4) 커플링

해설

리전은 물리적 위치를 의미하므로 여러 리전에 웹서버를 설치하면 가용성이 향상된다.

정답   11 2   12 2   13 2   14 2   15 2   16 1

17 AWS 공동책임 모델에서 고객과 AWS 간의 공유제어는 무엇인가? (AWS Cloud Practitioner)

1) 데이터 센터 감사
2) 구역 보안
3) 패치관리
4) 물리적 접근통제

해설

운영체제에 대한 패치는 AWS가 관리하지만, EC2 서버에 설치되어 있는 소프트웨어 패치는 고객이 관리해야 한다.

18 AWS 모범사례에 따라 AWS에서 개발되는 애플리케이션은 어떻게 생성해야 하는가? (AWS Cloud Practitioner)

1) 강결합 시스템으로 구성한다.
2) 자주 결합되지 않게 구성한다.
3) 자주 결합되게 구성한다.
4) 약결합 시스템으로 구성한다.

해설

소프트웨어 설계 원칙은 약결합(느슨한 결합) 시스템으로 구성해야 한다. 약결합 시스템이란 각 애플리케이션의 독립성은 향상시키고 애플리케이션 간의 관련성은 낮추는 설계 방법이다.

19 AWS 사용 시에 성능 저하 없이 데이터 양과 트래픽을 확장할 수 있는 클라우드 아키텍처는? (AWS Cloud Practitioner)

1) 탄력성 구현
2) 실패를 위한 디자인
3) 구성요소 분리
4) 평행한 구조

해설

실패를 위한 디자인은 가용성에 관한 것이다.

탄력성(Elastic) 구현 서비스의 사용량이 증가하면 AWS가 자동으로 용량을 추가하거나 서비스 사용량이 줄어들면 자동으로 용량을 줄일 수 있는 것이다. 탄력성의 특성을 이용하여 AWS의 비용 최적화를 할 수 있다.

20 여러 곳의 가용 영역에 설치되어 있는 애플리케이션은 어떤 특성을 가지게 되는가? (AWS Cloud Practitioner)

1) 규모의 경제
2) 고가용성
3) 탄력성
4) 민첩성

해설

여러 가용 영역에 애플리케이션이 있으면 하나의 가용 영역에서 장애가 발생해도 다른 가용용역으로 서비스할 수 있으므로 고가용성의 장점을 가지게 된다.

21 공동책임 모델에서 AWS Lambda 서비스를 사용할 때 고객책임은? (AWS Cloud Practitioner)

1) 플랫폼 구성
2) 운영체제 구성
3) 물리적 설치
4) 코드 암호화

해설

AWS Lambda 서비스를 사용하게 되면 AWS는 인프라, 운영체제, 애플리케이션 플랫폼을 관리한다. 하지만 개인정보 및 민감 데이터 암호화는 고객이 관리해야 한다.

AWS Lambda 서비스는 모든 유형의 애플리케이션 서비스에 대해서 코드를 실행할 수 있는 이벤트 중심의 서버리스 컴퓨팅 서비스이다. 즉 EC2 서버가 필요없이 호출만으로 애플리케이션이 실행되고 결과를 되돌려 준다.

정답 17 3   18 4   19 1   20 2   21 4

22 공동책임 모델에서 고객책임이 아닌 것은? (2개를 선택하세요.) (AWS Cloud Practitioner)

1) 보안 그룹 관리
2) 물리적 저장장치 운영 및 폐기
3) 운영체제 패치관리
4) EC2 서버의 시간 동기화

해설

물리적 저장장치 관리 및 운영체제에 대한 패치는 AWS가 관리한다.

23 AWS Trusted Advisor가 제안하는 AWS 계정의 속성 두 개는 무엇인가? (AWS Cloud Practitioner)

1) 비용 최적화 2) 준수현황
3) 네트워크 구조 4) 애플리케이션 성능

해설

AWS Trusted Advisor는 비용적인 측면에서 비용을 절감하거나 성능 개선, 보안 강화를 위한 지침을 제공한다.

24 변화하는 비즈니스에서 EC2 인스턴스를 탄력적으로 만드는 핵심 기능은 무엇인가? (AWS Cloud Practitioner)

1) 고성능 하드웨어
2) 자동 데이터 암호화
3) 접근통제가 되는 물리적 센터
4) 가상화 관리

해설

클라우드 컴퓨팅의 핵심 기술이 가상화이다. 가상화를 사용해서 개별적인 운영체제를 제공하고 필요시에는 확장할 수 있다.

25 AWS Cost Management 기능 2개는? (AWS Cloud Practitioner)

1) 예산이 초과되면 자동으로 EC2 서버를 종료한다.
2) S3에 저장된 데이터를 관리한다.
3) 비용이 저렴한 인스턴스로 자동 전환한다.
4) AWS 비용을 일별, 서비스별로 확인할 수 있다.
5) 현재 예상 사용량이 예산을 초과하면 알람을 보낸다.

해설

AWS 비용관리는 비용 보고서, 비용 이상 징후 감시, 사용률 보고서, 충당률 보고서 등을 제공한다.

▲ AWS 비용관리(Cost Management)

알람 받을 메일 주소를 입력한다.

▲ AWS 비용관리(Cost Management) 알람 설정

22 2, 3   23 1, 2   24 4   25 4, 5   **정답**

26 AWS에서 엔터프라이즈 지원 고객의 장점은? (AWS Cloud Practitioner)

1) Solutions Architect에 대한 접근
2) Project Management
3) Technical Account Manager에 대한 접근
4) Cloud Support

해설

Technical Account Manager(기술 계정 관리)는 엔터프라이즈 지원 고객의 장점으로 연중 무휴로 지원해 준다.

27 AWS EC2 전용 호스트를 예약한 후에 가장 크게 할인을 받을 수 있는 것은? (AWS Cloud Practitioner)

1) 모든 선결제
2) 부분 선결제
3) 시간당 주문형 결제
4) 선결제 없음

해설

모든 선결제가 가장 크게 할인을 받을 수 있다.

28 AWS 공동책임에 따라서 AWS의 책임은? (AWS Cloud Practitioner)

1) VPC 구성
2) 애플리케이션 트래픽 관리
3) 소스코드 관리
4) 네트워크 인프라 관리

해설

네트워크 인프라 관리는 물리적 네트워크 장비에 대한 관리이고 AWS 책임이다.

29 AWS EC2 비용을 개선할 수 있는 것은? (AWS Cloud Practitioner)

1) 최종 사용자와 지리적으로 가까운 리전에 EC2 인스턴스를 추가한다.
2) IAM 사용자가 새 인스턴스를 생성하지 못하게 한다.
3) 예약 인스턴스를 구매한다.
4) EC2 인스턴스를 튜닝한다.

해설

예약 인스턴스를 구매하는 것이 비용을 가장 줄 일 수 있다.

30 AWS 공동책임 모델에서 고객의 의무는? (AWS Cloud Practitioner)

1) EC2 데이터베이스 인스턴스에 대한 보안 패치
2) RDS 운영체제에 대한 보안 패치
3) KVM과 같은 하이퍼바이저 보안 패치
4) DynamoDB 운영체제 보안 패치

해설

EC2 인스턴스에 데이터베이스를 설치하고 사용할 때 고객이 패치해야 한다.

31 AWS 리전(Region)을 선택할 때 고려해야 할 사항은? (AWS Cloud Practitioner)

1) 지연시간, 고가용성, 세금
2) 세금, 규정 준수
3) 보안, 고가용성, 복원력, 지연시간
4) 가격, 서비스 가용성 및 규정 준수, 지연시간

해설

AWS 리전을 결정할 때 가격, 서비스 가용성, 규정 준수, 지연시간을 고려해서 결정해야 한다.

정답 26 3 27 1 28 4 29 3 30 1 31 4

32 다음 중에서 리전, 가용 영역, 데이터 센터를 가장 올바르게 설명한 것은? (AWS Cloud Practitioner)

1) 리전은 가용 영역의 클러스터이고 가용 영역은 데이터 센터의 클러스터이다.
2) 가용용역은 리전의 클러스터이고 리전은 데이터 센터의 클러스터이다.
3) 데이터 센터는 가용 영역의 클러스터이고 리전은 가용 영역의 클러스터이다.
4) 데이터 센터는 지역 클러스터이고 리전은 가용 영역의 클러스터이다.

해설

위의 문제에서 클러스터 영어를 묶음으로 해석하면 된다. 리전은 가용 영역들의 묶음이고 가용 영역은 데이터 센터의 묶음이다. AWS 리전은 고가용성을 위해서 가용 영역의 클러스터이고 가용 영역은 데이터 센터의 클러스터이다.

33 다음 중에서 클라우드 컴퓨팅의 장점은? (AWS Cloud Practitioner)

1) 대규모의 과잉 프로비저닝
2) 출시 시간이 느리다.
3) 자체 데이터 센터를 운영하고 유지 관리한다.
4) 몇 분 만에 글로벌 진출이 가능하다.

해설

몇 분 만에 글로벌 진출이 가능하다는 것은 전 세계 여러 지역(리전)에 애플리케이션을 쉽고 빠르게 배포한다는 의미이다.

34 다음 중 Well-Architected 프레임워크의 유효한 방법은? (2개를 선택하세요.) (AWS Cloud Practitioner)

1) 보안
2) 인프라
3) 비용 최적화
4) 속도

해설

비용 최적화와 보안은 Well-Architected 프레임워크에 포함되어 있다.

35 다음 중 AWS 클라우드의 탄력성을 설명하는 것은? (2개를 선택하세요.) (AWS Cloud Practitioner)

1) EC2 인스턴스를 얼마나 빠르게 다시 시작할 수 있는가?
2) 종량제 청구 모델
3) 클라우드 서비스 사용자가 필요할 때 얼마나 쉽고 빠르게 서비스를 생성할 수 있는지
4) 수요 변화에 따라서 리소스 규모를 조정하는 능력

해설

탄력성이란 비즈니스 수요에 맞추어 서비스를 빠르게 생성하고 확장할 수 있는 것이다.

36 Amazon 규모의 경제가 고객에게 어떤 이득을 줄 수 있는가? (AWS Cloud Practitioner)

1) 필요할 때 확장 및 축소할 수 있는 기능
2) EC2 인스턴스의 하드웨어 안전성
3) 운영 효율성으로 장기적 가격 인하
4) 최신 하드웨어

해설

규모의 경제는 장기적으로 비용 인하의 효과가 있다.

37 AWS와 On-Premise 총 소유비용 비교 시에 어떤 요금이 포함되어야 하는가? (AWS Cloud Practitioner)

1) 사업 분석   2) 데이터 센터 보안
3) 프로젝트 관리   4) 운영체제 관리

해설

총 소유비용 계산 시에 프로젝트 관리에 대한 비용이 포함되어야 한다.

38 3시간 5분 10초 동안 온디맨드로 Linux EC2 인스턴스를 운영하였을 때 클라우드 서비스 사용자에게 청구되는 운영시간은? (AWS Cloud Practitioner)

1) 3시간
2) 4시간
3) 3시간 5분
4) 3시간 5분 10초

해설

AWS는 초 단위로 비용을 계산한다. 따라서 3시간 5분 10초를 기준으로 비용이 청구된다.

39 하루 동안 시스템의 작업 부하가 10배로 증가했을 때 이러한 변화에 대응할 수 있는 AWS 클라우드의 기능은? (AWS Cloud Practitioner)

1) 보안
2) 확장성
3) 성능성
4) 글로벌 규모의 경제

해설

AWS의 특징 중에서 확장성 특징을 의미한다.

40 고가용성을 달성하기 위해서 몇 개의 가용 영역에 컴퓨팅 리소스를 제공해야 하는가? (AWS Cloud Practitioner)

1) 최소 1개   2) 최소 2개
3) 최소 3개   4) 최소 4개

해설

최소 2개의 가용 영역을 사용해서 이중화해야 한다.

41 클라우드 컴퓨팅 장점 2개는? (AWS Cloud Practitioner)

1) 고정금리 월별 비용
2) 초기 자본 지출 증가
3) 용량 요구사항을 추측할 필요가 없다.
4) 시장 출시 속도 향상

해설

클라우드 컴퓨팅은 초기 용량 산정을 할 필요가 없으면 제품의 시장 출시 속도를 향상 시킨다.

정답 37 3   38 4   39 2   40 2   41 3, 4

학습목표

본 장에서는 실제 AWS EC2 인스턴스를 생성하고 사용
해 본다. 그리고 웹서버를 자체적으로 구축하는 실습 위주
로 학습한다.

CHAPTER

02

AWS 서비스

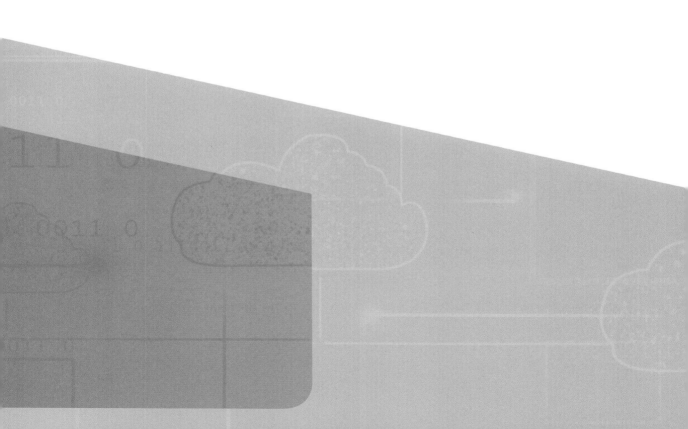

Section 01 EC2

POINT 1 EC2 인스턴스

> **EC2(Elastic Compute Cloud)**
>
> 아마존 EC2는 AWS(Amazon Web Service)에서 제공하는 서버를 의미한다. 즉 Windows 서버, 리눅스 서버 등을 가상화 환경에서 제공하는 것이다.

AWS를 사용하기 위해서는 클라우드 서비스 신청자의 소프트웨어를 설치하거나 데이터를 저장하는 등의 행위를 할 수 있어야 한다. 즉 흔히 이야기하는 하는 서버를 제공하는 AWS 서비스가 EC2 인스턴스(서버)이다.

> **EC2 내부의 저장소**
>
> EC2 내부에 있는 저장소는 휘발성 저장소라서 EC2를 종료하면 데이터가 손실된다. 따라서 종료 시에 데이터 손실을 방지하기 위해서 파일 스토리지 서비스를 사용해야 한다.

EC2 인스턴스는 가상화 환경에서 생성되는 서버로 Windows, 리눅스 등의 다양한 운영체제를 지원한다. 클라우드 서비스 사용자는 EC2 인스턴스를 생성하고 EC2 인스턴스에 자신의 소프트웨어를 설치하여 웹서버, 데이터베이스 서버, 게임 서버, 메일 서버 등의 다양한 용도로 사용할 수 있다.

먼저 EC2 인스턴스를 생성하기 위해서 AWS에 회원가입을 하고 AWS Management Console로 로그인해야 한다.

그다음 EC2로 검색하여 해당 서비스를 사용할 수 있다.

▼ EC2 인스턴스 검색

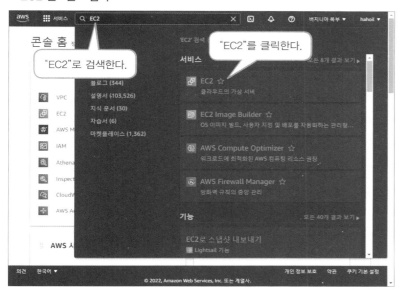

위의 예처럼 AWS Management Console에서 "EC2"로 조회 후 "EC2"를 클릭한다. 그다음 [인스턴스 시작] 버튼을 클릭하면 EC2 인스턴스를 생성할 수 있다.

▼ EC2 인스턴스 생성(1)

[인스턴스 시작] 버튼을 클릭하면 위의 예처럼 생성할 수 있는 서버의 종류가 조회된다. Red hat, Windows 등의 다양한 서버를 확인할 수 있다. 특히 "프리 티어"를 체크하면 1년 동안 무료로 사용 가능한 EC2 인스턴스만 조회된다. 위의 예에서는 Windows 서버 2019 Base를 선택했다.

▼ EC2 인스턴스 생성(2)

EC2 인스턴스의 운영체제 선택이 완료되면 위와 같은 화면이 나타난다. 위의 화면은 마치 삼성전자, LG전자와 같은 전자제품 대리점에 가서 자신이 구매하고 싶은 컴퓨터의 하드웨어 사양을 결정하는 것이다. 단, 무료로 사용하기 위해서는 프리 티어만 선택해야 한다.

또한 유형에 T, C, M, I 등은 의미가 있는 것으로 다음과 같다.

■ EC2 인스턴스 유형

EC2 인스턴스 유형	설명
T, M 시리즈	- 범용 인스턴스를 의미한다. - 웹사이트, 웹 애플리케이션, 개발기, 마이크로 서비스 등에 사용될 수 있다.
C 시리즈	- 여러 개의 CPU를 탑재한 서버이다. - 웹서버, 배치처리, 과학적 분석 등에 사용 가능하다.

R 시리즈	– 메모리 최적화를 수행하는 컴퓨팅이다. – In-Memory Database, Data Mining
I, D 시리즈	– 스토리지 최적화를 수행하는 서버이다. – NAS(Network Area Server), Data warehousing, NoSQL 등으로 활용된다.
G 시리즈	– GPU 최적화를 수행하는 서버이다. – Amazon AppStream, 비디오 인코딩, 딥러닝 등에 사용될 수 있다.

인스턴스라는 말은 모두 서버로 해석하면 된다.

▼ EC2 인스턴스 생성(3)

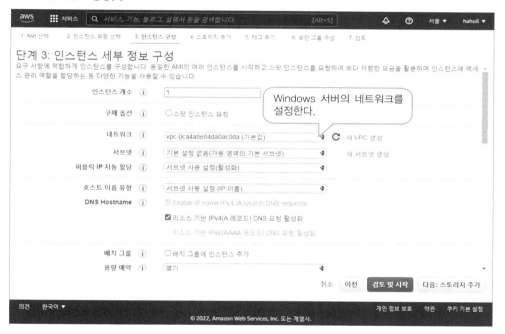

위의 예는 EC2 인스턴스의 네트워크를 설정하는 것으로 VPC(Virtual Private Cloud)를 설정하는 것이다. VPC는 지금 생성하는 EC2 인스턴스를 어떤 서브넷(Subnet)에 위치 시킬 것인지를 결정한다. 하지만 지금은 기본 값으로 두고 넘어간다.

▼ EC2 인스턴스 생성(4)

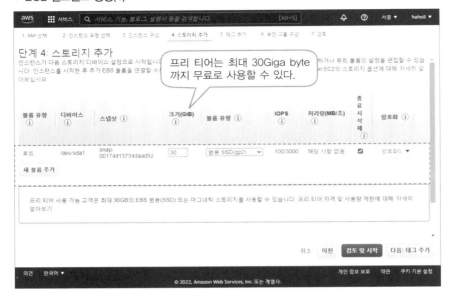

프리 티어 사용자는 스토리지 추가 단계에서 EC2 인스턴스에 SSD 30Giga를 사용할 수 있다. 또한 스토리지 저장 시에 암호화도 할 수 있다. 하지만 암호화 기능을 사용하면 프리 티어 사용자도 비용을 지불한다.

▼ EC2 인스턴스 생성(5)

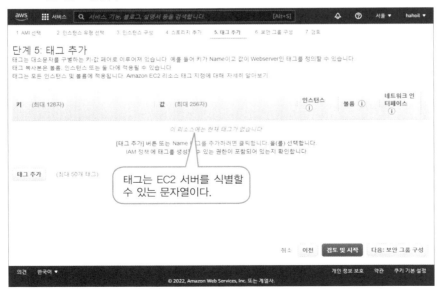

태그 추가 단계는 EC2 인스턴스가 수 백대 있을 경우 각각의 서버를 관리하기 위한 도움말 같은 것이다.

▼ EC2 인스턴스 생성(6)

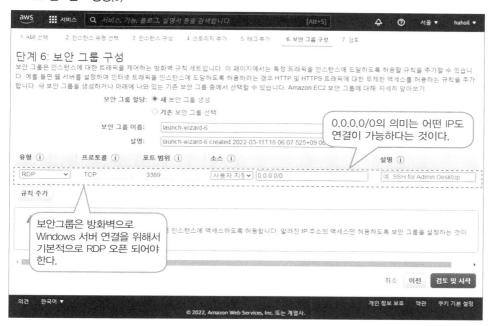

EC2 인스턴스를 AWS에 생성하면 RDP를 사용해서 연결해야 한다. 그래서 Windows 서버 생성 시에 기본적으로 인바운드(Inbound) 포트가 오픈되어 있다.

 보안 그룹의 인바운드와 아웃바운드

AWS 보안 그룹(Security Groups)은 마치 방화벽(Firewall)과 같은 역할을 하는 것이다. 보안 그룹에서 인바운드 (Inboud)는 외부에서 AWS에 들어오는 데이터(패킷)를 의미하고, 아웃바운드(Outbound)는 AWS에서 외부(인터넷)로 나가는 데이터를 통제하는 것이다.

▼ EC2 인스턴스 생성(7)

마지막으로 지금까지 설정한 모든 내역을 요약해서 보여 준다. [시작하기] 버튼을 클릭하면 EC2 인스턴스를 생성하게 된다.

▼ EC2 인스턴스 생성(8)

키 페어(Key Pair) 파일이란 패스워드 파일이라고 생각하면 된다. 새 키 페어를 생성하고 키 페어 이름을 임의로 입력한 후에 키 페어 다운로드를 클릭한다. 키 페어 파일을 잃어버리면 EC2 인스턴스에 로그인할 수 없다.

▼ EC2 인스턴스 생성(9)

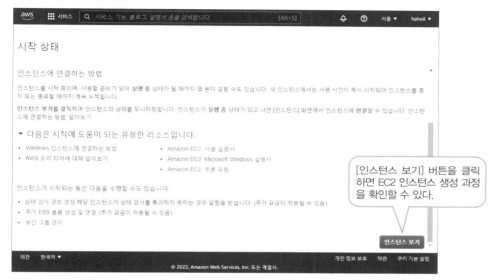

[인스턴스 보기] 버튼을 클릭하면 EC2 인스턴스 생성 과정을 확인할 수 있다.

▼ EC2 인스턴스 생성(10)

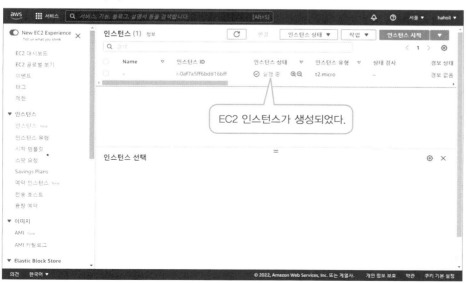

EC2 인스턴스 생성이 완료되면 위의 예처럼 "실행 중"으로 표시된다.

▼ EC2 인스턴스 생성(11)

퍼블릭 IPv4 주소는 EC2 인스턴스에 연결하기 위해서 필요한 주소이다.

▼ EC2 인스턴스 연결하기(1)

EC2 인스턴스 생성이 완료되면 메뉴에서 [연결] 메뉴를 클릭한다.

▼ EC2 인스턴스 연결하기(2)

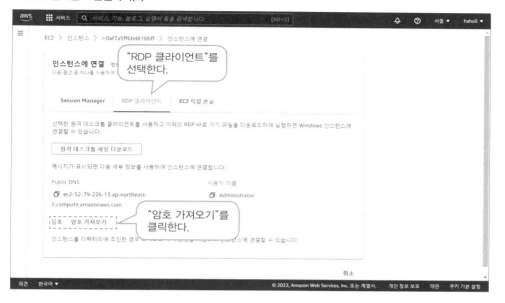

[RDP 클라이언트] 탭을 클릭하고 "암호 가져오기"를 클릭한다.

▼ EC2 인스턴스 연결하기(3)

[Browse] 버튼을 클릭한 후에 키 페어 파일을 선택하고 [암호 해독] 버튼을 클릭하면 화면에 Windows 서버 로그인을 위한 패스워드가 조회된다.

▼ EC2 인스턴스 연결하기(4)

▼ EC2 인스턴스 연결하기(5)

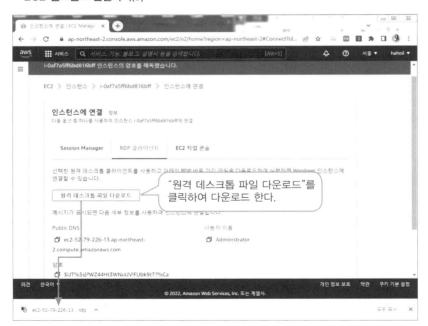

[원격 데스크톱 파일 다운로드] 버튼을 클릭하면 RDP(연결 파일)가 다운로드된다. 그리고 다운로드 된 파일을 더블 클릭하면 EC2 인스턴스로 연결을 시도하게 된다.

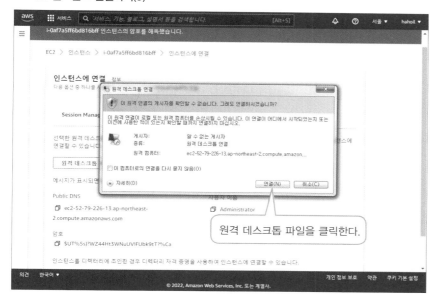

▼ EC2 인스턴스 연결하기(7)

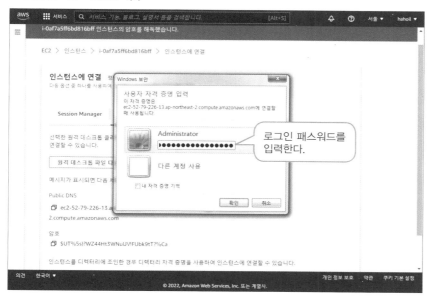

위의 예는 키 페어 파일로 생성한 패스워드를 입력한다.

▼ EC2 인스턴스 연결하기(8)

EC2 인스턴스에 연결을 시도한다.

▼ EC2 인스턴스 연결하기(9)

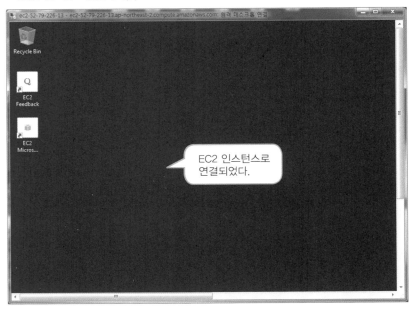

EC2 인스턴스로 연결되었다.

위의 같이 Windows 화면이 출력되고 EC2 인스턴스의 연결이 완료된다. Windows 운영체제가 실행되면 Windows 운영체제에 Windows 웹서버인 IIS(Internet Information Server)를 설치할 수 있다. Windows 운영체제(서버 버전)에서는 Server Manager라는 프로그램으로 새로운 프로그램을 추가로 설치할 수 있다.

▼ IIS 웹서버 및 FTP 설치(1)

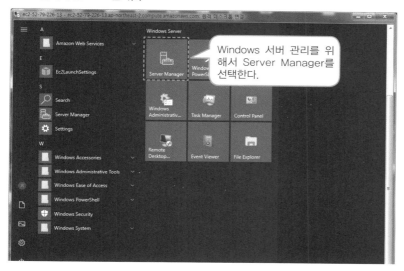

Server Manager를 클릭해서 실행한다.

▼ IIS 웹서버 및 FTP 설치(2)

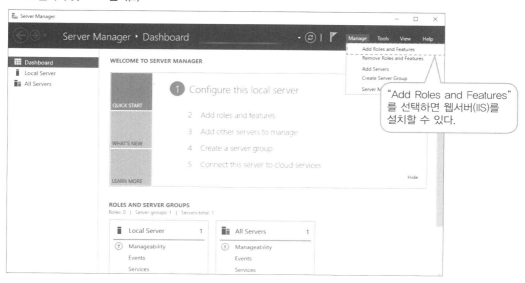

Server Manager에서 [Add Roles and Features] 메뉴를 클릭하면 추가적인 프로그램을 설치할 수 있다.

▼ IIS 웹서버 및 FTP 설치(3)

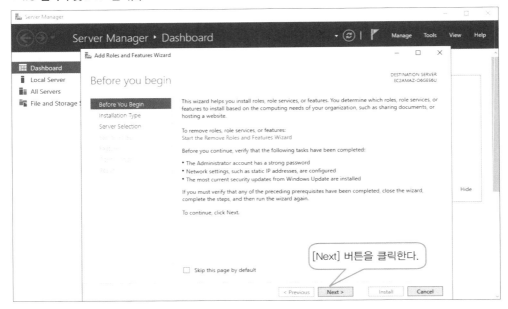

▼ IIS 웹서버 및 FTP 설치(4)

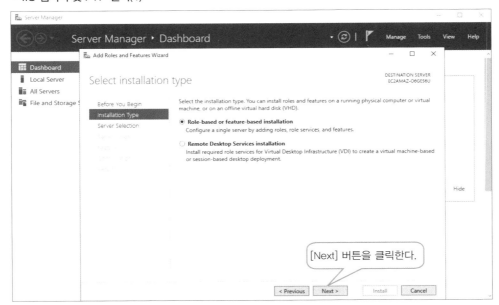

▼ IIS 웹서버 및 FTP 설치(5)

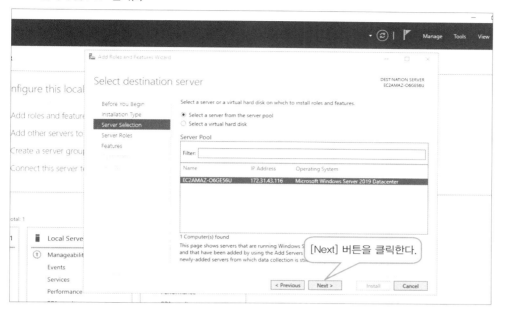

▼ IIS 웹서버 및 FTP 설치(6)

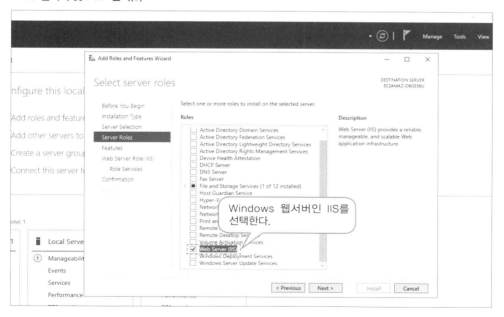

IIS를 설치하기 위해서 Web Server(IIS)를 체크한다.

▼ IIS 웹서버 및 FTP 설치(7)

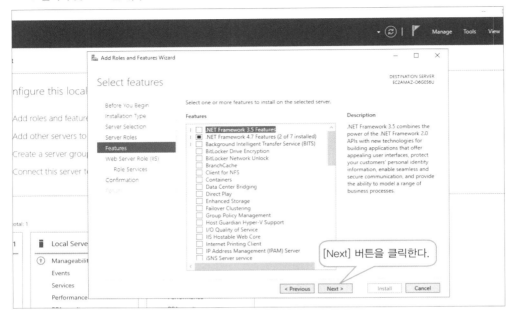

▼ IIS 웹서버 및 FTP 설치(8)

파일을 업로드하거나 다운로드하기 위해서 추가적으로 "FTP Server"를 체크한다.

▼ IIS 웹서버 및 FTP 설치(9)

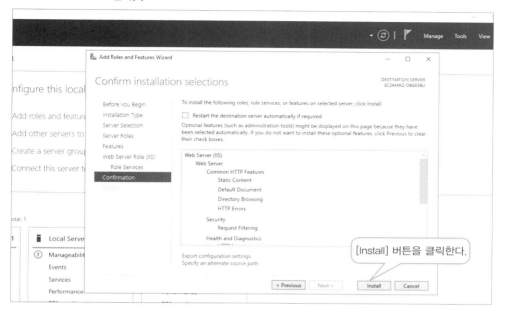

▼ IIS 웹서버 및 FTP 설치(10)

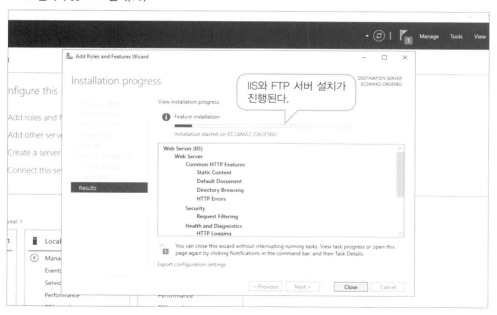

위의 과정이 완료되면 IIS 웹서버와 FTP Server 모두가 설치된 것이다. 그러면 IIS로 검색하여 Internet Information Services Manager를 실행한다.

▼ IIS 웹서버 및 FTP 사용(1)

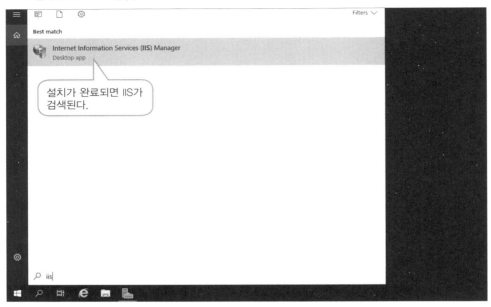

▼ IIS 웹서버 및 FTP 사용(2)

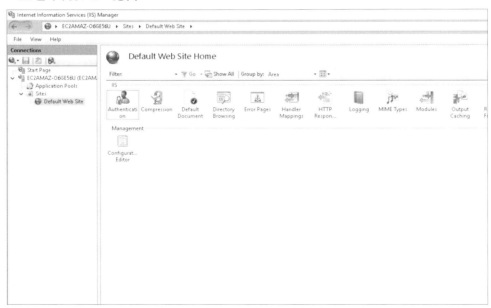

▼ IIS 웹서버 및 FTP 사용(3)

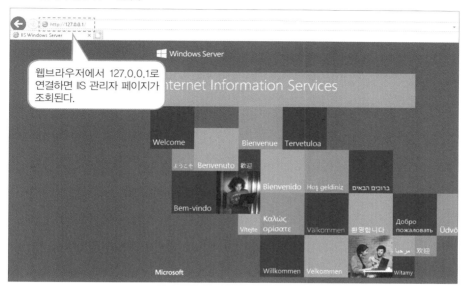

웹 브라우저에서 "127.0.0.1"이라는 IP 주소를 입력하면 위와 같이 IIS 웹 페이지가 조회된다.

▼ 새로운 Windows 사용자 계정 생성(1)

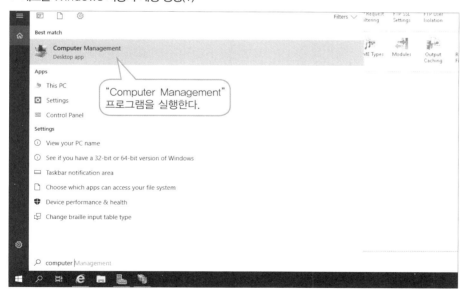

새로운 Windows 사용자 계정을 생성하기 위해서는 "Computer Management(컴퓨터 관리)" 프로그램
을 실행한다.

▼ 새로운 Windows 사용자 계정 생성(2)

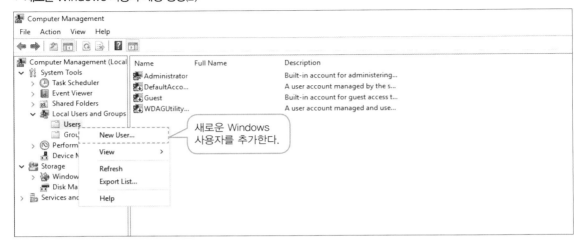

위의 예처럼 [User] 폴더에서 마우스 오른쪽 버튼을 클릭하고 [New User]를 선택한다.

▼ 새로운 Windows 사용자 계정 생성(3)

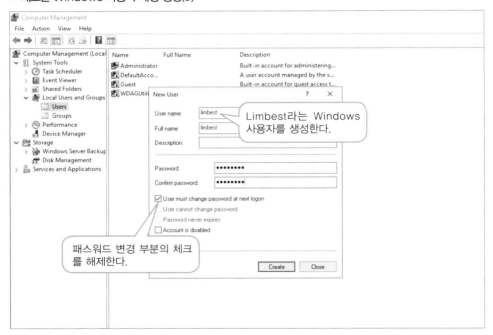

새로운 Windows 운영체제의 계정명(User name)과 패스워드를 입력한다.

▼ 새로운 Windows 사용자 계정 생성(4)

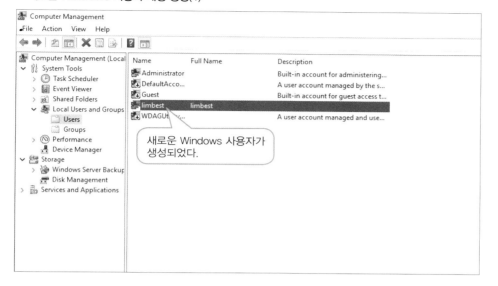

이제 IIS Manager에서 FTP Server를 만들어 보자.

▼ FTP Server 생성(1)

위의 예처럼 [Add FTP Site] 메뉴를 클릭하면 FTP 사이트를 추가한다.

▼ FTP Server 생성(2)

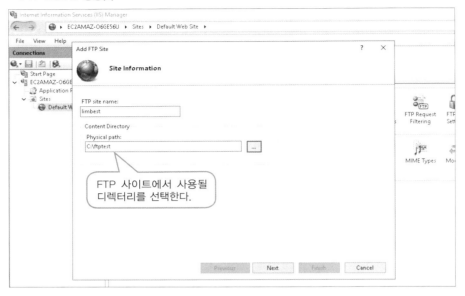

Pysical path란, FTP로 연결되면 FTP 사용자에게 보여주는 폴더를 의미한다. 임의의 폴더를 선택하면 된다.

▼ FTP Server 생성(3)

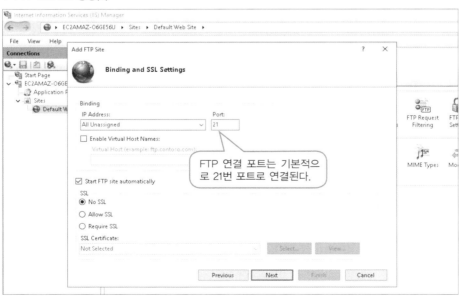

FTP Server는 명령어(로그인, 로그아웃, 파일 다운로드 등)를 실행할 때 21번 포트를 사용한다. 단, 데이터

(파일)를 전송할 때는 Active mode의 경우 20번 포트를 사용하고, Passive 모드인 경우는 1024 이후 포트를 사용하게 된다.

▼ FTP Server 생성(4)

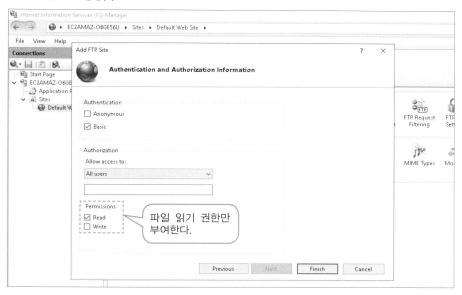

위에서 선택한 [Physical] 폴더에 대해서 읽기 권한만 부여한다.

▼ FTP Server 생성(5)

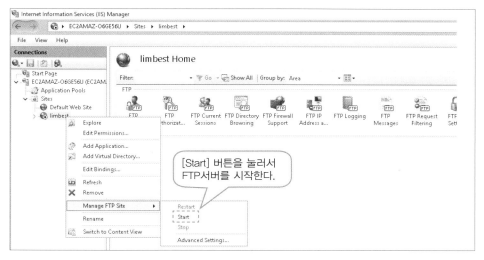

[Start] 버튼을 클릭하면 FTP Server가 실행된다.

▼ EC2 인스턴스 생성(44)

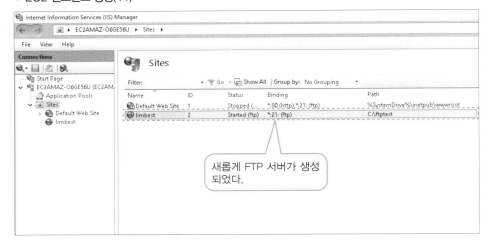

FTP Server와 웹서버(IIS)를 생성했다고 연결할 수 있는 것은 아니다. 즉 두 가지를 확인해야 한다. 첫 번째는 보안 그룹에서 해당 인바운드 포트를 열어주어야 하고, 두 번째는 Windows 방화벽의 인바운드 포트에서 열어주어야 연결이 가능하다.

▼ 보안 그룹 설정(1)

위의 예처럼 EC2 인스턴스에서 보안 그룹의 [인바운드 규칙 편집] 버튼을 클릭한다.

▼ 보안 그룹 설정(2)

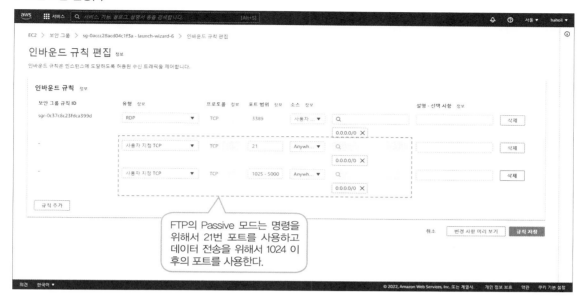

FTP의 Passive 모드는 명령을 위해서 21번 포트를 사용하고 데이터 전송을 위해서 1024 이후의 포트를 사용한다.

FTP Server 연결을 위해서 명령 전송 포트인 21번을 허용하고, 데이터 전송 포트는 1025부터 50000까지 허용한 것이다.

▼ Windows 방화벽 오픈(1)

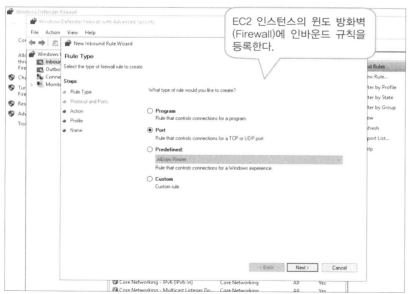

EC2 인스턴스의 윈도 방화벽(Firewall)에 인바운드 규칙을 등록한다.

▼ Windows 방화벽 오픈(2)

FTP 서버의 명령 전송을 위해서 21번 포트를 오픈한다.

▼ Windows 방화벽 오픈(3)

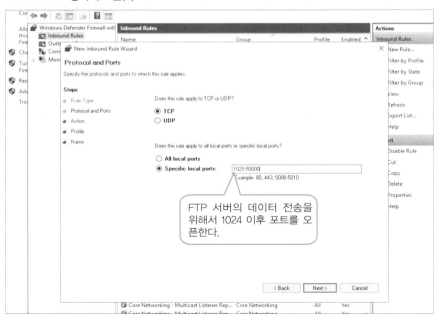

FTP 서버의 데이터 전송을 위해서 1024 이후 포트를 오픈한다.

▼ Windows 방화벽 오픈(4)

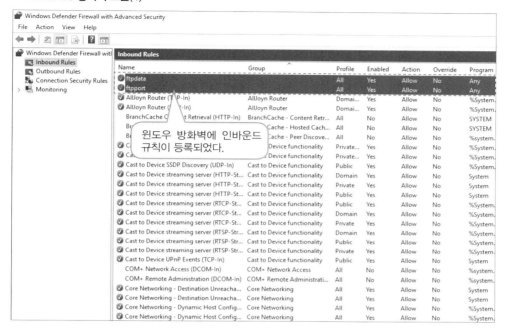

위의 예처럼 Windows 방화벽에서도 동일하게 인바운드 포트를 오픈한다.

FTP Server 연결을 위해서 인터넷에서 알드라이브라는 프로그램을 설치한다.

▼ FTP Server 연결

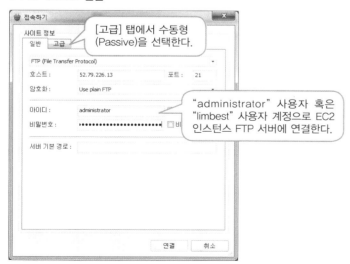

위의 예처럼 EC2 인스턴스 IP 주소와 로그인 ID, 패스워드를 입력한다.

▼ EC2 인스턴스 생성(52)

FTP Server로 연결되면 오른쪽처럼 EC2 인스턴스에 있는 파일을 다운로드할 수 있다.

지금까지는 AWS의 AWS Management Console 웹사이트를 사용해서 새로운 EC2 인스턴스를 생성하고 웹서버 및 FTP Server를 설치하고 연결하였다. 만약 여러분이 IIS 웹서버로 연결하고 싶다면 FTP Server와 동일하게 보안 그룹과 Windows 방화벽에서 80번 포트를 오픈하면 된다.

POINT 2 Apache와 MySQL 설치

지금까지는 Windows 서버에 IIS라는 웹서버와 FTP Server를 설치하고 사용하는 방법으로 알아보았다. 이제는 IIS를 사용하지 않고 Apache 웹서버와 MySQL 데이터베이스를 설치하고 사용해 보자.

우선, Apache와 MySQL을 사용하려면 인터넷에서 XAMPP라는 프로그램을 다운로드해야 한다. 하지만 Windows 서버에 있는 인터넷 익스플로우는 기본적으로 다운로드할 수 없게 설정되어 있다.

▼ 인터넷 익스플로우 설정

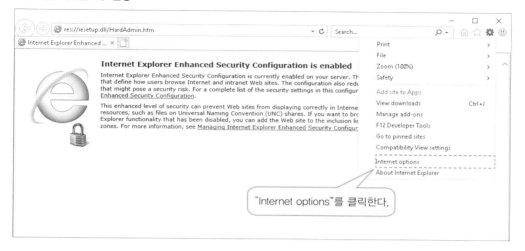

따라서 위의 예처럼 [인터넷 옵션(Internet Options)] 메뉴를 클릭한다.

▼ 파일 다운로드 기능 활성화

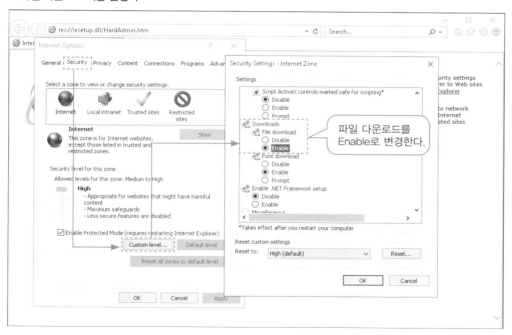

파일 다운로드 부분에서 "Eneable"을 체크하여 다운로드할 수 있게 설정한다. 그리고 XAMPP라는 프로그램을 검색해서 다운로드하고 설치한다.

▼ XAMPP 웹사이트 검색(네이버)

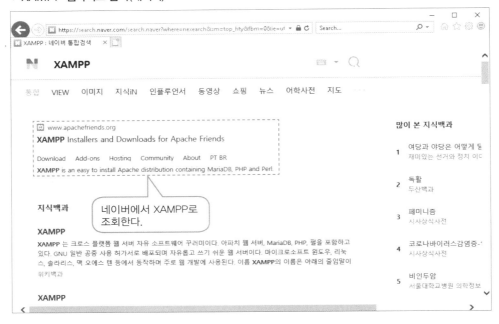

▼ XAMPP 다운로드

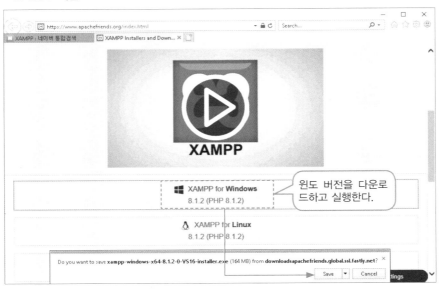

▼ XAMPP 설치(1)

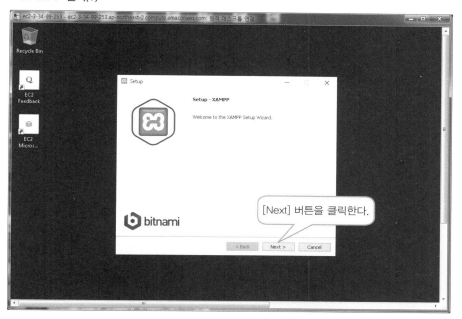

▼ XAMPP 설치(2)

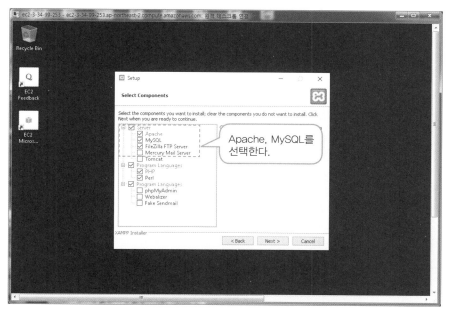

위의 예는 XAMPP의 기능 중에서 Apache, MySQL, FTP Server를 선택한다.

▼ XAMPP 설치(3)

[Next] 버튼을 클릭한다.

▼ XAMPP 설치(4)

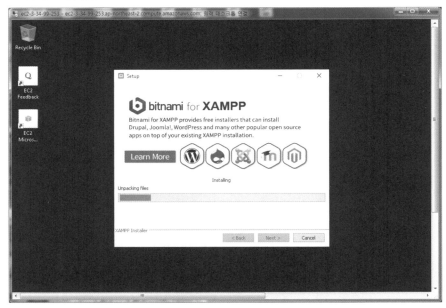

▼ XAMPP 설치(5)

▼ XAMPP 실행

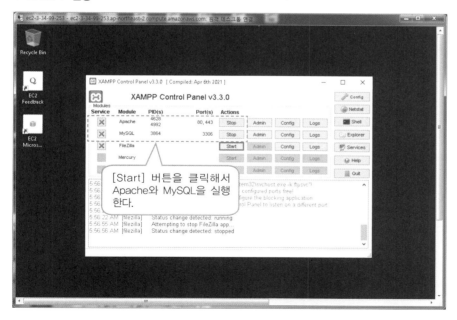

XAMPP 설치가 완료되면 위의 예처럼 XAMPP Control Panel이 실행된다. 그러면 [Start] 버튼을 클릭해서 "Apache"와 "MySQL"을 실행한다.

▼ MySQL 연결

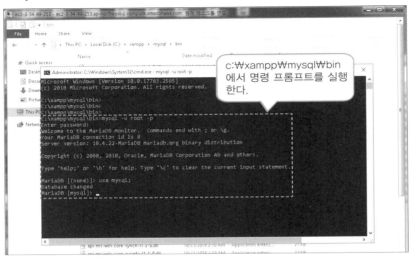

MySQL이 실행되면 "mysql – u root – p"라고 입력하면 패스워드를 물어본다. 하지만 MySQL root 계정의 패스워드는 초기에는 없었기 때문에 그냥 엔터(Enter)를 입력하면 MySQL 데이터베이스에 연결된다. 여기서 "–u" 옵션은 MySQL 사용자 계정명이고, "–p" 옵션은 패스워드를 의미한다.

▼ 웹페이지 작성

XAMPP의 Apache 웹서버의 홈 디렉터리(Document Root)는 [c:₩xampp₩htdocs] 폴더이다. 따라서 해당 디렉터리에 "index.html"을 생성한다.

▼ Apache 웹서버 연결

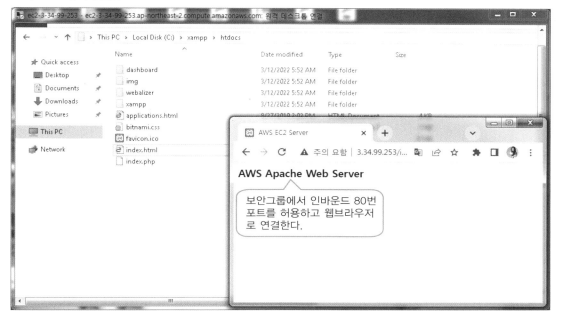

위의 예는 보안 그룹과 Windows 방화벽 모두에서 인바운드 80번 포트를 오픈한 후에 웹브라우저로 EC2 인스턴스의 퍼블릭 IP를 입력하면 된다.

Section 02 RDS

본 장에서 Amazon 데이터베이스 서비스와 RDS를 실제 구축하여 사용한다.

POINT 1 RDS 개요

 RDS(Relation Database Service)

RDS는 AWS에서 제공하는 관계형 데이터베이스 서비스이다. 기업에서 사용되는 고객 데이터 관리, 거래 데이터 관리 등에 활용되는 데이터베이스이다.

AWS RDS 서비스는 MariaDB, MySQL, Microsoft SQL Server, Oracle, PostgreSQL의 관계형 데이터베이스를 제공하고 아마존에서 자체적으로 개발한 Aurora 데이터베이스도 제공한다. AWS에 따르면 Amazon Aurora 데이터베이스는 MySQL, PostgreSQL과 호환되는 관계형 데이터베이스이며 오픈소스 데이터베이스이다.

또한 Aurora 데이터베이스는 MySQL 데이터베이스 보다 최대 5배 빠르고, 표준 PostgreSQL 데이터베이스 보다 3배 빠르다.

■ Amazon Aurora 특징

- Enterprise급 관계형 데이터베이스
- MySQL 또는 PostgreSQL과 호환
- 표준 MySQL 데이터베이스 보다 최대 5배 빠른 속도
- 표준 PostgreSQL 데이터베이스 보다 최대 3배 빠른 속도
- Amazon S3로 지속적인 백업
- 지연 시간이 짧은 읽기전용 복제본 최대 15개까지 구성 가능

■ AWS 데이터베이스 서비스

구분	설명
RDS	테이블 형태로 SQL을 지원하는 관계형 데이터베이스 서비스이다.
DynamoDB	비관계형 데이터베이스 서비스로 NoSQL 서비스이다.
RedShift	데이터 웨어하우스 서비스이다.
DocumentDB	Mongo DB와 호환 가능한 데이터베이스 서비스이다.
Neptune	그래프 데이터베이스이다.

POINT 2 RDS 사용

RDS를 사용하기 위해서는 AWS Management Console에서 RDS로 조회한다.

▼ RDS 생성(1)

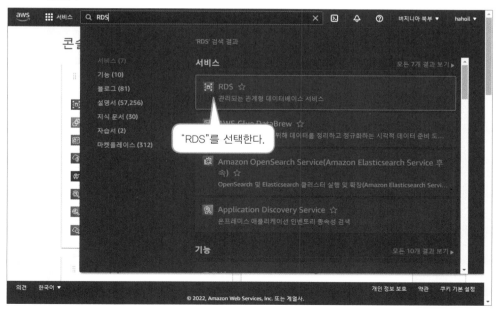

▼ RDS 생성(2)

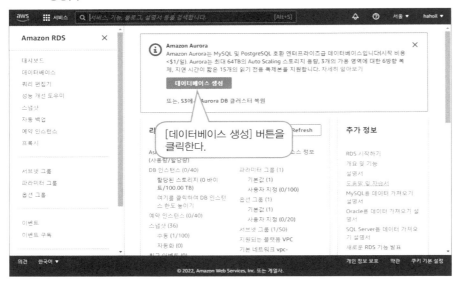

RDS 생성을 위해서 [데이터베이스 생성] 버튼을 클릭한다.

▼ RDS 생성(3)

위의 예처럼 사용할 데이터베이스를 선택한다. 위의 데이터베이스의 종류 중에서 MariaDB, Aurora, PostgreSQL 데이터베이스는 오픈소스 데이터베이스이다.

▼ RDS 생성(4)

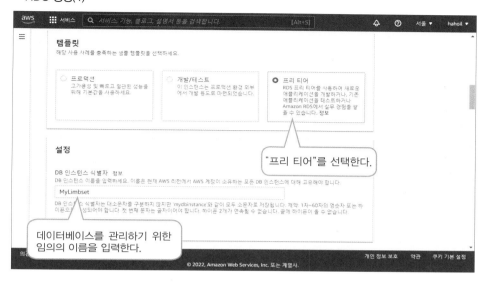

RDS를 무료로 사용하기 위해서 "프리 티어"를 선택한다. 또한 DB 인스턴스 식별자란 RDS를 구분하기 위한 이름이다.

▼ RDS 생성(5)

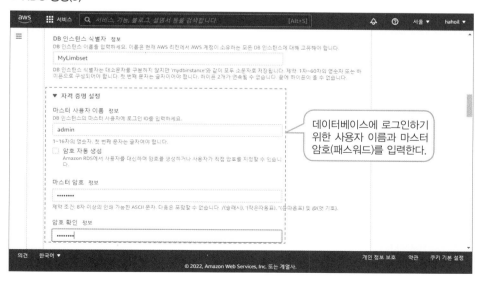

위의 예는 RDS 생성 이후에 로그인을 위한 계정명(사용자 이름)과 마스터 암호(패스워드)를 입력한다.

위의 예는 RDS가 사용할 하드웨어 사양 정보이다.

▼ RDS 생성(7)

위의 예는 RDS가 위치할 네트워크 정보를 입력하는 것이다. 하지만 별도의 VPC를 생성하지 않았기 때문에
기본 값으로 한다.

▼ RDS 생성(8)

RDS를 생성한 후에 원격으로 RDS를 사용하기 위해서는 퍼블릭 액세스를 "예"로 설정해야 한다. 하지만 기업에서는 보안상 "아니요"로 설정해야 한다.

TIP Private 액세스와 Public 액세스

RDS의 퍼블릭 액세스(Public Access)란 인터넷을 통해서 직접 RDS에 연결되는 것이고, 프라이빗 액세스(Private Access)는 AWS 내부에서만 연결 가능한 것을 의미한다.

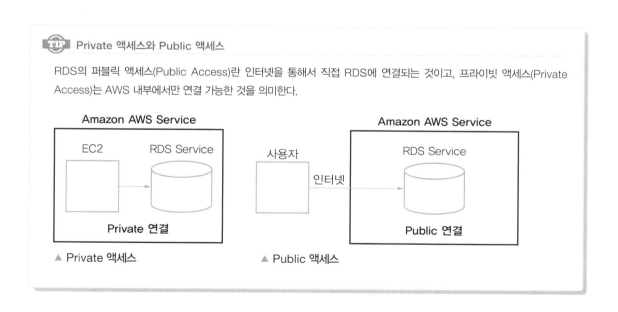

▲ Private 액세스 　　　　▲ Public 액세스

▼ RDS 생성(9)

위의 예는 RDS를 로그인하는 방식을 결정하는 것으로 "암호 인증"은 사용자 계정과 패스워드로 로그인하는 것이다.

▼ RDS 생성(10)

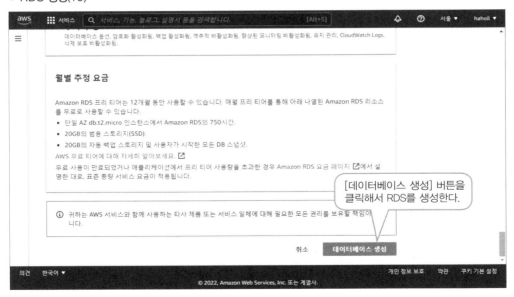

▼ RDS 생성(11)

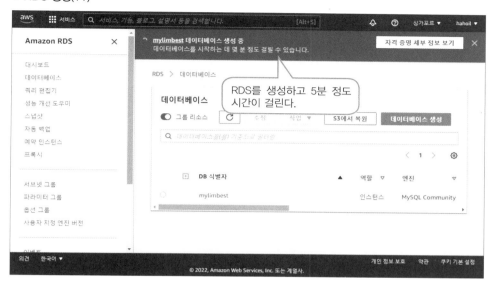

▼ RDS 생성(12)

RDS가 생성되면 "엔드포인트" 부분에 도메인 주소가 있고 해당 도메인 주소를 사용해서 연결해야 한다. 그리고 RDS 연결을 위해서 데이터베이스 클라이언트 프로그램을 인터넷에서 다운로드한다. 즉 HeidiSQL은 MySQL을 원격으로 접속하고 SQL을 실행하는 공개 소프트웨어이다.

▼ RDS 사용(1)

위의 예처럼 다운로드하고 바로 설치하면 된다.

▼ RDS 사용(2)

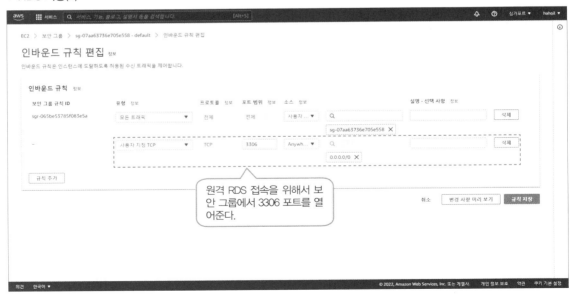

원격(인터넷)으로 RDS에 연결하기 위해서 보안 그룹에서 MySQL 포트인 3306 포트를 오픈해야 한다.

▼ RDS 사용(3)

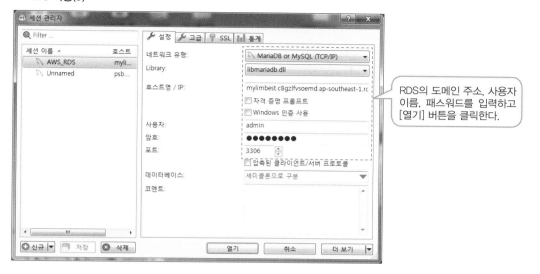

HeidiSQL을 실행하면 위와 같은 화면이 오픈된다. 그러면 RDS 도메인 주소와 RDS 생성 시에 등록한 사용자 계정 및 패스워드를 입력하고 [열기] 버튼을 클릭한다.

▼ RDS 사용(4)

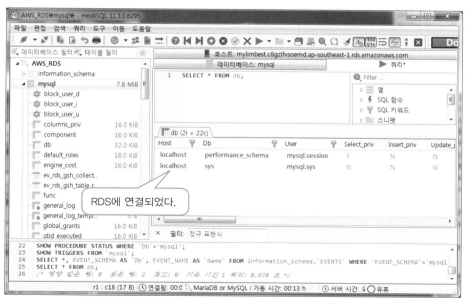

위의 예는 RDS에 연결되어서 SQL을 실행한 예이다.

▼ RDS 성능(CloudWatch)

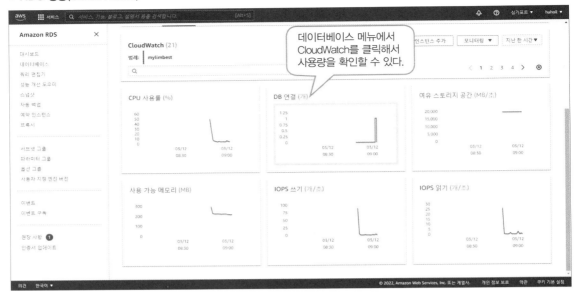

위의 CloudWatch는 RDS의 CPU 사용률, DB 연결 수, 스토리지 공간, 사용 가능한 메모리 정보를 모니터링할 수 있다.

▼ RDS 삭제(1)

▼ RDS 삭제(2)

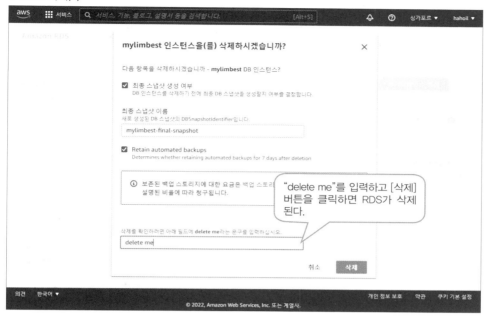

▼ AWS 비용관리(Cost Explorer)

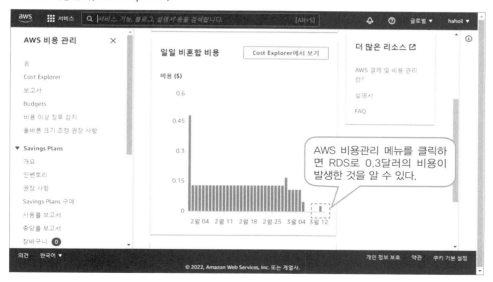

위의 예는 RDS를 생성 후 비용관리 화면에서 발생한 비용을 확인한 결과 0.3달러의 비용이 발생되었다. 프리 티어는 무료이지만 필자는 1년이 넘어서 비용이 발생했다.

01 고객은 MySQL 데이터베이스보다 쉬운 확장이 필요한 AWS 서비스가 필요하다. 다음 중 어느 것으로 해야 하는가? (AWS Cloud Practitioner)

1) Amazon Aurora

2) Amazon Redshift

3) Amazon DynamoDB

4) Amazon ElastiCache

정답 및 풀이

아마존은 Aurora 데이터베이스를 확장이 쉽고 성능이 빠른 것으로 권고하고 있다. Aurora는 MySQL과 PostgreSQL 데이터베이스 간에 호환성을 갖는다.

정답 : **1번**

02 Amazon RDS가 유익한 것 하나는 어느 것인가? (AWS Cloud Practitioner)

1) 간단하게 관계형 데이터베이스 작업들을 할 수 있다.

2) 신뢰성과 지속성을 99.999999999% 제공한다.

3) 부하로부터 자동적으로 데이터베이스를 확장할 수 있다.

4) 사용자들은 동적으로 CPU와 RAM의 자원을 사용할 수 있다.

정답 및 풀이

AWS RDS 서비스는 관계형 데이터베이스를 지원하는 서비스이다. 보기 2번은 S3 스토리지의 장점이다.

정답 : **1번**

03 기업의 데이터 웨어하우스 솔루션에서 사용해야 하는 AWS 서비스는? (AWS Cloud Practitioner)

1) Amazon S3

2) Amazon DynamoDB

3) Amazon Kinesis

4) Amazon Redshift

정답 및 풀이

AWS에서 데이터 웨어하우스를 위한 서비스는 Redshift 서비스이다.

정답 : **4번**

04 다음 중에서 빠르고 NoSQL과 관계된 서비스는? (AWS Cloud Practitioner)

1) Amazon Redshift

2) Amazon RDS

3) Amazon DynamoDB

4) Amazon S3

> **정답 및 풀이**
>
> AWS에서 NoSQL을 지원하는 데이터베이스는 DynamoDB이다.
>
> 정답 :**3번**

05 Microsoft SQL Server database를 사용할 수 있는 AWS 서비스는? (2개를 선택하세요.)
(AWS Cloud Practitioner)

1) Amazon EC2

2) Amazon RDS

3) Amazon Aurora

4) Amazon Readshift

5) Amazon S3

> **정답 및 풀이**
>
> 데이터베이스를 사용하는 방법은 RDS 혹은 EC2 인스턴스를 데이터베이스에 직접 설치하는 것이다.
>
> 정답 : **1, 2번**

Section 02 S3

POINT 1 스토리지 서비스

 스토리지 서비스(Storage Service)

AWS 스토리지 서비스는 EBS(Elastic Block Store), S3, EFS(Elastic File System) 등이 있다. EC2 생성 시에 있는 스토리지는 인스턴스 스토어로 휘발성이다.

1) 서비스는 EBS(Elastic Block Store)

- 인스턴스(EC2)용 영구 블록 스토리지를 제공한다.
- 복제를 통해서 데이터를 보호한다.
- 상이한 드라이브 유형을 제공한다.
- 몇 분 만에 확장 및 축소가 가능하다.
- 프로비저닝한 만큼의 비용을 지불한다.
- 스냅샷 기능을 제공한다.
- 암호화를 제공한다.
- SSD와 하드 디스크 드라이브를 제공한다.

2) S3(Simple Storage Service)

- S3는 언제 어디서나 원하는 데이터를 저장, 검색할 수 있는 서비스로 데이터 스토리지 인프라를 제공한다.
- 데이터는 버킷 내의 객체로 저장된다. 단일 객체 하나는 최대 5TB로 제한된다.
- 99.999999999%의 가용성을 제공한다.
- 버킷 및 객체에 대한 세분화된 액세스가 가능하다.
- S3는 인터넷 클라우드 스토리지로 S3를 사용하려면 하나의 리전에 버킷을 만들고 버킷에 객체를 업로드해야 한다.

S3는 객체 단위로 저장할 수 있는 스토리지로 객체에 대해서 높은 가용성을 보장하고 키 기반 액세스를 제공한다. S3는 애플리케이션 호스팅, 미디어 호스팅, 소프트웨어 전송, 백업 등으로 다양하게 활용될 수 있다.

■ S3 스토리지 클래스

S3 스토리지 구분	설명
S3 Standard	– 3개 이상의 가용 영역
S3 Standard Infrequent Access(IA)	– 객체와 관련된 검색 비용 발생 – 자주 액세스 하지 않는 데이터에 적합
S3 Intelligent – Tiering	– 액세스 패턴을 사용해서 계층 간에 객체를 자동으로 이동 – 3개 이상의 가용 영역
S3 One Zone IA	– 1개의 가용 영역으로 S3 Standard Infrequent Access(IA)보다 약 20% 저렴
S3 Glacier	– 실시간 액세스가 지원되지 않는다. – 객체에 액세스 하려면 먼저 복원해야 한다. – 객체복원에 1분~12시간 소요
S3 Glacier Deep Archive	– 7에 10년간 장기 보관을 위한 최저 비용 스토리지 – 3개 이상의 가용 영역 – 12시간 이내의 검색을 지원

3) Glacier

- 장기간 데이터 보관을 위한 매우 저렴한 스토리지 서비스(백업)이다.
- 3~5시간 또는 12시간 이내에 복구가 가능하다.
- Glacier는 S3 콘텐츠의 수명 주기 보관을 구성할 수 있다.

[Glacier 활용분야]

- 의료 정보 아카이빙
- 규제 및 규정 준수를 위한 아카이빙
- 과학적 데이터 스토리지
- 디지털 보존
- 마그네틱 테이프를 대체

AWS Management Console에서 S3로 조회한다.

▼ S3 생성(1)

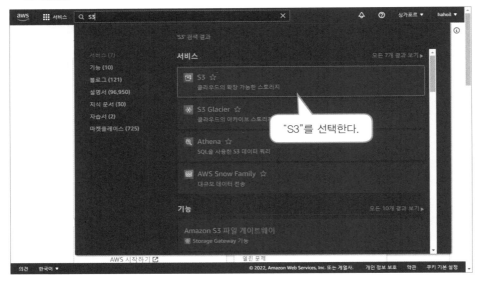

S3는 객체(Object) 단위로 관리되고, S3를 사용하기 위해서는 먼저 버킷(Buket)을 생성해야 한다.

▼ S3 생성(2)

▼ S3 생성(3)

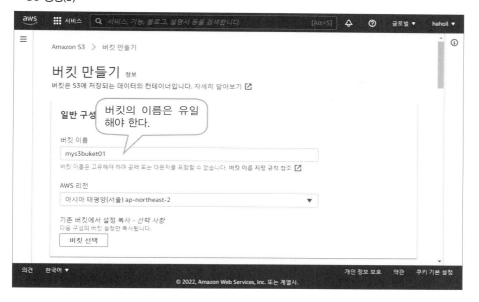

버킷을 생성할 때 버킷의 이름은 AWS 리전에서 유일한 이름이어야 한다.

▼ S3 생성(4)

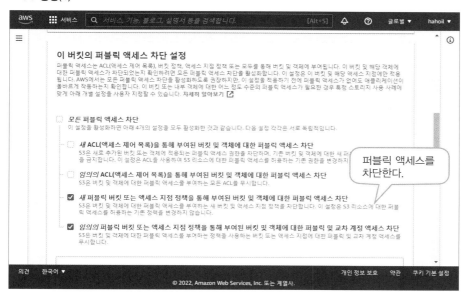

퍼블릭 액세스 차단이란 원격(인터넷)으로 객체에 대한 접근을 거부하는 것이다.

▼ S3 생성(5)

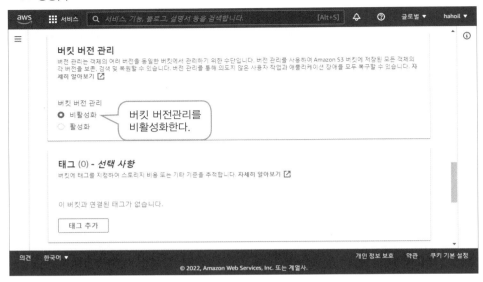

버킷 버전 관리는 버킷에 저장된 객체에 대해서 히스토리를 관리해서 이전 버전으로 되돌리는 것이 가능하다.

▼ S3 생성(6)

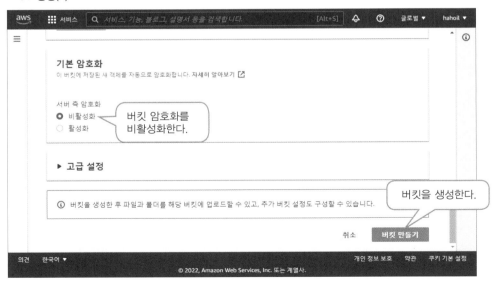

암호화를 체크하면 S3에 저장된 데이터를 암호화해서 저장한다.

▼ S3 생성(7)

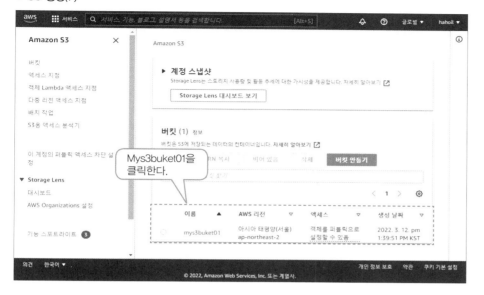

위의 예처럼 버킷이 생성되었다.

▼ S3 생성(8)

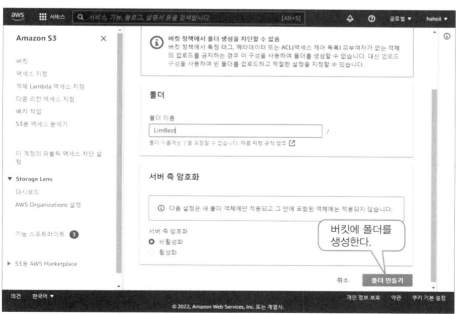

폴더 만들기를 선택해서 버킷 내에 폴더를 생성한다.

▼ S3 생성(9)

[업로드] 버튼을 클릭한다.

▼ S3 생성(10)

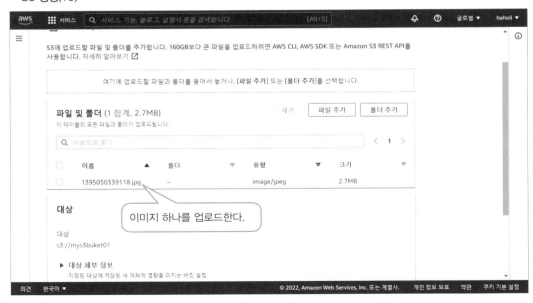

S3 버킷에 저장하고 싶은 파일을 선택하고 업로드한다.

▼ S3 생성(11)

업로드가 완료되면 버킷을 참조할 수 있는 객체 URL이 확인된다.

▼ S3 생성(12)

객체 URL을 웹브라우저에 입력하면 접근이 차단된다. 왜냐하면 퍼블릭 액세스 접근을 차단했기 때문이다.

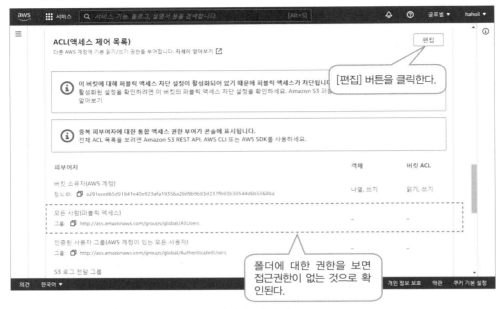

▼ S3 생성(13)

폴더에 대해서 ACL(Access Control List)을 확인한다.

▼ S3 생성(14)

폴더에 대해서 모든 사람에게 퍼블릭 액세스를 허용한다.

▼ S3 생성(15)

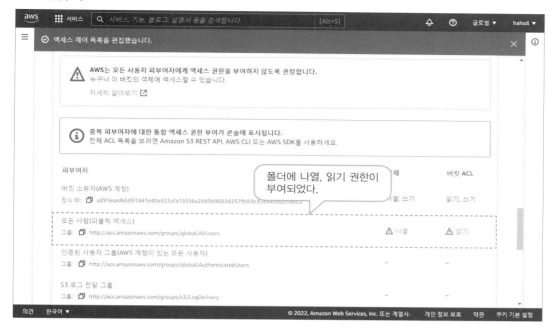

위의 예는 폴더에 대해서 퍼블릭 액세스가 설정된 것이다.

▼ S3 생성(16)

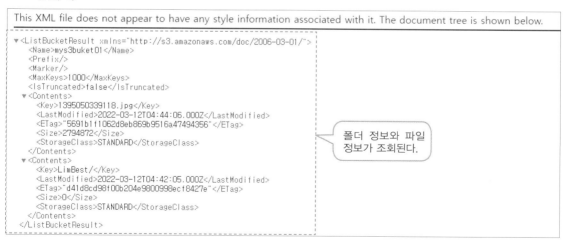

다시 웹브라우저에 객체 URL을 입력하면 폴더의 내용이 조회된다.

▼ S3 생성(17)

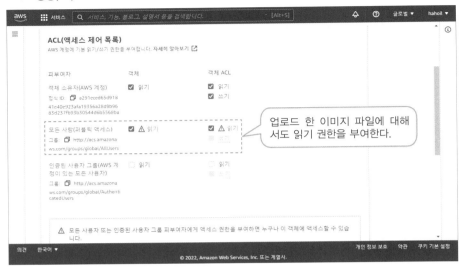

마찬가지로 업로드된 이미지에 대해서 읽기 권한을 부여한다. 그러면 아래와 같이 이미지의 내용이 웹브라우저에서 조회된다.

▼ S3 생성(18)

01 Compliance 등으로 장기간 보관을 위해서 사용하는 스토리지는? (AWS Cloud Practitioner)

1) EFS

2) Glacier

3) S3

4) EBS

정답 및 풀이

장기간 보관을 위해서는 Glacier 스토리지 서비스를 사용해야 한다. 그러면 최소 비용으로 관리가 가능하다.

정답 : 2번

02 정적 웹사이트 호스팅으로 낮은 비용 옵션을 사용할 수 있는 스토리지 서비스는? (AWS Cloud Practitioner)

1) Amazon Glacier

2) Amazon DynamoDB

3) Amazon Elastic File System(EFS)

4) Amazon Simple Storage Service(Amazon S3)

정답 및 풀이

S3에 저장되는 객체(파일, 이미지, 동영상 등)는 자주 변경되지 않는 정적 콘텐츠를 관리하는 것을 권장한다.

정답 : 4번

03 실시간으로 접근할 수 있는 Object 스토리지는? (AWS Cloud Practitioner)

1) Amazon Glacier

2) AWS Storage Gateway

3) Amazon S3

4) Amazon EBS

정답 및 풀이

S3는 객체 단위로 저장하고 관리하는 스토리지이다.

정답 : 3번

04 데이터베이스 백업을 위해서 낮은 비용으로 지속적인 스토리지 옵션을 사용할 때는? (AWS Cloud Practitioner)

1) Amazon S3

2) Amazon Glacier

3) Amazon EBS

4) Amazon EC2 Instance Store

Glacier는 최소 비용으로 장기간 보관할 때 사용된다.

정답 : **2번**

05 온라인에서 높은 지속성을 가지고 있는 오브젝트 스토리지로 가상화된 제약이 없는 서비스는 어느 것인가? (AWS Cloud Practitioner)

1) Amazon Redshift

2) Amazon Elastic File System

3) Amazon Elastic Container Service

4) Amazon S3

오브젝트 스토리지는 S3이다.

정답 : **4번**

06 Amazon EC2 인스턴스에서 영구적으로 저장하기 위해서 사용되는 블록 스토리지 볼륨은? (AWS Cloud Practitioner)

1) Amazon EFS   2) Amazon S3

3) Amazon EBS   4) Amazon DynamoDB

영구적으로 저장하기 위한 블록 스토리지는 EBS이다.

정답 : **3번**

07 AWS 클라우드 스토리지 요금은 일반적으로 어떻게 되는가? (AWS Cloud Practitioner)

1) GB당 요금 부과

2) 전송속도에 따라 요금 부과

3) 시간당 또는 초당 요금 부과

4) 인스턴스 유형별로 요금부과

스토리지 비용은 Giga byte당으로 요금이 부여된다.

정답 : **1번**

08 Amazon S3의 특징은 어느 것인가? (2개를 선택하세요.) (AWS Cloud Practitioner)

1) Global File system

2) Object Store

3) Local file store

4) Network File System

5) 지속되는 스토리지 시스템

정답 및 풀이

S3는 객체(Object) 단위로 저장되는 Global File System이다.

정답 : **1, 2번**

09 특별한 사용자들이 S3의 버킷에 접근하는 것을 어떻게 제약할 수 있는가? (AWS Cloud Practitioner)

1) Public과 Private key-pair

2) Amazon inspector

3) AWS IAM policies

4) Security Groups

정답 및 풀이

S3 버킷에 대한 접근은 IAM 정책을 사용해서 가능하다.

정답 : **3번**

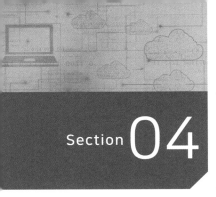

Section 04 VPC

 POINT 1 **VPC 개요**

> **TIP** **VPC(Virtual Private Cloud)**
>
> VPC는 AWS에서 사용할 수 있는 가상 네트워크이다. 즉 AWS에서 다른 가상 네트워크와 논리적으로 분리되고 관리된다.

AWS를 사용하면 반드시 하나의 VPC와 인터넷 게이트웨이(Internet Gateway), 라우팅 테이블(Routing Table), 서브넷(Subnet)은 존재한다. 이것을 디폴트(Default) VPC라고 한다. 그리고 VPC가 있어야 인터넷 혹은 AWS 내부 네트워크에서 통신할 수 있다.

■ VPC 핵심 개념

구분	설명
서브넷(Subnet)	VPC의 IP 주소 범위로 VPC 내에서 네트워크를 분리하는 단위이다.
라우팅 테이블	라우팅 테이블은 서브넷과 연결되어 네트워크 트래픽을 전달한다.
인터넷 게이트웨이	VPC와 연결되어 VPC 내의 네트워크와 인터넷을 연결할 때 사용된다.
NACL(Network Access Control)	VPC에서 서브넷 단위로 네트워크의 인바운드 트래픽과 아웃바운드 트래픽을 통제하는 방화벽 기능이다.
CIDR	서브넷 마스크 값을 간단하게 표시하는 표기법이다.

VPC를 생성할 때는 먼저 VPC를 생성한다. 그리고 서브넷을 만들고 서브넷을 VPC에 연결한 후 서브넷을 라우팅 테이블에 등록한다. 그리고 인터넷 게이트웨이를 생성하고 VPC에 등록하면 VPC 구성이 완료된다.

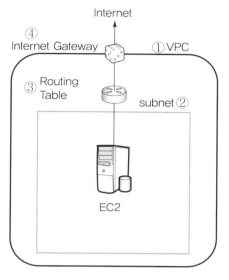

▲ AWS Default VPC

위의 예는 AWS Default VPC의 구성이다. (1)번은 VPC를 생성하고 (2)번은 서브넷을 생성한 후 (3)번 라우팅 테이블에 서브넷을 등록한다. 마지막으로 (4)번은 인터넷 게이트웨이를 생성하여 생성한 VPC를 매핑한다. 위의 그림과 같이 생성된 VPC의 서브넷에 EC2 인스턴스, RDS 등을 구성하게 된다. 만약 EC2 인스턴스에 퍼블릭 IP(공인 IP)가 부여되면 인터넷에서 EC2 인스턴스를 연결할 수 있게 된다. RDS의 경우도 퍼블릭 액세스 허용을 설정하면 해당 RDS 도메인으로 인터넷을 통해서 연결할 수 있다.

POINT 2   VPC 생성

본 장에서는 2개의 서브넷을 생성하여 VPC를 새롭게 만들어 보겠다. 2개의 서브넷 중에서 Public subnet 은 인터넷에서 연결이 가능한 서브넷이고, Private는 인터넷이 차단된 서브넷으로 구성한다.

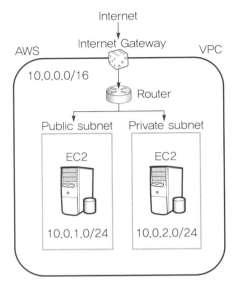

▲ AWS VPC 구성

먼저 VPC를 생성해야 한다. AWS Management Console에서 VPC로 조회한다.

▼ VPC 생성(1)

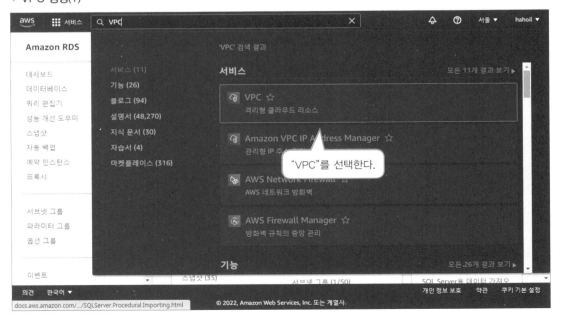

▼ VPC 생성(2)

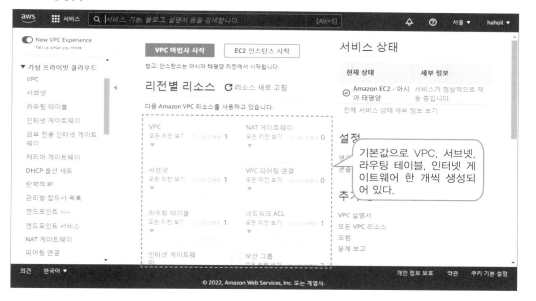

위의 예를 보면 VPC 1개, 서브넷 1개, 라우팅 테이블 1개 등이 생성되어 있고 이것이 Default VPC이다.

▼ VPC 생성(3)

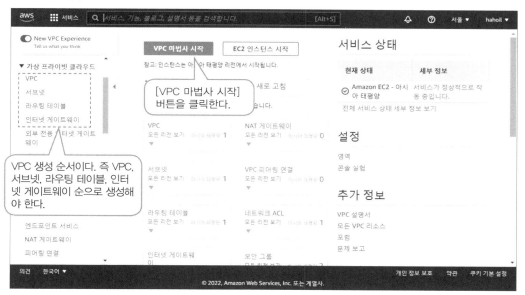

VPC 생성을 위해서 먼저 [VPC 마법사 시작] 버튼을 클릭한다.

▼ VPC 생성(4)

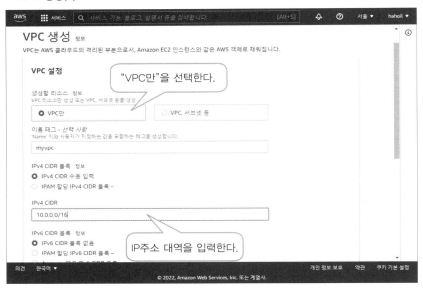

위의 예에서 "VPC만"을 선택한다. 만약 "VPC, 서브넷 등"을 선택하면 서브넷, 라우팅 테이블 등을 모두 자동으로 생성하게 된다. 그리고 IPv4 CIDR을 "10.0.0.0/16"으로 입력하면 네트워크를 크게 생성한다.

▼ VPC 생성(5)

▼ VPC 생성(6)

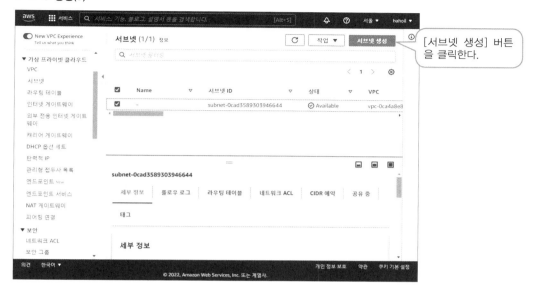

VPC가 생성되었으면 [서브넷 생성] 버튼을 클릭하여 서브넷을 생성한다. 서브넷은 Public과 Private 2개를
생성한다.

▼ VPC 생성(7)

▼ VPC 생성(8)

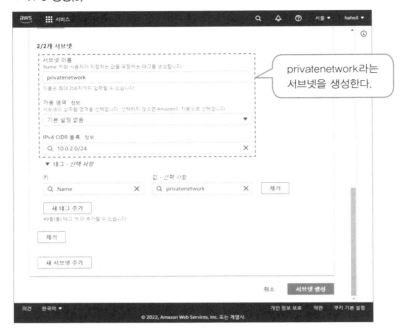

Public 서브넷은 "10.0.1.0/24"로 입력하고 Private은 "10.0.2.0/24"로 입력하여 네트워크 IP대를 구분한다.

▼ VPC 생성(9)

▼ VPC 생성(10)

서브넷이 생성되면 [라우팅 테이블 연결 편집] 버튼을 클릭해서 해당 서브넷 2개를 라우팅 테이블과 연결한다.

▼ VPC 생성(11)

▼ VPC 생성(12)

서브넷이 라우팅 테이블과 연결되면 마지막으로 인터넷 게이트웨이를 생성한다.

▼ VPC 생성(13)

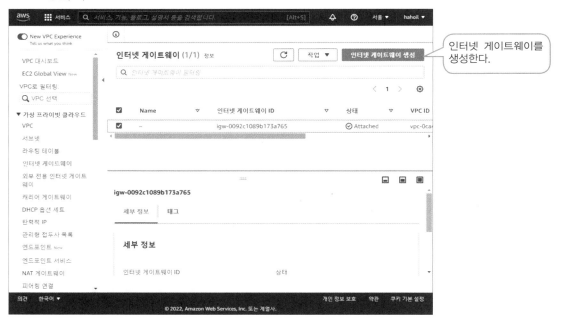

▼ VPC 생성(14)

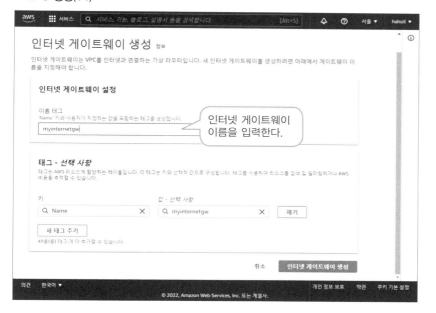

▼ VPC 생성(15)

위의 예처럼 인터넷 게이트웨이가 연결되면 "Detached"로 사용할 수 없는 상태가 된다. 이것은 인터넷 게이트웨이가 VPC와 연결되지 않아서 그런 것이다.

▼ VPC 생성(16)

인터넷 게이트웨이를
VPC에 연결한다.

VPC 연결 메뉴를 클릭해서 인터넷 게이트웨이를 VPC에 연결한다.

▼ VPC 생성(17)

생성한 VPC를
선택한다.

▼ VPC 생성(18)

위의 예처럼 인터넷 게이트웨이가 VPC와 연결되면 "Attached" 상태가 되고 이제 정상적으로 사용할 수 있게 된다.

▼ VPC 생성(19)

여기까지 완료하면 VPC 생성은 완료된 것이다. 다음의 예는 서브넷 단위로 접근통제를 할 수 있는 NACL(Network Access Control List)을 설정한다. 이 부분은 보안 그룹과 사용 방법이 동일하다. 특별히 차단할 트래픽이 없으면 설정을 하지 않아도 된다.

▼ VPC 생성(20)

▼ VPC 생성(21)

▼ VPC 생성(22)

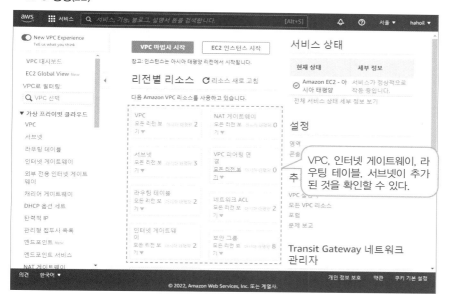

VPC 생성이 완료되었으면, 이제 다시 EC2 인스턴스를 생성한다. 이것은 해당 서브넷에 EC2 인스턴스를 위치 시키기 위해서이다.

▼ VPC 생성(23)

▼ VPC 생성(24)

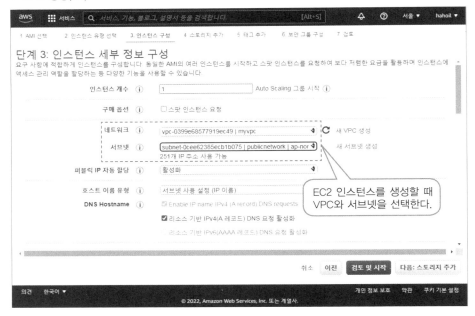

위의 예를 보면 EC2 인스턴스 생성 시에 VPC를 지금 생성한 "myvpc"로 선택하고 해당 서브넷을 Public 네트워크를 선택하면, 해당 서브넷에 EC2 인스턴스가 위치하게 되는 것이다.

Section 05 IAM

POINT 1 IAM 개요

> **IAM(Identity and Access Management)**
>
> IAM은 AWS에서 제공하는 자원(Resource)을 안전하게 관리하기 위한 접근통제 서비스이다. 즉 사용자 그룹 생성, 사용자 생성, 권한 매핑 등을 통해서 접근통제를 수행한다.

■ IAM 핵심 개념

구분	설명
그룹(Group)	다수의 사용자를 묶고 역할을 부여하기 위해서 사용된다.
사용자(User)	특정 그룹에 소속되어 역할이 부여된다.
정책(Policy)	그룹에 부여되는 역할이다.
역할(Role)	역할은 권한을 의미한다.

POINT 2 IAM 사용

AWS Management Console에서 [IAM]으로 조회한다.

▼ IAM(1)

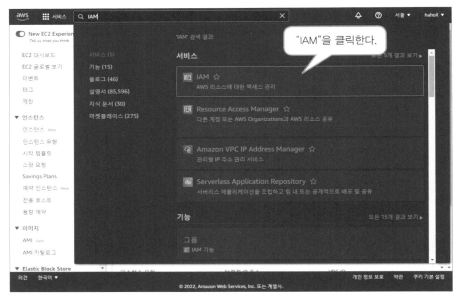

IAM은 먼저 그룹을 생성한다. 예를 들어 2개의 팀이 있고 각 팀별로 다른 권한을 부여하기 위해서는 2개의 그룹을 생성하고 각 그룹에 사용자를 할당하는 것이다.

▼ IAM(2)

위의 예처럼 [그룹 생성] 버튼을 눌러서 새로운 그룹을 생성한다.

▼ IAM(3)

위의 예는 그룹에 정책을 등록하는 것이다. 위의 예에서 "AmazonEC2FullAccess" 정책을 부여한다. "AmazonEC2FullAccess"는 EC2 인스턴스에 모든 권한을 부여한 것이다.

▼ IAM(4)

위의 예는 EC2 인스턴스에 모든 권한을 가지고 있는 "LimBest"라는 그룹을 생성한 것이다.

▼ IAM(5)

그룹 생성이 완료되면 생성한 그룹에 사용자를 등록한다. 사용자 생성을 위해서 [사용자 추가] 버튼을 클릭한다.

▼ IAM(6)

위의 예는 사용자 계정의 접근 방식을 결정한다. "액세스 키"는 자바스크립트 등으로 AWS에 접근할 수 있다. "AWS 관리 콘솔 액세스"는 AWS Management Console로 로그인할 수 있다.

▼ IAM(7)

새롭게 생성한 사용자에게 "LimBest" 그룹을 할당한다.

▼ IAM(8)

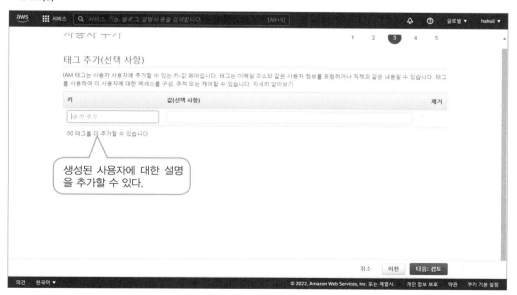

▼ IAM(9)

[사용자 만들기] 버튼을 클릭한다.

▼ IAM(10)

▼ IAM(11)

새롭게 생성된 사용자 계정으로 AWS Management Console을 로그인한다.

▼ IAM(12)

로그인에 성공하면 초기 패스워드를 위의 예처럼 변경해야 한다.

▼ IAM(13)

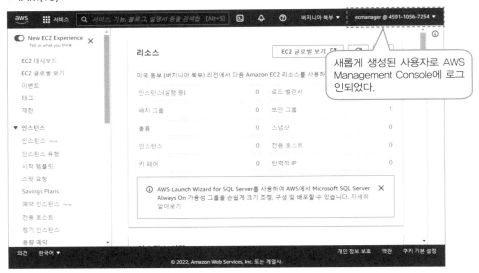

확인문제

01 시스템 관리자가 사용자의 AWS Management Console 로그인에 대해서 보안계층을 추가하는 방법은? (AWS Cloud Practitioner)

1) AWS Cloud Directory 사용
2) AWS ID 및 액세스 관리 역할 감사
3) 다중 요소 인증(MFA) 사용
4) AWS CloudTrail 사용 설정

정답 및 풀이

AWS Management Console 로그인 시에 보안성을 향상 하기 위해서는 MFA(Multi-Factor Authentication)를 사용해야 한다.

정답 : 3번

02 IAM 사용자들에게 보안 기능을 추가하기 위해서 올바른 방법은? (AWS Cloud Practitioner)

1) Amazon Rekognition을 제공한다.
2) AWS Shield-protected resource
3) Security Groups에 대한 접근을 블록킹한다.

4) Multi-Factor Authentication

5) 강력한 패스워드와 만료일

정답 및 풀이

보안 기능을 높이기 위해서 MFA와 강력한 패스워드, 패스워드 변경 만료일을 짧게 해야 한다.

정답 : **4, 5번**

03 AWS Command Line Interface를 사용할 때 Access key와 Access key ID가 IAM 엔터티들에게 할당 되게 하는 것은? (AWS Cloud Practitioner)

1) IAM Group

2) IAM User

3) IAM Role

4) IAM Policy

정답 및 풀이

IAM Policy에 할당한다.

정답 : **4번**

04 다음의 AWS 서비스 중에서 비용이 추가되지 않는 것은? (AWS Cloud Practitioner)

1) Amazon EC2

2) AWS IAM

3) Amazon S3

4) Amazon EBS

정답 및 풀이

AWS IAM은 비용이 발생하지 않는다.

정답 : **2번**

05 한 회사에 100명의 직원이 10개의 부서로 나뉘어 있다. IT관리자는 각 부서의 AWS에 대한 액세스 사용자를 지정하려고 한다. 다음 중 가장 적합한 옵션은 무엇인가? (AWS Cloud Practitioner)

1) 각 자원에 대한 임시 역할을 생성하고 필요에 따라 액세스 권한을 수행한다.

2) 각 부서에 대한 IAM 역할을 생성하고 IAM 사용자를 역할에 할당한다.

3) 각 부서에 대한 IAM 그룹을 생성하고 IAM 사용자를 그룹에 할당한다.

4) 각 직원들 AWS 계정별로 사용자를 생성한다.

정답 및 풀이

조직에 접근통제를 부여하기 위해서 조직별 IAM 그룹을 만들고 사용자를 할당하여 권한을 관리한다.

정답 : **3번**

Section 06 ELB와 Auto Scaling

POINT 1 ELB

 ELB(Elastic Load Balancing)

ELB는 네트워크 장치 중에서 L4 스위치 역할을 하는 Amazon AWS 서비스로 EC2 인스턴스의 부하를 조절한다. L4 스위치라는 것은 라운드 로빈(Round-Robin) 방식으로 서비스를 분산해서 호출하는 것이다.

라운드 로빈 방식이라는 것은 A서버와 B서버가 있을 때에 A를 한 번 호출하고 다음에는 B, 그리고 다시 A를 호출하는 식으로 사용하는 것이다.

▲ ELB(Elastic Load Balancing)

ELB는 하나 이상의 가용 영역에 여러 대상으로 유입되는 트래픽을 자동으로 분산하는 역할을 하는 것으로 Application Load Balancer와 Gateway Load Balancer, Network Load Balancer, Classic Load Balancer로 분류된다.

1) Application Load Balancer

- OSI 7계층에서 작동하는 서비스로 애플리케이션 흐름을 방해하지 않는 상태에서 동적으로 서비스를 추가할 수 있다.
- 사용자는 규칙을 지정하고 규칙에 따라서 네트워크 트래픽을 분산한다.

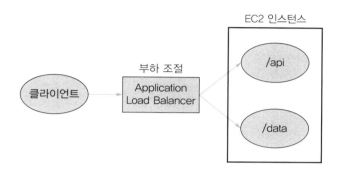

▲ Application Load Balancer

2) Network Load Balancer

- OSI 4계층인 네트워크 계층에서 작동하는 서비스로 여러 가용 영역 간에 트래픽을 분산한다.

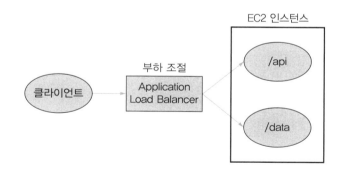

▲ Network Load Balancer

3) Classic Load Balancer

- 여러 가용 영역에서 여러 EC2 인스턴스의 트래픽을 분산하는 것으로 비정상적인 인스턴스를 감지하고 정상적인 인스턴스에게만 트래픽을 라우팅한다.
- HTTP, HTTPS, TCP, SSL을 모두 지원한다.

4) Gateway Load Balancer

- 타사 가상 어플라이언스와 통합해서 사용이 가능하는 것으로 차세대 방화벽, 웹 방화벽, 침입탐지 및 침입방지 시스템 등을 같이 사용할 수 있다.
- Auto Scaling과 함께 작동하며 최적화된 리소스를 사용할 수 있게 한다.

 POINT 2 Auto Scaling

> **Auto Scaling**
>
> EC2 인스턴스에 부하가 발생하는 것은 자동적으로 EC2 인스턴스를 확장하여 부하를 처리할 수 있는 서비스이다.

Auto Scaling 그룹은 여러 개의 EC2 인스턴스를 생성하고 최소 인스턴스 수를 지정할 수 있다. 즉 시스템에 부하가 발생하면 자동으로 EC2 인스턴스를 증가시켜서 부하를 감소 시키는 것이다. 주의할 점은 Auto Scaling을 사용하기 위해서는 ELB가 있어야 한다. ELB가 부하를 분산시키고 자동적으로 확장된 EC2 인스턴스를 호출할 수 있게 하기 때문이다.

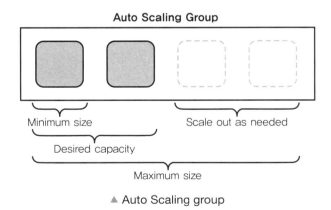

▲ Auto Scaling group

- 최소 2개의 EC2 인스턴스를 생성하고 최대 4개의 EC2 인스턴스까지 증가할 수 있는 예이다.
- 즉 Auto Scaling Group을 생성할 때는 최소 인스턴스의 수와 최대 인스턴스의 수를 지정해야 한다.

■ Auto Scaling Group의 구성요소

구성요소	설명
그룹(Group)	- EC2 인스턴스를 관리하는 논리적 단위이다. - 그룹은 최소 인스턴스의 수와 최대 인스턴스의 수를 지정한다.
구성 템플릿	- EC2 인스턴스의 AMI(Amazon Machine Image) ID, 인스턴스 유형, 키 페어, 보안 그룹, 블록 디바이스 매핑 등의 정보를 지정한다.
조정 옵션	- EC2 인스턴스를 확장하기 위한 옵션을 설정하는 것이다. - 즉 어떤 조건에 해당될 때 인스턴스를 확장할 것인지 결정한다.

확인문제

01 ELB에 대한 설명으로 가장 올바른 것은? (AWS Cloud Practitioner)

1) 도메인 네임을 DNS를 사용해서 IP 주소로 변환한다.

2) 하나 또는 그 이상의 Amazon EC2 Instance의 애플리케이션 트래픽을 분산한다.

3) Amazon EC2 Instance의 연결을 측정한다.

4) Amazon EC2 Instance들의 트래픽을 지원하고 자동적으로 EC2가 증가한다.

> **정답 및 풀이**
>
> ELB는 트래픽을 분산하는 것이 주 목적이다.
>
> 정답 : **2번**

02 웹 트래픽에 따라서 자동적으로 확장할 수 있는 서비스는? (AWS Cloud Practitioner)

1) AWS CodePipeline 2) Elastic Load Balancing

3) Amazon EBS 4) AWS Direct Connect

> **정답 및 풀이**
>
> 웹 트래픽 발생에 따라서 EC2 인스턴스를 자동으로 확장할 때 필요한 서비스가 ELB이고, ELB와 함께 Auto Scaling 서비스가 필요하다.
>
> 정답 : **2번**

03 당신은 개별적인 서비스에 대해서 애플리케이션이 조합되고 서비스를 기본으로 하는 콘텐츠가 요구되고 있다. 어떤 종류의 로드 밸런서를 사용해야 하는가? (AWS Cloud Practitioner)

1) VPN Load Balancer

2) Classic Load Balancer

3) Network Load Balancer

4) Application Load Balancer

정답 및 풀이

OSI 7계층인 애플리케이션 계층에서 작동하는 ELB는 Application Load Balancer이다.

정답 : 4번

04 Elastic Load Balancing은 무엇인가? (AWS Cloud Practitioner)

1) 자동적으로 여러 타깃에 대해서 트래픽을 분산한다.

2) 늦어지는 Latency에 대해서 자동적으로 트래픽을 줄인다.

3) 비용의 임곗값을 넘지 않도록 자동적으로 트래픽을 모니터링한다.

4) 트래픽으로 인해서 타깃에 부하가 발생하면 자동적으로 중지한다.

정답 및 풀이

ELB의 핵심 기술은 트래픽을 분산하는 것이다.

정답 : 1번

05 Elastic Load Balancing은 무엇인가? (AWS Cloud Practitioner)

1) 여러 대상에 걸쳐 트래픽을 자동으로 분산한다.

2) 대상이 오버헤드 되면 트래픽을 자동으로 중지한다.

3) 자동으로 트래픽 속도를 줄여서 지연시간을 단축한다.

4) 자동으로 트래픽을 모니터링하고 비용이 지정된 임곗값 아래로 유지되도록 보장한다.

정답 및 풀이

여러 EC2 인스턴스에 트래픽을 자동으로 분산한다.

정답 : 1번

Section 07 기타 서비스

POINT 1 AMI

 AMI(Amazon Machine Image)

EC2 인스턴스를 이미지로 저장하여 여러 개의 EC2 인스턴스를 생성할 수 있는 서비스이다.

▼ AMI 이미지 조회

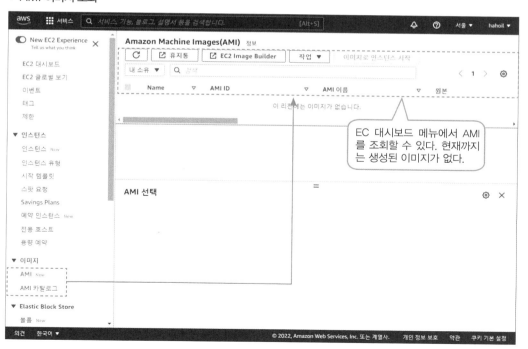

▼ AMI 이미지 생성(1)

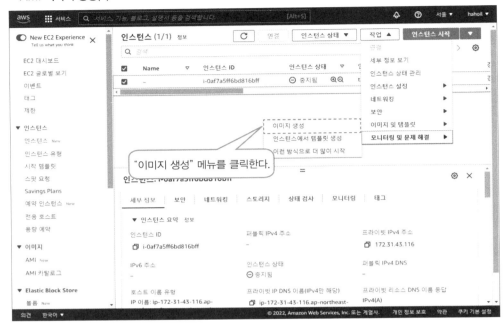

▼ AMI 이미지 생성(2)

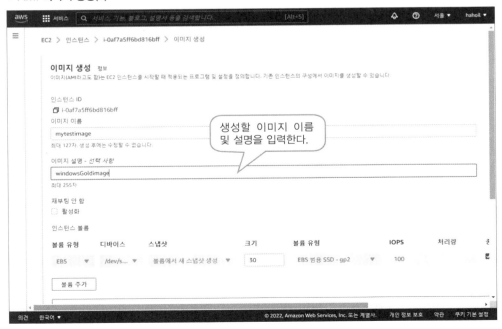

▼ AMI 이미지 확인

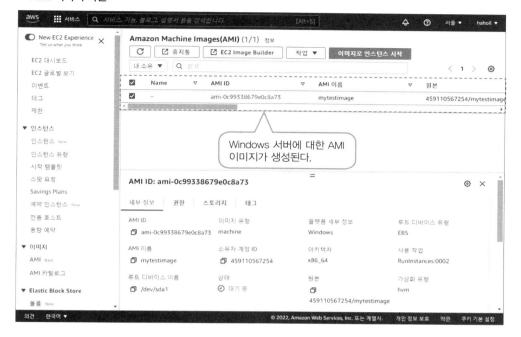

위와 같이 AMI 이미지를 생성하면, 향후 EC2 인스턴스를 생성할 때 해당 이미지를 사용해서 생성할 수 있다. 또한 AWS Marketplace에 이미지를 등록하여 판매할 수도 있다.

POINT 2 기타 서비스

▣ AWS 기타 서비스

서비스	설명
CloudWatch	- 클라우드 리소스 및 애플리케이션의 성능 등을 모니터링한다.
CloudFormation	- 반복 가능 인프라를 프로그래밍 방식으로 배포하는 서비스이다.
Elastic Beantalk	- 가장 간단한 방법으로 애플리케이션을 배포할 수 있게 하는 서비스이다.
Direct Connect	- On-Premise와 AWS 간에 연결되는 전용 네트워크(전용선)이다.

Route 53	– DNS(Domain Name Service)를 제공한다.
CloudFront	– Cache Server를 사용해서 대용량의 콘텐츠를 전송한다. – Edge location을 사용해서 대용량의 콘텐츠를 빠르게 제공한다.
AWS Shield	– DDoS 대응 서비스이다.
AWS Inspector	– 자동으로 웹 애플리케이션의 보안 취약점을 검사하고 보고한다.
ElastiCache	– Redis 혹은 Memcached와 완전 호환되는 In memory data store이다.

확인문제

01 AWS에서 사용하는 DNS(Domain Name System) 웹 서비스는? (AWS Cloud Practitioner)

1) Amazon Route 53

2) Amazon Neptune

3) Amazon SageMaker

4) Amazon Lightsail

정답 및 풀이

AWS DNS 서비스는 Amazon Route 53이다. DNS 서비스는 URL 입력에 대해서 IP 주소를 되돌려 주는 것이다.

정답 : **1번**

02 Amazon Lambda를 시작하는 첫 번째 단계는 무엇인가? (AWS Cloud Practitioner)

1) OS 이미지를 배포한다.

2) EC2 인스턴스를 프로비저닝한다.

3) 사용자 코드를 업로드한다.

4) 예상 컴퓨팅 시간에 대한 비용을 지불한다.

정답 및 풀이

Lambda 서비스는 Serverless로 첫 번째로 사용자 코드를 업로드해야 한다.

정답 : **3번**

03 DDoS 공격으로부터 보호할 수 있는 AWS 서비스는 무엇인가? (AWS Cloud Practitioner)

1) AWS Shield

2) Amazon CloudWatch

3) Amazon Inspector

4) Amazon IAM

정답 및 풀이

AWS Shield는 DDoS 대응 서비스이다.

정답 : 1번

04 다음 중 어떤 AWS 서비스가 반복적이고 예상대로 리소스를 프로비저닝해서 당신의 애플리케이션에 도움을 주는가? (AWS Cloud Practitioner)

1) Amazon CloudFront

2) AWS CloudFormation

3) AWS CloudTrail

4) AWS Cloud Map

정답 및 풀이

AWS CloudFormation은 반복적으로 리소스를 프로비저닝한다.

정답 : 2번

05 운영 중인 서비스의 사용자가 서비스가 느리다고 알려주었다. 온프레미스 아키텍처에는 당신의 관리자에게 새로운 서버를 띄워서 로드를 분산하라고 알려주고 있다. AWS를 사용해서 이를 자동화하려면 어떻게 해야 하는가? (AWS Cloud Practitioner)

1) 서로 다른 가용 영역에 6개의 Amazon EC2 인스턴스를 생성한다.

2) AWS CloudFormation을 사용하여 새로운 템플릿을 생성한다.

3) AWS CloudTrail을 활성화하여 지연시간 문제를 모니터링한다.

4) AWS CloudWatch 정보를 활성화하여 규모 조정 정책을 트리거한다.

정답 및 풀이

Auto Scaling을 사용하기 위해서는 부하정보가 필요하다. 따라서 CloudWatch 서비스를 사용해서 부하정보를 분석하고 Auto Scaling의 조정 옵션을 설정해야 한다.

정답 : 4번

06 이메일로 관리자에게 보낼 뉴스레터를 배포하는 작업을 하고 있다. 다음 중 가장 좋은 솔루션은? (AWS Cloud Practitioner)

1) Amazon CloudFront에 메시징 서비스를 생성한다.

2) 뉴스레터를 Amazon ElastiCache 스토어로 라우팅한다.

3) 뉴스레터를 Amazon S3 버킷에 저장하고 CloudTrail을 통해서 배포한다.

4) Amazon Simple Notification Service(SNS)에 관리자가 구독할 수 있는 주제를 생성한다.

> **정답 및 풀이**
> Amazon Simple Notification Service(SNS)는 구독자에게 이메일로 정보를 발송할 수 있다.
>
> 정답 : **4번**

07 Amazon Route 53이란 무엇인가? (AWS Cloud Practitioner)

1) 규모와 관계없이 10밀리초 미만의 지연시간이 일관되게 요구되는 모든 애플리케이션을 위한 빠르고 유연한 비관계형 데이터베이스이다.

2) 가용성과 확장성이 뛰어난 Domain Name System(DNS) 웹 서비스

3) 자료를 수집하고 추적하는 모니터링 및 관리 서비스

4) AWS와 고객의 데이터 센터, 사무실 또는 코로케이션 환경 간에 비공개 연결을 설명하는 클라우드 솔루션

> **정답 및 풀이**
> Amazon Route 53은 DNS 서비스를 제공한다.
>
> 정답 : **2번**

08 Amazon CloudFront가 지연시간을 줄이기 위해서 사용하는 AWS 글로벌 인프라의 구성요소는 무엇인가? (AWS Cloud Practitioner)

1) AWS Regions

2) AWS edge locations

3) AWS Availability Zone

4) Amazon VPC

> **정답 및 풀이**
> AWS edge locations은 해당 지역에 Cache 서버를 위치하고 서비스를 제공하기 때문에 지연시간을 줄이고 빠르게 서비스할 수 있다.
>
> 정답 : **2번**

09 온라인 비디오 콘텐츠를 낮은 Latency로 제공해야 할 때 사용할 수 있는 AWS 서비스는 어느 것인가? (2개를 선택하세요.) (AWS Cloud Practitioner)

1) AWS Storage Gateway
2) Amazon S3
3) Amazon Elastic File System(EFS)
4) Amazon Glacier
5) Amazon CloudFront

정답 및 풀이

대용량 정적 콘텐츠 저장 및 관리는 S3를 사용하고, Cache 서버를 사용해서 빠르게 콘텐츠를 제공하는 것은 CloudFront 서비스를 사용한다.

정답 : 2, 5번

10 Edge location이 가지는 특징은? (AWS Cloud Practitioner)

1) 사용자들은 Amazon EC2 인스턴스를 종료한다.
2) 사용자들은 Cache부터 Server로 성능과 낮은 latency에 대해서 도움을 받는다.
3) 오리지널 서버로부터 자주 사용되는 것이 Cache이다.
4) 매일 데이터를 refresh한다.

정답 및 풀이

Edge location은 사용자와 인접한 구간에 콘텐츠를 배치 시켜서 빠르게 응답을 할 수 있다. 특히 사용자가 자주 사용한 대용량 콘텐츠를 저장하고 제공한다.

정답 : 3번

11 Amazon CloudFront를 가장 잘 설명한 것은? (AWS Cloud Practitioner)

1) 전 세계 최종 사용자에게 콘텐츠를 빠르게 전송한다.
2) 많은 처리량을 처리하는 푸시 기반 메시징을 위한 주제를 제공한다.
3) 클라우드 환경 내 모든 인프라 리소스를 설명하고 프로비저닝할 수 있도록 공통 언어를 제공한다.
4) 애플리케이션 모니터링을 위한 데이터 및 실행 가능한 통찰력을 제공한다.

정답 및 풀이

CloudFront는 CDN(Content Delivery Service)을 제공하는 것으로 Cache Server를 제공하여 빠르게 콘텐츠를 제공한다.

정답 : 1번

01 다음 중에 EC2 인스턴스를 보다 탄력적으로 만들 수 있는 것은? (AWS Cloud Practitioner)

1) 물리적 시설관리   2) 가상화 관리

3) 하드웨어 관리   4) 암호화 기능

해설

EC2 인스턴스는 가상화 서버로 클라우드 컴퓨터 사용자의 요청에 따라서 서버를 동적으로 확장할 수 있다.

02 AWS EC2 인스턴스에 S3 버킷에 대한 접근을 부여하려면? (AWS Cloud Practitioner)

1) EC2 인스턴스가 파일에 접근할 수 있도록 역할(Role)을 부여한다.

2) 모든 서비스가 파일을 업로드할 수 있도록 모든 권한을 부여한다.

3) 비밀키와 액세스 키를 사용해서 애플리케이션에 하드코딩한다.

4) 액세스 키를 모두에게 공유한다.

해설

S3에 저장된 파일에 접근할 수 있도록 역할을 부여한다.

03 3단계 클라이언트 서버의 웹 애플리케이션을 구축할 때 AWS 서비스의 가용성은 높이고 실패는 낮추는 것은? (2개를 선택하세요.) (AWS Cloud Practitioner)

1) EC2 인스턴스에 AWS Auto Scaling을 적용한다.

2) 여러 가용 영역에 분산된 리소스를 구축한다.

3) Amazon VPC에 ACL을 적용한다.

4) AWS Service Migration Service를 사용한다.

해설

가용성을 높이기 위해서 여러 가용 영역에 분사된 리소스를 구축하고 부하 발생 시에 EC2를 확장할 수 있도록 Auto Scaling 서비스를 사용해야 한다.

04 다음 중에서 AWS 루트 사용자 보호의 모범 사례는? (2개를 선택하세요.) (AWS Cloud Practitioner)

1) 일상적인 관리 작업에 루트 사용자를 사용한다.

2) 루트 사용자에 대해서 MFA를 활성화한다.

3) 루트 사용자와 연결된 액세스 키 비활성화 또는 삭제한다.

4) 루트 사용자 계정으로 공용으로 조직에서 사용한다.

해설

루트 사용자에 대해서 MFA를 활성화하고 액세스 키 사용을 제한해야 한다.

01 2   02 1   03 1, 2   04 2, 3   **정답**

05 AWS의 VPC(Virtual Private Cloud) 생성을 위해서 필요한 정보는? (AWS Cloud Practitioner)

1) 서브넷
2) 가용 영역
3) 데이터 센터
4) 리전

해설

VPC를 생성하려면 AWS 리전, VPC의 IP 범위, VPC 이름을 지정해야 한다.

06 AWS의 라우팅 테이블을 연결할 수 있는 것은? (AWS Cloud Practitioner)

1) 가용 영역
2) 리전
3) 서브넷
4) AWS 계정

해설

라우팅 테이블에 서브넷을 매핑해야 한다.

07 AWS 보안 그룹의 기본 설정으로 올바른 것은? (AWS Cloud Practitioner)

1) 모든 인바운드 트래픽을 차단하고 모든 아웃바운드 트래픽을 허용한다.
2) 모든 인바운드 트래픽을 허용하고 모든 아웃바운드 트래픽을 차단한다.
3) 모든 인바운드 및 아웃바운드 트래픽을 허용한다.
4) 모든 인바운드 및 아웃바운드 트래픽을 차단한다.

해설

보안 그룹의 기본 설정은 모든 인바운드 트래픽은 차단하고 모든 아웃바운드 트래픽은 허용한다.

08 퍼블릭 서브넷의 리소스가 인터넷과 연결되려면? (AWS Cloud Practitioner)

1) 프라이빗 서브넷에 대한 경로를 생성한다.
2) 특별한 설정을 하지 않아도 된다.
3) VPC에 인터넷 게이트웨이를 연결한다.
4) 탄력적 IP를 생성한다.

해설

VPC에 인터넷 게이트웨이를 생성해야 인터넷과 연결될 수 있다. 또 인터넷 게이트웨이는 라우팅 테이블의 경로를 생성해야 한다.

09 다음 중 서버리스(Serverless)에 대한 설명으로 올바른 것은? (AWS Cloud Practitioner)

1) 서버리스 리소스를 수동으로 확장해야 한다.
2) 가용성과 내결합성을 관리해야 한다.
3) 유휴 리소스에 대해서 비용을 지불하지 않는다.
4) 서버를 프로비저닝하고 관리해야 한다.

해설

서버리스는 유휴 리소스에 대해서 비용을 지불하지 않아도 된다. 단, 사용한 만큼 비용을 지불하기 때문에 사용량에 따라 요금이 다르게 청구된다.

10 다음 중에서 Amazon S3의 일반적인 사용 사례는 무엇인가? (AWS Cloud Practitioner)

1) EC2 인스턴스용 Block Storage
2) 여러 EC2 인스턴스를 위한 File Storage
3) 미디어 호스팅을 위한 Object Storage
4) 부팅 드라이브용 Object 저장소

아마존 S3는 미디어 파일과 같은 대용량 객체(Object) 파일을 관리하기 위한 Object Storage이다. 각 개별 객체는 최대 5TB(Tera Byte)까지 저장 가능하다.

11 EC2 인스턴스에 트랜잭션이 많은 관계형 데이터베이스를 저장하고 관리하기 위한 것은?
(AWS Cloud Practitioner)

1) EBS
2) S3
3) EC2 Instance Store
4) EFS

EBS(Elastic Block Store)는 사용이 쉬운 대규모 고성능 블록 스토리지로 트랜잭션이 많은 데이터베이스 저장에 사용된다. 그리고 EFS(Elastic File System)는 동일한 파일 집합에 대해서 여러 서버가 액세스할 때 사용된다. 즉 EFS는 공유 파일 시스템으로 사용된다.

12 7년 동안 보관해야 하는 환자 정보를 저장해야 한다. 환자 정보는 거의 액세스가 없을 때 어떤 스토리지로 제안해야 하는가? (AWS Cloud Practitioner)

1) S3 스탠더드
2) S3 Glacier 딥 아카이브
3) S3 지능형 계층화
4) EFS

S3 Glacier Deep Archive는 아마존 S3에서 가장 저렴한 스토리지이며 장기간 보관을 위해서 사용된다.

13 다음 시나리오에서 가장 올바른 것은? (AWS Solutions Architect)

> 데이터베이스의 구조가 자주 변경되기 때문에 유연한 NoSQL 데이터베이스를 설계해야 한다.

1) DynamoDB
2) Relation Database Service
3) QLDB
4) Netptune

아마존 DynamoDB는 유연한 스키마(구조)를 저장하고 관리할 때 사용하는 NoSQL 데이터베이스이다.

14 다음 중에서 EC2 Auto Scaling의 세 가지 구성요소는? (AWS Solutions Architect)

1) AMI ID, Instance type, Storage
2) Scaling policies, Security group, EC2 Auto Scaling group
3) Security group, Key pair, Instance type
4) Launch template, Scaling policies, EC2 Auto Scaling group

■ AWS EC2 Auto Scaling 구성요소

구성요소	설명
Auto Scaling Group	− EC2 인스턴스 그룹은 관리를 위한 논리적 단위이다. − EC2 인스턴스의 최소, 최대 인스턴스 수를 지정할 수 있다.
Configuration templates (구성 템플릿)	− EC2 인스턴스에 대한 구성으로 인스턴스의 AMI ID, 인스턴스 유형, 키 페어, 보안 그룹, 블록 디바이스 등의 정보를 저장한다.
Scaling options (조정 옵션)	− 동작을 위한 조건을 설정하여 그룹을 구성한다.

11 1   12 2   13 1   14 4   **정답**

15 다음 중에서 ELB(Elastic Load Balancing)는 어떤 특징을 가지고 있는가? (2개) (AWS Cloud Practitioner)

1) Auto Scaling
2) 분류를 위한 AI
3) Auto Scaling과 통합
4) 전 세계 확장성

해설

ELB는 자동으로 확장되기 때문에 Auto Scaling과 통합된다.

16 ELB 중에서 웹사이트의 도메인을 기준으로 대상 그룹을 선택하는 것은? (AWS Cloud Practitioner)

1) 애플리케이션 로드 밸런서
2) 클래식 로드 밸런서
3) 네트워크 로드 밸런서
4) 로드 밸런서

해설

도메인(URL)을 기반으로 로드밸런싱을 하는 것은 애플리케이션 로드 밸런서이다.

17 AWS 계정과 상호작용하여 기록을 보관하는 AWS 서비스는? (AWS Cloud Practitioner)

1) 서비스 로그
2) Amazon Audit
3) Amazon Account Monitor
4) AWS CloudTrail

해설

AWS CloudTrail은 AWS 계정과 상호작용하여 이벤트 정보를 기록한다.

18 AWS 계정 및 리소스에 대한 IAM 사용자의 액세스를 어떻게 감사하는가? (AWS Cloud Practitioner)

1) CloudWatch 이벤트를 사용해서 IAM 사용자가 로그인할 때 알람을 발생한다.
2) AWS Config를 사용해서 IAM 리소스 변경을 알린다.
3) Trusted Advisor를 사용해서 모든 사용자의 로그인 이벤트 목록을 표시한다.
4) CloudTrail을 사용해서 API 호출 및 타임스탬프를 확인한다.

해설

CloudTrail은 AWS 계정관리, 규정 준수 및 운영, 위험 감시를 위한 AWS 서비스이다. CloudTrail 로그 및 CloudTrail 콘솔에 기록된 정보를 사용해서 사용자, 역할, 작업 정보를 확인할 수 있다. 각 작업은 AWS Management Console, AWS CLI, AWS SDK, API로 수행한 작업을 모두 포함한 이벤트를 기록한다.

19 AWS 보안 평가를 위해서 EC2 인스턴스에 배포할 수 있는 AWS 서비스는? (AWS Cloud Practitioner)

1) AWS Agent
2) AWS Inspector
3) AWS Assessor
4) AWS EC2Deploy

해설

AWS Inspector는 소프트웨어 취약점 및 네트워크 취약점을 스캔한다.

정답 15 1, 3   16 1   17 4   18 4   19 2

20 다음 중에서 AWS 모니터링 및 로깅 서비스는? (모두) (AWS Cloud Practitioner)

1) AWS CloudWatch
2) AWS CloudLogger
3) AWS Config
4) AWS Beehive

해설

■ **AWS Config**
 – AWS 리소스 구성을 평가한다.
 – AWS 계정과 연결된 구성의 스냅샷을 만든다.
 – 계정에 있는 하나 이상의 리소스 구성을 검색한다.
 – 하나 이상의 리소스 기록 구성을 검색한다.
 – 리소스가 생성, 수정, 삭제될 때 알람이 발생한다.
 – 리소스 간의 관계를 보여준다.

■ **AWS CloudWatch**
 AWS에서 실행되는 애플리케이션을 실시간으로 모니터링한다. 리소스 및 애플리케이션에 대해서 측정할 수 있는 변수인 지표를 수집하고 추적한다.

21 암호화되지 않은 EBS 볼륨을 어떻게 암호화할 수 있는가? (AWS Cloud Practitioner)

1) EBS 볼륨은 기본적으로 암호화된다.
2) 기본적으로 암호화 기능을 활성화한다.
3) EBS 볼륨에 대한 스냅샷을 만들고, 이 스냅샷에 대한 새 암호화된 볼륨을 만든다.
4) 연결된 EBS 볼륨을 암호화할 EC2 인스턴스에 대한 암호화를 활성화한다.

해설

EBS 볼륨에 대한 스냅샷을 만들고, 이 스냅샷에 대한 새 암호화된 볼륨을 만든다.

22 Amazon Athena는 어떤 언어를 지원하는가? (AWS Cloud Practitioner)

1) JAVA
2) SQL
3) C++
4) GO

해설

Amazon Athena는 표준 SQL을 사용해서 Amazon S3에 저장된 데이터를 분석할 수 있는 대화식 쿼리 서비스이다.

23 AWS에서 객체를 저장하기 위한 가장 좋은 방법은? (AWS Cloud Practitioner)

1) Simple Storage Service
2) Elastic Beanstalk
3) DynamoDB
4) Object Store

해설

S3(Simple Storage Service)는 객체(Object)를 저장하고 관리하는 스토리지이다.

24 AWS 계정을 보호할 수 있는 보호 매커니즘은 무엇인가? (AWS Cloud Practitioner)

1) 전송계층 프로토콜 또는 TCP
2) Secure service
3) 다단계 인증, MFA
4) 홍채 인증

해설

MFA(Mult–Factor Authentication)는 다단계 인증으로 패스워드 이외에 OTP(One Time Password)를 사용해서 인증한다.

25 AWS IAM을 사용해서 EC2 인스턴스에 연결할 수 있는 것은? (AWS Cloud Practitioner)

1) 그룹
2) 역할
3) 정책
4) 액세스 키

해설

EC2 인스턴스에 IAM 역할을 연결한다.

26 사용자가 DynamoDB 테이블에서 읽기를 원할 경우에 사용자 프로필에 어떤 정책을 연결해야 하나? (AWS Cloud Practitioner)

1) AmazonDynamoDBFullAccess
2) AWSLambdaInvocation−DynamoDB
3) AmazonDynamoDBReadOnlyAccess
4) AWSLambdaDynamoDBExcutionRole

해설

▲ **AmazonDynamoDBReadOnlyAccess**

27 AWS 엣지 로케이션의 용도는 무엇인가? (2개를 선택하세요.) (AWS Cloud Practitioner)

1) 호스팅 애플리케이션
2) NoSQL 데이터베이스 캐싱 서비스 실행
3) 응답을 캐싱하여 서버 트래픽을 감소
4) 사용자에게 더 가까운 곳에서 콘텐츠 제공

해설

AWS 엣지 로케이션(Edge Location)은 CDN(Content Delivery Network) 제품인 CloudFront의 캐싱 콘텐츠가 위치하는 곳이다. CDN은 인터넷상에서 콘텐츠를 캐싱하여 좀 더 빠르게 사용자에게 콘텐츠를 전달할 수 있다.

28 AWS Marketplace 기능은? (2개를 선택하세요.) (AWS Cloud Practitioner)

1) 사용하지 않는 EC2 스폿 인스턴스를 판매한다.
2) 다른 AWS 사용자에게 솔루션을 판매한다.
3) AWS에서 실행되는 타사 소프트웨어를 구입한다.
4) AWS 보안 및 규정 준수 문서를 구매한다.

해설

AWS Marketplace는 타사 소프트웨어를 구입하거나 솔루션을 판매할 수 있다.

29 MySQL과 PostgreSQL을 관계형 데이터베이스로 지원하는 AWS 서비스는? (AWS Cloud Practitioner)

1) Amazon RedShift
2) Amazon DynamoDB
3) Amazon Aurora
4) Amazon Neptune

해설

Amazon Aurora는 아마존에서 MySQL과 PostgreSQL을 기반으로 개발한 관계형 데이터베이스 서비스이다.

정답 25 2 26 3 27 3, 4 28 2, 3 29 3

30 AWS 공유 책임 모델에서 고객의 의무 2개는? (AWS Cloud Practitioner)

1) 하드디스크 교체
2) 다른 가용 영역으로 하드웨어를 배포
3) EC2 서버 하드웨어 관리
4) VPC의 NACL 관리
5) 전송 데이터 암호화 및 저장 데이터 암호화

해설

AWS 하드웨어 관리는 AWS 책임이고, NACL과 같은 접근통제 규칙과 암호화는 고객책임이다.

31 AWS Snowball Edge에서 지원하는 AWS 서비스는? (AWS Cloud Practitioner)

1) AWS SMS
2) Amazon Trusted Advisor
3) Amazon Aurora
4) Amazon EC2

해설

- ASW Snowball은 엣지 컴퓨팅과 데이터 마이그레이션, 엣지 디바이스를 제공한다. Snowball은 EC2 인스턴스 유형과 AWS Lambda 함수를 지원하고 원격 디바이스에 애플리케이션을 배포하거나 데이터 수집, 처리 등을 할 수 있다.
- Snowball Edge Computing : 병원 및 공장 등에서 센서들이 지속적으로 생성하는 데이터를 AWS로 전송할 수 있다.

32 아마존 S3에서 실수로 버킷을 삭제하거나 덮어쓰는 것을 방지하는 기능은? (AWS Cloud Practitioner)

1) 수명 주기 정책
2) 객체 버전 관리
3) ACL
4) 서버 암호화

해설

S3 버킷의 버전 관리는 동일한 버킷 내에 여러 개의 객체 변형을 보유할 수 있는 서비스를 제공한다. 모든 버전의 객체를 보존, 검색, 복원할 수 있다.

33 분산 애플리케이션에서 문자 및 이메일을 발송하기 위한 AWS 서비스는? (AWS Cloud Practitioner)

1) Amazon Simple Notification Service (Amazon SNS)
2) Amazon Simple Email Service (Amazon SES)
3) Amazon Aurora
4) Amazon Trusted Advisor

해설

Amazon SNS는 SMS, 모바일 Push 및 이메일을 통해서 알릴 수 있는 서비스이다.

34 Amazon RDS 데이터베이스 인스턴스를 여러 가용 영역에 배포하는 것은 AWS Well-Architecture 프레임워크의 어떤 특징인가? (AWS Cloud Practitioner)

1) 신뢰성
2) 성능 효율성
3) 보안
4) 비용 최적화

해설

여러 가용 영역에 이중으로 RDS를 배포하면 가용성이 향상된다. 따라서 본 문제에서 가용성의 향상은 신뢰성에 영향을 준다.

35 ELB(Elastic Load Balancer)에 연결된 EC2
인스턴스와 RDS에 대해서 AWS의 보안 책임
에 해당되는 것은? (AWS Cloud Practitioner)

1) EC2 인스턴스에 바이러스 검사

2) ELB와 EC2 구간 간에 전송구간 암호통신

3) RDS 인스턴스의 최신 보안패치

4) IP 스푸핑, 패킷 스니핑으로 보호

[해설]

AWS 책임은 RDS 인스턴스에 대한 보안 패치와 AWS
네트워크에서 전송되는 스니핑으로부터 보호, IP 변조(스
푸핑)로부터 보호이다.

학습목표

본 장에서는 클라우드 컴퓨팅의 기본적인 개념과 클라우드
컴퓨팅을 학습하기 위한 가상화(Virtualization)를 이해하
고 클라우드 컴퓨팅 모델에 대해서 학습한다.

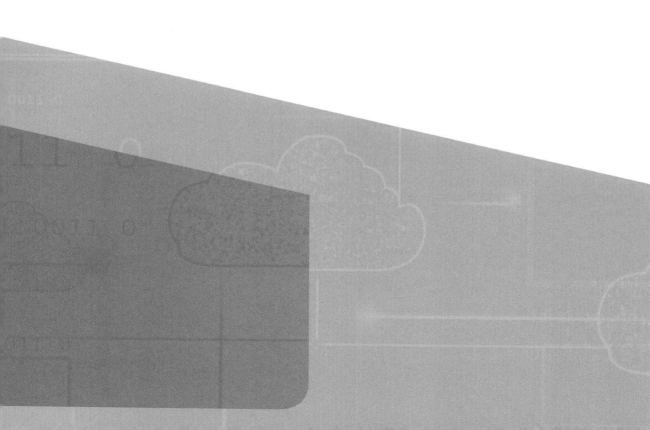

CHAPTER

03

Solution Architect
실전문제

Solution Architect 실전문제

01 기업은 시장 분석 관리를 아웃소싱한다. 공급업체는 회사 계정의 리소스에 대한 제한된 프로그래밍 액세스를 요구한다. 액세스를 위해 필요한 모든 정책이 수립되었다.

공급업체에게 계정에 가장 안전한 액세스를 제공하는 새로운 구성 요소는 무엇인가?

1) 애플리케이션의 가용성 창 밖에서 인스턴스를 중지한다. 필요할 때 인스턴스를 다시 시작한다.

2) 애플리케이션의 가용성 창 밖에서 인스턴스를 최대 절전 모드로 전환한다. 필요할 때 인스턴스를 다시 시작한다.

3) Auto Scaling을 사용하여 애플리케이션의 가용성 창 밖에서 인스턴스를 축소한다. 필요한 경우 인스턴스를 확장한다.

4) 애플리케이션의 가용성 창 밖에서 인스턴스를 종료한다. 필요한 경우 사전 구성된 Amazon 머신 이미지(AMI)를 사용하여 인스턴스를 시작한다.

해설

본 문제는 어려운 문제는 아니지만 영어와 한국어의 의미 전달에 문제가 있다. 즉 본 문제는 가용성을 보장하면서 필요에 따라서 최소 자원만 사용할 수 있는 형태일 때 어떻게 구성해야 하는가? 이렇게 해석되어야 한다. 따라서 최대 절전모드를 사용하고 필요할 때만 인스턴스를 시작하면 인스턴스를 실행할 때만 비용을 지불하게 된다. 즉 이러한 문제 자체만 보고 답을 예측하는 것은 어렵다. 하지만 보기 4개를 리뷰하면서 문제의 의도를 예측해야 한다.

02 회사는 온프레미스에서 호스팅하고 있는 웹 애플리케이션을 AWS로 전환하고 애플리케이션의 새 버전을 출시할 예정이다. 회사는 URL 쿼리 문자열을 기반으로 AWS 또는 온프레미스 애플리케이션으로 요청을 라우팅해야 한다. 온프레미스 애플리케이션은 인터넷을 통해 연결할 수 없도록 렌더링되고 Amazon VPC와 회사 데이터 센터 간에 VPN 연결이 설정된다. 회사는 로드 밸런서(ALB)를 사용하여 이 애플리케이션을 배포하려고 한다.

다음 중 이러한 기준을 충족하는 솔루션은 무엇인가?

1) AWS Snowball Edge 디바이스를 사용하여 이미지를 처리하고 저장한다.

2) EC2 인스턴스에 간헐적으로 연결하는 동안 Amazon Simple Queue Service(Amazon SQS)에 이미지를 업로드한다.

3) Amazon Kinesis Data Firehose에서 스토리지용 S3 버킷과 이미지 처리용 EC2 인스턴스를 별도로 대상으로 하는 여러 전송 스트림을 생성하도록 구성한다.

4) 하드웨어 어플라이언스에 사전 설치된 AWS Storage Gateway를 사용하여 연결이 가능해지면 Amazon S3가 이미지를 처리할 수 있도록 이미지를 로컬로 캐시한다.

01 2   02 1   **정답**

본 문제에서는 마이그레이션에 이슈가 있다. 즉 온프레미스에서 AWS로 마이그레이션을 해야 한다. AWS Snowball은 에지 컴퓨팅과 데이터 마이그레이션 및 에지 스토리지 디바이스를 제공하는 서비스이다. 결국 본 문제는 다른 것보다 전환을 할 때 필요한 서비스가 무엇이고 배포를 안정적으로 하기 위한 방법에 대한 질문이기 때문에 AWS Snowball Edge 디바이스가 답이 된다.

03 회사는 온라인으로 날씨 데이터를 판매할 목적으로 맞춤형 웹 애플리케이션을 만들었다. 회사는 Amazon DynamoDB를 사용하여 데이터를 저장하고 있으며, 새로운 날씨 이벤트가 기록될 때마다 내부 4개 팀의 관리자에게 이를 알리는 새로운 서비스를 구축해야 한다. 기업은 새로운 서비스가 현재 애플리케이션 프로세스에 영향을 주면 안 된다.

솔루션 아키텍트는 이러한 목표가 실현 가능한 최소 운영 오버헤드로 충족되도록 보장하기 위해 어떻게 해야 하는가?

1) 온디맨드 용량 모드에서 DynamoDB 테이블을 생성한다.
2) 글로벌 보조 인덱스가 있는 DynamoDB 테이블을 생성한다.
3) 프로비저닝된 용량 및 Auto Scaling으로 DynamoDB 테이블을 생성한다.
4) 프로비저닝된 용량 모드에서 Dynamo DB 테이블을 생성하고 전역 테이블로 구성한다.

최소의 운영비용을 충족해야 하므로 온디맨드 용량 모드에서 DynamoDB 테이블을 생성해야 한다. 즉 사용한 만큼 비용을 지불하는 방법이다.

04 회사는 AWS 애플리케이션을 사용하여 전 세계 구독자에게 콘텐츠를 제공한다. 수많은 Amazon EC2 인스턴스가 애플리케이션(ALB)용 Application Load Balancer 뒤의 프라이빗 서브넷에 배포된다. CIO(최고 정보 책임자)는 최근 저작권 규정 변경으로 인해 일부 국가에 대한 액세스를 제한해야 한다.

이러한 기준을 충족하는 조치는 무엇인가?

1) 차단된 국가에서 들어오는 트래픽을 거부하도록 ALB 보안 그룹을 수정한다.
2) 차단된 국가에서 들어오는 트래픽을 거부하도록 EC2 인스턴스에 대한 보안 그룹을 수정한다.
3) Amazon CloudFront를 사용하여 애플리케이션을 제공하고 차단된 국가에 대한 액세스를 거부한다.
4) ALB 수신기 규칙을 사용하여 차단된 국가에서 들어오는 트래픽에 대한 액세스 거부 응답을 반환한다.

• 일부 국가를 차단하기 위해서는 사실 보안 그룹에서 EC2 인스턴스의 인바운드에서 특정 IP를 차단할 수는 있지만, 이렇게 되면 EC2 인스턴스까지는 오게 된다.
• Amazon CloudFront는 Cache 서버를 제공하고 해당 국가에 대한 접근을 차단할 수 있다.

05 회사는 7개의 Amazon EC2 인스턴스를 사용하여 AWS에서 웹 애플리케이션을 실행한다. DNS 쿼리가 모든 정상 EC2 인스턴스의 IP 주소를 제공해야 한다.

이 규정을 준수하려면 어떤 정책을 사용해야 하는가?

1) 단순 라우팅 정책
2) 지연 라우팅 정책
3) 다중값 라우팅 정책
4) 지리적 위치 라우팅 정책

해설

다중 값 응답 라우팅은 Amazon Route 53의 DNS 쿼리에 대한 다수의 값을 반환하도록 구성하는 것이다. 즉 다수의 값을 반환하여 가용성 및 로드밸런싱을 개선할 수 있다. 본 문제에서는 7개의 EC2 인스턴스를 사용하고 있으므로 다중값 라우팅 정책을 사용해야 한다.

06 회사는 Amazon EC2 인스턴스에서 일시적인 트랜잭션 데이터를 생성하는 애플리케이션을 개발하고 있다. 애플리케이션에는 조정 가능하고 일관된 IOPS를 제공할 수 있는 데이터 스토리지에 대한 액세스가 필요하다.

솔루션 아키텍트는 어떤 권장 사항을 제시해야 하는가?

1) 처리량 최적화 HDD(st1) 루트 볼륨 및 Cold HDD(sc1) 데이터 볼륨으로 EC2 인스턴스를 프로비저닝한다.
2) 루트 및 데이터 볼륨 역할을 할 처리량 최적화 HDD(st1) 볼륨으로 EC2 인스턴스를 프로비저닝한다.

3) 범용 SSD(gp2) 루트 볼륨 및 프로비저닝된 IOPS SSD(io1) 데이터 볼륨으로 EC2 인스턴스를 프로비저닝한다.
4) 범용 SSD(gp2) 루트 볼륨으로 EC2 인스턴스를 프로비저닝한다. Amazon S3 버킷에 데이터를 저장하도록 애플리케이션을 구성한다.

해설

IOPS(Input/Output Operations Per Second)는 하드디스크, SSD 등의 저장장치의 속도를 측정하는 단위이다. AWS에서 SSD(gp2)는 99.8%~99.9% 내구성을 제공하고, io1은 99.999% 내구성을 제공한다.

07 아키텍트는 새 워크로드를 구현하기 전에 IAM 규칙을 검사하고 업데이트해야 한다. 다음 정책은 솔루션 설계자가 작성했다.

정책의 효과는 무엇인가?

```
{
"Version": "2012-10-17",
  "Statement": [{
       "Effect": "Deny",
       "NotAction": "s3:PutObject",
       "Resource": "*",
       "Condition": {"BoolIfExists": {"aws:MultiFactorAuthPresent": "false"}}
  }]
}
```

1) 다중 요소 인증(MFA)이 활성화된 경우 사용자는 s3:PutObject를 제외한 모든 작업이 허용된다.
2) 다중 요소 인증(MFA)이 활성화되지 않은 경우 사용자는 s3:PutObject를 제외한 모든 작업이 허용된다.
3) 다중 요소 인증(MFA)이 활성화된 경우 사용자는 s3:PutObject를 제외한 모든 작업이 거부된다.
4) 다중 요소 인증(MFA)이 활성화되지 않은

경우 사용자는 s3:PutObjet를 제외한 모든 작업이 거부된다.

Effect와 Deny는 거부를 의미하고 Condition에서 MultiFactorAuthPresent가 False이므로 다중 인증이 아니면 거부한다. 단, NotActon 부분에 PutObject이므로 PutObject는 제외한다.

08 회사는 us-east-1 지역에서 사진 호스팅 서비스를 제공한다. 많은 국가의 사용자가 프로그램을 사용하여 이미지를 업로드하고 탐색할 수 있다. 일부 사진은 몇 달 동안 조회수가 많은 반면 다른 사진은 일주일 미만 동안 조회수가 적다. 프로그램은 최대 20MB 크기의 사진 업로드를 지원한다. 서비스는 사진 정보를 기반으로 각 사용자에게 어떤 사진을 보여줄지 결정한다.

적합한 사용자에게 가장 비용 효율적인 액세스를 제공하는 옵션은 무엇인가?

1) Amazon S3 Intelligent-Tiering 스토리지 클래스에 사진을 저장한다. 사진 메타데이터와 해당 S3 위치를 DynamoDB에 저장한다.

2) Amazon DynamoDB에 사진을 저장한다. 자주 보는 항목을 캐시하려면 DynamoDB Accelerator(DAX)를 켠다.

3) Amazon S3 Standard 스토리지 클래스에 사진을 저장한다. S3 수명 주기 정책을 설정하여 30일이 지난 사진을 S3 Standard-Infrequent Access(S3 Standard-IA) 스토리지 클래스로 이동한다. 객체 태그를 사용하여 메타데이터를 추적한다.

4) Amazon S3 Glacier 스토리지 클래스에 사진을 저장한다. S3 수명 주기 정책을 설정하여 30일이 지난 사진을 S3 Glacier Deep Archive 스토리지 클래스로 이동한다. 사진 메타데이터와 해당 S3 위치를 Amazon Elasticsearch Service(Amazon ES)에 저장한다.

Amazon S3 Intelligent-Tiering은 데이터 액세스 패턴이 변경되었을 때 성능에 영향 없이 스토리지 비용을 자동으로 최적화하는 서비스를 제공한다. Amazon S3 Intelligent-Tiering은 액세스 패턴이 변경되는 경우에 적합한 서비스이다.

09 회사에서 Amazon S3 버킷에 정적 사진을 저장할 웹사이트를 만들고 있다. 회사의 목표는 모든 향후 요청에 대한 대기 시간과 비용을 줄이는 것이다.

솔루션 아키텍트는 어떻게 서비스 구성을 제안해야 하는가?

1) Amazon S3 앞에 NAT 서버를 배포한다.

2) Amazon S3 앞에 Network Load Balancer를 배포한다.

3) Auto Scaling을 구성하여 웹사이트의 용량을 자동으로 조정한다.

4) Amazon S3 앞에 Amazon CloudFront를 배포한다.

S3는 정적 콘텐츠를 저장하고 서비스를 위해서 사용된다. 그리고 CloudFront는 Cache Server를 사용하여 빠르게 콘텐츠를 제공하기 때문에 대기시간을 최소화할 수 있다.

10 회사의 데이터베이스 계층은 Amazon DynamoDB를 사용한다. 플래시 판매 기간 동안 데이터베이스가 트랜잭션 볼륨을 관리할 수 없으면 클라이언트는 지연 시간을 느낀다. 데이터베이스는 평상시엔 정상적으로 동작한다.

어떤 접근 방식이 지연시간 문제를 해결하는가?

1) 플래시 판매 기간 동안 DynamoDB를 온디맨드 모드로 전환한다.
2) 빠른 메모리 성능을 위해 DynamoDB Accelerator를 구현한다.
3) Amazon Kinesis를 사용하여 DynamoDB에 대한 처리를 위해 트랜잭션을 대기열에 넣는다.
4) Amazon Simple Queue Service (Amazon SQS)를 사용하여 DynamoDB에 대한 트랜잭션을 대기열에 넣는다.

해설

플래시 판매 기간 동안 온디맨드 모드로 전환하여 사용한 만큼 비용을 지불하게 서비스해야 한다.

11 회사는 AWS를 사용하여 웹 애플리케이션을 호스팅한다. 회사는 전 세계 소비자에게 신뢰할 수 있는 액세스를 제공하기 위해 비밀 미디어 파일 캐싱을 준비 중이다. Amazon S3 버킷은 자료를 저장하는 데 사용된다. 회사는 요청의 출처에 관계없이 신속하게 서비스를 공급해야 한다.

어떤 솔루션이 이러한 기준을 충족하는가?

1) AWS DataSync를 사용하여 S3 버킷을 웹 애플리케이션에 연결한다.
2) AWS Global Accelerator를 배포하여 S3 버킷을 웹 애플리케이션에 연결한다.

3) Amazon CloudFront를 배포하여 S3 버킷을 CloudFront 에지 서버에 연결한다.
4) Amazon Simple Queue Service (Amazon SQS)를 사용하여 S3 버킷을 웹 애플리케이션에 연결한다.

해설

CloudFront의 Cache Server를 통해서 신속하게 콘텐츠를 제공할 수 있다.

12 AWS 클라우드로 웹 애플리케이션을 배포 중이다. 웹 및 데이터베이스 계층으로 구성된 2계층 설계다. 웹 서버에 XSS 공격이 가능하다.

솔루션 아키텍트가 취약점을 해결하기 위해 취해야 하는 최선의 조치는 무엇인가?

1) 클래식 로드 밸런서를 생성한다. 로드 밸런서 뒤에 웹 계층을 배치하고 AWS Shield를 활성화한다.
2) 네트워크 로드 밸런서를 생성한다. 로드 밸런서 뒤에 웹 계층을 배치하고 AWS WAF를 활성화한다.
3) 애플리케이션 로드 밸런서를 생성한다. 로드 밸런서 뒤에 웹 계층을 배치하고 AWS WAF를 활성화한다.
4) 애플리케이션 로드 밸런서를 생성한다. 로드 밸런서 뒤에 웹 계층을 놓고 AWS Shield Standard를 사용한다.

해설

본 문제는 웹 취약점을 이용한 공격이 가능한 경우는 어떻게 대응해야 하는지를 묻고 있다. 따라서 AWS WAF(Web Application Firewall)를 사용해서 웹 공격에 대한 대응을 해야 한다. 그리고 AWS Shield는 DDoS 대응 서비스이다. 그리고 WAF를 사용하기 위해서 ALB(Application Load Balancer)를 생성해야 한다. ALB는 OSI 7계층 애플리케이션 계층에서 동작하고 웹 공격 또한 애플리케이션을 이용한 공격이기 때문이다.

13 회사는 Amazon S3를 사용하여 민감한 데이터를 저장해야 한다. 규정 준수를 위해 데이터를 암호화해야 한다. 암호화 키 사용에 대한 감사가 필요하다. 매년 키를 교체해야 한다.

이러한 조건을 충족하고 운영 효율성 측면에서 어떤 솔루션을 선택해야 하는가?

1) 고객 제공 키를 사용한 서버 측 암호화 (SSE-C)
2) Amazon S3 관리형 키를 사용한 서버 측 암호화(SSE-S3)
3) 수동 교체가 있는 AWS KMS(SSE-KMS) 고객 마스터 키(CMK)를 사용한 서버 측 암호화
4) 자동 교체 기능이 있는 AWS KMS(SSE-KMS) 고객 마스터 키(CMK)를 사용한 서버 측 암호화

해설

암호화를 위해서 사용되는 암호화 키를 매년 자동으로 교체해야 하므로 AWS KMS 서비스를 사용해서 서버 측에서 암호화를 해야 한다.

AWS KMS(Key Management Service)는 암호키를 생성, 관리할 수 있는 서비스이다.

14 관리부서는 사용자별로 분류된 AWS 청구 항목 요약이 필요하다. 부서에 대한 예산은 데이터를 사용하여 생성된다. 솔루션 아키텍트는 이 보고서 데이터를 얻는 가장 효과적인 방법을 제시해야 한다.

어떤 솔루션이 이러한 기준을 충족하는가?

1) Amazon Athena로 쿼리를 실행하여 보고서를 생성한다.

2) 비용 탐색기에서 보고서를 생성하고 보고서를 다운로드한다.
3) 청구 대시보드에서 청구 내역에 액세스하여 청구서를 다운로드한다.
4) AWS 예산에서 비용 예산을 수정하여 Amazon Simple Email Service(Amazon SES)에 알림을 보낸다.

해설

AWS 비용 관련 서비스는 비용관리의 비용 탐색기를 사용해서 비용 보고서를 확인한다.

15 솔루션 아키텍트는 클라이언트 사례 파일을 보관하기 위한 시스템을 만들어야 한다. 파일은 중요한 자산이다. 파일 수는 시간이 지남에 따라 증가한다. Amazon EC2 인스턴스에서 실행되는 여러 애플리케이션 서버는 파일에 동시에 액세스할 수 있어야 한다. 솔루션에는 기본 제공 중복성이 있어야 한다.

어떤 솔루션이 이러한 기준을 충족하는가?

1) Amazon Elastic File System(Amazon EFS)
2) Amazon Elastic Block Store(Amazon EBS)
3) Amazon S3 Glacier 딥 아카이브
4) AWS 백업

해설

Amazon EFS(Elastic File System)는 파일을 추가, 제거할 때 자동으로 확장 및 축소되는 스토리지 서비스이다.

정답 13 4 14 2 15 1

16 회사에는 두 개의 가상 사설 클라우드(VPC)가 있다. 관리 VPC는 고객 게이트웨이를 통해 VPN을 사용하여 데이터 센터의 단일 장치에 연결한다. 생산 VPC는 가상 프라이빗 게이트웨이를 통해 두 개의 AWS Direct Connect 연결을 통해 AWS에 연결된다. 관리 및 생산 VPC는 모두 단일 VPC 피어링 연결을 통해 서로 통신한다.

아키텍처의 단일 실패 지점을 최소화하기 위해 솔루션 아키텍트는 무엇을 해야 하는가?

1) 관리 VPC와 생산 VPC 간에 VPN 세트를 추가한다.
2) 두 번째 가상 프라이빗 게이트웨이를 추가하고 관리 VPC에 연결한다.
3) 두 번째 고객 게이트웨이 장치에서 관리 VPC로 두 번째 VPN 세트를 추가한다.
4) 관리 VPC와 생산 VPC 간에 두 번째 VPC 피어링 연결을 추가한다.

해설

단일 실패 시에 서비스할 수 있는 방안을 질문하는 문제이므로 고객 게이트웨이 장치에서 관리 VPC로 VPN세트를 추가해야 한다. 왜냐하면 고객 VPC가 단일 연결점을 제공하기 때문에 고객 게이트웨이의 관리 VPC에 추가해야 한다.

17 AWS에서 실시간 스트리밍 애플리케이션을 호스팅한다. 데이터가 수집되는 동안 완료하는 데 30분이 걸리는 작업이 수행된다. 방대한 양의 수신 데이터로 인해 워크로드는 정기적으로 상당한 대기 시간에 직면한다. 성능을 최적화하기 위해 솔루션 아키텍트는 확장 가능한 서버리스 시스템을 구축해야 한다.

솔루션 아키텍트는 어떤 시스템을 구축해야 하는가? (2개를 선택하세요.)

1) Amazon Kinesis Data Firehose를 사용하여 데이터를 수집한다.
2) AWS Step Functions와 함께 AWS Lambda를 사용하여 데이터를 처리한다.
3) AWS Database Migration Service(AWS DMS)를 사용하여 데이터를 수집한다.
4) Auto Scaling 그룹의 Amazon EC2 인스턴스를 사용하여 데이터를 처리한다.
5) Amazon Elastic Container Service(Amazon ECS)와 함께 AWS Fargate를 사용하여 데이터를 처리한다.

해설

• Amazon Kinesis Data Firehose 서비스는 안정적으로 실시간 스트림을 데이터 스토어, 웨어하우스, 분석 서비스에 적재한다.
• AWS Fargate 서비스는 컨테이너에 적합한 서비리스 컴퓨팅을 제공하고, Amazon Elastic Container Service는 컨테이너를 제공하는 서비스이다.

18 Amazon Elastic Block Store(Amazon EBS) 볼륨은 비디오 자료를 저장하는 데 사용한다. 특정 비디오 파일이 인기를 얻었고 현재 전 세계에서 많은 사람들이 이 파일을 보고 있다. 결과적으로 비용이 증가했다.

사용자 접근성을 유지하면서 비용을 절감할 수 있는 솔루션은 무엇인가?

1) EBS 볼륨을 프로비저닝된 IOPS(PIOPS)로 변경한다.
2) 비디오를 Amazon S3 버킷에 저장하고 Amazon CloudFront 배포를 생성한다.
3) 비디오를 여러 개의 작은 세그먼트로 분할하여 사용자가 요청된 비디오 세그먼트로만 라우팅되도록 한다.

4) 각 리전에서 Amazon S3 버킷을 지우고 사용자가 가장 가까운 S3 버킷으로 라우팅되도록 동영상을 업로드한다.

미디어 데이터, 즉 동영상 데이터는 자주 변경되지 않으므로 S3에 저장하고 Cloud Front의 Cache Server 기능은 대기시간을 줄이면서 비용을 최적화할 수 있다.

19 Amazon S3 버킷은 객체를 저장하는 데 사용한다. 회사는 S3 버킷에 포함된 항목이 의도하지 않게 공개되는 것을 방지하고자 한다. AWS 계정의 모든 S3 항목은 전체적으로 비공개로 유지되어야 한다.

어떤 솔루션이 이러한 기준을 충족하는가?

1) Amazon GuardDuty를 사용하여 S3 버킷 정책을 모니터링한다. AWS Lambda 함수를 사용하여 객체를 공개하는 모든 변경 사항을 수정하는 자동 수정 작업 규칙을 생성한다.

2) AWS Trusted Advisor를 사용하여 공개적으로 액세스 가능한 S3 버킷을 찾는다. 변경 사항이 감지되면 Trusted Advisor에서 이메일 알림을 구성한다. 공개 액세스를 허용하는 경우 S3 버킷 정책을 수동으로 변경한다.

3) AWS Resource Access Manager를 사용하여 공개적으로 액세스 가능한 S3 버킷을 찾는다. 변경이 감지되면 Amazon Simple Notification Service(Amazon SNS)를 사용하여 AWS Lambda 함수를 호출한다. 프로그래밍 방식으로 변경 사항을 수정하는 Lambda 함수를 배포한다.

4) 계정 수준에서 S3 공개 액세스 차단 기능을 사용한다. AWS Organizations를 사용하여 IAM 사용자가 설정을 변경하지 못하도록 하는 SCP(서비스 제어 정책)를 생성한다. SCP를 계정에 적용한다.

S3에 저장된 객체를 보호하기 위해서 퍼블릭 액세스 차단 기능을 활성화해야 한다.

20 회사 웹사이트는 Amazon RDS MySQL 다중 AZ DB 인스턴스에 트랜잭션 데이터를 저장한다. 다른 내부 시스템은 이 데이터베이스 인스턴스를 쿼리하여 일괄 처리를 위한 데이터를 가져온다. 내부 시스템이 RDS DB 인스턴스에서 데이터를 요청하면 RDS DB 인스턴스가 급격히 느려진다. 이는 웹사이트의 읽기 및 쓰기 성능에 영향을 미치므로 사용자의 응답 시간이 느려진다.

어떤 접근 방식이 웹사이트 성능을 향상시키는가?

1) MySQL 데이터베이스 대신 RDS PostgreSQL DB 인스턴스를 사용한다.

2) Amazon ElastiCache를 사용하여 웹사이트에 대한 쿼리 응답을 캐시한다.

3) 현재 RDS MySQL 다중 AZ DB 인스턴스에 가용 영역을 추가한다.

4) RDS DB 인스턴스에 읽기 전용 복제본을 추가하고 읽기 전용 복제본을 쿼리하도록 내부 시스템을 구성한다.

문제에서 데이터를 요청하면 성능이 느려진다는 것은 읽기 시에 대용량의 데이터를 읽기 때문에 성능이 느려진다는 것이다. 따라서 RDS 읽기 전용 복제본을 만들고 복제본에서 요청하게 해야 한다.

21 회사의 레거시 애플리케이션은 단일 인스턴스가 있는 암호화되지 않은 Amazon RDS MySQL 데이터베이스에 의존한다. 이 데이터베이스의 모든 현재 및 새 데이터는 새로운 규정 준수 표준을 준수하도록 암호화되어야 한다.

어떤 솔루션이 이러한 기준을 충족하는가?

1) 서버 측 암호화가 활성화된 Amazon S3 버킷을 생성한다. 모든 데이터를 Amazon S3로 이동한다. RDS 인스턴스를 삭제한다.

2) 미사용 데이터 암호화가 활성화된 RDS 다중 AZ 모드를 활성화한다. 대기 인스턴스로 장애 조치를 수행하여 원본 인스턴스를 삭제한다.

3) RDS 인스턴스의 스냅샷을 만든다. 스냅샷의 암호화된 복사본을 만든다. 암호화된 스냅샷에서 RDS 인스턴스를 복원한다.

4) 미사용 데이터 암호화가 활성화된 RDS 읽기 전용 복제본을 생성한다. 읽기 전용 복제본을 마스터로 승격하고 애플리케이션을 새 마스터로 전환한다. 이전 RDS 인스턴스를 삭제한다.

해설

암호화되지 않은 데이터베이스를 어떻게 암호화해서 다시 실행할 수 있는지를 질문한 것이므로 RDS의 복사본인 암호화된 스냅샷(Snapshot)을 만들고 해당 스냅샷으로 복원해야 한다.

22 회사는 Amazon S3 버킷에 통계 연구를 위한 CSV 데이터를 저장한다. Amazon EC2 인스턴스에서 실행되는 애플리케이션이 S3 버킷에 저장된 CSV 데이터를 올바르게 처리하려면 권한이 필요하다.

EC2 인스턴스의 S3 버킷에 대한 가장 안전한 액세스를 제공하는 방법은 무엇인가?

1) 리소스 기반 정책을 S3 버킷에 연결한다.

2) S3 버킷에 대한 특정 권한이 있는 애플리케이션의 IAM 사용자를 생성한다.

3) IAM 역할을 EC2 인스턴스 프로파일에 대한 최소 권한과 연결한다.

4) API 호출에 사용할 인스턴스의 애플리케이션을 위해 EC2 인스턴스에 AWS 자격 증명을 직접 저장한다.

해설

IAM 사용자에게 최소 권한이 부여된 역할을 부여하고 해당 IAM을 EC2 인스턴스에 연결한다.

23 기업은 3계층 웹 애플리케이션을 온프레미스에서 AWS 클라우드로 전환해야 한다. 새 데이터베이스는 저장 용량을 동적으로 확장하고 테이블 조인을 수행할 수 있어야 한다.

이 기준을 충족하는 AWS 서비스는 무엇인가?

1) Amazon Aurora

2) SqlServer용 Amazon RDS

3) Amazon DynamoDB 스트림

4) Amazon DynamoDB 온디맨드

해설

Amazon Aurora 데이터베이스의 장점은 데이터베이스 인스턴스당 최대 128TB(Tera Byte)까지 스토리지를 동적으로 확장할 수 있다.

24 Amazon EC2 인스턴스 집합에서 교육 사이트를 제공한다. 웹에서 수백 개의 교육 비디오를 포함하는 새로운 과정이 일주일 안에 제공되고, 엄청난 인기를 얻을 것으로 예측된다.

솔루션 아키텍트는 서버 로드를 최소로 유지하기 위해 무엇을 해야 하는가?

1) 비디오를 Amazon S3 버킷에 저장한다. 해당 S3 버킷의 원본 액세스 ID(OAI)를 사용하여 Amazon CloudFront 배포를 생성한다. OAI에 대한 Amazon S3 액세스를 제한한다.

2) 비디오를 Amazon Elastic File System(Amazon EFS)에 저장한다. 웹 서버가 EFS 볼륨을 탑재할 사용자 데이터 스크립트를 생성한다.

3) Redis용 Amazon ElastiCache에 비디오를 저장한다. ElastiCache API를 사용하여 비디오를 제공하도록 웹 서버를 업데이트한다.

4) 비디오를 Amazon S3 버킷에 저장한다. S3 버킷에 액세스할 AWS Storage Gateway 파일 게이트웨이를 생성한다. 파일 게이트웨이를 탑재할 웹 서버용 사용자 데이터 스크립트를 생성한다.

해설

S3 버킷에서 제공하는 콘텐츠에 접근을 제한하기 위해서는 원본 액세스 ID(OAI)라는 것을 CloudFront와 연결한다. CloudFront에서 OAI를 사용하면 버킷의 파일에 대해서 S3 버킷 권한을 구성할 수 있다.

---

25 Amazon EC2 인스턴스 집합에서 애플리케이션을 실행한다. 이 애플리케이션은 Amazon SQS 대기열에서 데이터를 가져와 동시에 메시지를 처리한다. 메시지 볼륨은 가변적이며 트래픽이 자주 중단된다. 이 프로그램은 중단 없이 지속적으로 메시지를 처리해야 한다.

비용 효율성 측면에서 가장 적합한 옵션은 무엇인가?

1) 스팟 인스턴스만 사용하여 필요한 최대 용량을 처리한다.

2) 필요한 최대 용량을 처리하기 위해 독점적으로 예약 인스턴스를 사용한다.

3) 기준 용량으로 예약 인스턴스를 사용하고 추가 용량을 처리하기 위해 스팟 인스턴스를 사용한다.

4) 기준 용량으로 예약 인스턴스를 사용하고 추가 용량을 처리하기 위해 온디맨드 인스턴스를 사용한다.

해설

예약 인스턴스를 사용하면 온디맨드보다 비용이 절감된다. 그리고 추가되는 것은 온디맨드 요금을 사용해서 추가된 부분만 지불한다. 그리고 스팟은 경매 방식으로 비용이 지불되는 것이다.

---

26 회사에는 Amazon S3에 데이터 스토리지가 필요하다. 규정 준수 요구 사항은 개체가 수정될 때 원래 상태를 유지해야 한다고 규정한다. 5년 이상 된 데이터는 감사 목적으로 보관해야 한다.

어떤 솔루션이 이러한 기준을 충족하는가?

1) 거버넌스 모드에서 객체 수준 버전 관리 및 S3 객체 잠금 활성화

2) 규정 준수 모드에서 객체 수준 버전 관리 및 S3 객체 잠금 활성화

3) 개체 수준 버전 관리를 활성화한다. 수명 주기 정책을 활성화하여 5년 이상 된 데이터를 S3 Glacier Deep Archive로 이동한다.

4) 개체 수준 버전 관리를 활성화한다. 수명 주기 정책을 활성화하여 5년 이상 된 데이터를 S3 Standard-Infrequent Access(S3 Standard-IA)로 이동한다.

해설

S3 Glacier Deep Archive는 비용을 최소화하면서 장기간 데이터를 보관하기 위해서 사용되는 서비스이다.

27 여러 Amazon EC2 인스턴스는 애플리케이션을 호스팅하는 데 사용된다. 프로그램은 Amazon SQS 대기열에서 메시지를 읽고 Amazon RDS 데이터베이스에 쓴 다음 대기열에서 제거한다. RDS 테이블에는 중복 항목이 포함되는 경우가 있지만, SQS 대기열에 중복 메시지는 없다.

솔루션 아키텍트는 메시지가 한 번만 처리되도록 어떻게 보장할 수 있는가?

1) ChangeMessageVisibility API 호출을 사용하여 가시성 시간 초과를 늘린다.
2) AddPermission API 호출을 사용하여 적절한 권한을 추가한다.
3) ReceiveMessage API 호출을 사용하여 적절한 대기 시간을 설정한다.
4) CreateQueue API 호출을 사용하여 새 대기열을 만든다.

해설

ChangeMessageVisibility API는 지정된 메시지에 대해서 표시 제한 시간을 변경할 수 있다. 본 문제에서 가시성이라는 것은 메시지를 보여주는 시간을 의미하는 것이다.

28 기업이 소매 웹사이트를 전 세계에 출시했다. 웹사이트는 Elastic Load Balancer를 통해 라우팅되는 수많은 Amazon EC2 인스턴스에서 호스팅한다. 인스턴스는 Auto Scaling 그룹의 여러 가용 영역에 분산한다. 회사는 고객이 웹사이트를 보는 장치에 따라 맞춤형 자료를 제공하기를 원한다.

이러한 요구 사항을 충족하기 위해 솔루션 아키텍트는 어떤 솔루션을 제시해야 하는가? (2개를 선택하세요.)

1) 여러 버전의 콘텐츠를 캐시하도록 Amazon CloudFront를 구성한다.
2) 네트워크 로드 밸런서에서 호스트 헤더를 구성하여 트래픽을 다른 인스턴스로 전달한다.
3) User-Agent 헤더를 기반으로 특정 객체를 사용자에게 보내도록 Lambda@Edge 함수를 구성한다.
4) AWS Global Accelerator를 구성한다. NLB(Network Load Balancer)로 요청을 전달한다. 다른 EC2 인스턴스에 대한 호스트 기반 라우팅을 설정하도록 NLB를 구성한다.
5) AWS Global Accelerator를 구성한다. NLB(Network Load Balancer)로 요청을 전달한다. 다른 EC2 인스턴스에 대한 경로 기반 라우팅을 설정하도록 NLB를 구성한다.

해설

AWS Global Accelerator는 글로벌 네트워크를 사용해서 글로벌 애플리케이션의 사용성과 성능을 개선하는 서비스이다. 그리고 NLB(Network Load Balancer)를 사용해서 호스트(IP와 Port) 기반 라우팅을 구성해야 한다. 그리고 지역별 맞춤화된 서비스를 빠르게 제공하기 위해서 CloudFront를 사용한다.

29 회사는 3계층 웹 애플리케이션을 개발했다. 프런트 엔드는 모두 정적 정보로 구성된다. 마이크로서비스는 애플리케이션 계층이 있다. 사용자 데이터는 최소한의 지연으로 액세스할 수 있는 JSON 문서 형식으로 보관된다. 회사는 첫 해에 월별 트래픽 급증과 함께 최소한의 정규 트래픽을 예상한다. 스타트업 팀의 운영 간접비는 최소한으로 유지되어야 한다.

솔루션 아키텍트는 이를 달성하기 위해 어떤 솔루션을 제안해야 하는가?

1) Amazon S3 정적 웹사이트 호스팅을 사용하여 프런트 엔드를 저장하고 제공한다. 애플리케이션 계층에 AWS Elastic Beanstalk를 사용한다. Amazon DynamoDB를 사용하여 사용자 데이터를 저장한다.

2) Amazon S3 정적 웹사이트 호스팅을 사용하여 프런트 엔드를 저장하고 제공한다. 애플리케이션 계층에 Amazon Elastic KubernetesService(Amazon EKS)를 사용한다. Amazon DynamoDB를 사용하여 사용자 데이터를 저장한다.

3) Amazon S3 정적 웹사이트 호스팅을 사용하여 프런트 엔드를 저장하고 제공한다. 애플리케이션 계층에 Amazon API Gateway 및 AWS Lambda 함수를 사용한다. Amazon DynamoDB를 사용하여 사용자 데이터를 저장한다.

4) Amazon S3 정적 웹사이트 호스팅을 사용하여 프런트 엔드를 저장하고 제공한다. 애플리케이션 계층에 Amazon API Gateway 및 AWS Lambda 함수를 사용한다. 읽기 전용 복제본과 함께 Amazon RDS를 사용하여 사용자 데이터를 저장한다

해설

- 정적인 콘텐츠는 S3에서 저장하고 관리한다. 또한 마이크로 서비스를 제공하고 JSON 형태(Key, Value)를 응답하기 때문에 Amazon API Gateway와 Serverless인 Lambda 함수를 사용해야 한다. 그리고 JSON 형태의 데이터를 저장하기 위해서는 관계형 데이터베이스가 아니라 NoSQL 데이터베이스인 DynamoDB를 사용해야 한다.

- Amazon API Gateway는 개발자가 API를 생성, 관리, 모니터링, 보안할 수 있는 서비스로 RESTFul API 및 Web Socket API를 작성할 수 있다.

30 AWS를 사용하여 설문 조사 웹사이트를 호스팅하려고 한다. 회사는 많은 양의 트래픽을 예상했다. 이 트래픽의 결과로 데이터베이스는 비동기식으로 업데이트된다. AWS에 보관된 데이터베이스에 대한 쓰기 삭제를 방지해야 한다.

솔루션 아키텍트는 데이터베이스 요청을 처리하기 위해 어떤 작업을 해야 하는가?

1) Amazon Simple Notification Service(Amazon SNS) 주제에 게시하도록 애플리케이션을 구성한다. SNS 주제에 데이터베이스 구독.

2) Amazon Simple Notification Service(Amazon SNS) 주제를 구독하도록 애플리케이션을 구성한다. SNS 주제에 데이터베이스 업데이트 게시.

3) Amazon Simple Queue Service (Amazon SQS) FIFO 대기열을 사용하여 데이터베이스에 데이터를 쓸 리소스가 생길 때까지 데이터베이스 연결을 대기열에 넣는다.

4) 쓰기를 캡처하고 데이터베이스에 쓸 때마다 대기열을 비우기 위해 Amazon Simple Queue Service(Amazon SQS) FIFO 대기열을 사용한다.

해설

FIFO(First Input First Output)는 순서적으로 작업을 처리할 때 사용된다. 즉 사용자가 입력한 명령이 올바른 순서로 실행되는지 확인할 수 있다. 문제에서는 데이터베이스의 쓰기 삭제가 되는 것을 방지해야 하기 때문에 데이터베이스 쓰기 대기열에 있는 것을 SQS 쓰기 대기열로 옮긴다.

정답 30 4

31 솔루션 아키텍트는 완료하는 데 최대 2시간이 소요되는 일일 데이터 처리 작업을 개발하고 있다. 작업이 중지되면 처음부터 다시 시작해야 한다.

솔루션 아키텍트가 이 문제를 해결하는 가장 비용 효율적인 방법은 무엇인가?

1) 크론 작업에 의해 트리거되는 Amazon EC2 예약 인스턴스에서 로컬로 실행되는 스크립트를 생성한다.

2) Amazon EventBridge(Amazon CloudWatch Events) 예약 이벤트에 의해 트리거되는 AWS Lambda 함수를 생성한다.

3) Amazon EventBridge(Amazon CloudWatch Events) 예약 이벤트에 의해 트리거된 Amazon Elastic Container Service(Amazon ECS) Fargate 작업을 사용한다.

4) Amazon EventBridge(Amazon Cloud Watch Events) 예약 이벤트에 의해 트리거된 Amazon EC2에서 실행되는 Amazon Elastic Container Service (Amazon ECS) 작업을 사용한다.

해설

- Amazon EventBridge는 AWS 서비스에서 생성되는 이벤트를 기반으로 대규모 이벤트 기반 애플리케이션을 구축할 수 있는 서버리스 이벤트 버스이다.
- Amazon Elastic Container Service는 안정적인 컨테이너 서비스이고, AWS Fargate는 컨테이너에 적합한 서버리스 컴퓨팅을 제공한다.

32 회사는 Site-to-Site VPN 연결을 사용하여 온프레미스에서 AWS 클라우드 서비스에 안전하게 액세스해야 한다. Amazon EC2 인스턴스에 대한 VPN 연결을 통한 트래픽 증가로 인해 사용자가 VPN 연결 속도가 느려지고 있다.

어떤 접근 방식이 VPN 연결 속도를 유지시킬 수 있는가?

1) 처리량을 확장하려면 동일한 네트워크에 대해 여러 고객 게이트웨이를 구현한다.

2) 동일한 비용의 다중 경로 라우팅이 있는 전송 게이트웨이를 사용하고 VPN 터널을 추가한다.

3) 동일한 비용의 다중 경로 라우팅 및 다중 채널을 사용하여 가상 사설 게이트웨이를 구성한다.

4) 기본 제한 이상으로 처리량을 확장하려면 VPN 구성의 터널 수를 늘린다.

해설

트래픽 증가로 인하여 성능이 떨어지고 있으므로 VPN (Virtual Private Network) 서비스를 추가해야 한다.

33 거대한 Amazon EC2 인스턴스 집합에서 애플리케이션을 실행한다. 이 프로그램은 Amazon에서 호스팅하는 DynamoDB 데이터베이스에 항목을 읽고 쓴다. DynamoDB 데이터베이스의 크기는 정기적으로 증가하지만 애플리케이션에는 이전 30일 동안의 데이터만 필요하다. 비용 효율적이고 시간 효율적인 솔루션이 필요하다.

어떤 솔루션이 이러한 기준을 충족하는가?

1) AWS CloudFormation 템플릿을 사용하여 전체 솔루션을 배포한다. 30일마다 CloudFormation 스택을 재배포하고 원래 스택을 삭제한다.

2) AWS Marketplace에서 모니터링 애플리케이션을 실행하는 EC2 인스턴스를 사용한다. Amazon DynamoDB 스트림을 사용하여 테이블에 새 항목이 생성될 때 타

임스탬프를 저장하도록 모니터링 애플리케이션을 구성한다. EC2 인스턴스에서 실행되는 스크립트를 사용하여 30일보다 오래된 타임스탬프가 있는 항목을 삭제한다.

3) 테이블에 새 항목이 생성될 때 AWS Lambda 함수를 호출하도록 Amazon DynamoDB Streams를 구성한다. 테이블에서 30일이 지난 항목을 삭제하도록 Lambda 함수를 구성한다.

4) 애플리케이션을 확장하여 현재 타임스탬프 값에 30일을 더한 값을 테이블에 생성되는 각각의 새 항목에 추가한다. 속성을 TTL 속성으로 사용하도록 DynamoDB를 구성한다.

해설

DynamoDB의 TTL(Time To Live)은 데이터 항목별로 타임스탬프를 정의하여 필요하지 않는 시기를 결정할 수 있다. TTL은 시간이 지나면 관련 항목을 저장하거나 데이터를 제거하는 데 유용하다.

34 회사의 웹 애플리케이션은 데이터를 Amazon RDS PostgreSQL 데이터베이스 인스턴스에 저장한다. 결산 기간 중 매월 초에 대량 쿼리를 수행하며 과도한 활용으로 인해 데이터베이스 성능이 떨어진다.

가능한 한 최소한의 작업으로 데이터베이스의 영향을 최소화하기 위해 솔루션 아키텍트는 무엇을 해야 하는가?

1) 읽기 전용 복제본을 만들고 복제본으로 트래픽을 직접 보고한다.

2) 다중 AZ 데이터베이스를 생성하고 대기 트래픽을 보고한다.

3) 교차 리전 읽기 전용 복제본을 만들고 복제본으로 트래픽을 직접 보고한다.

4) Amazon Redshift 데이터베이스를 만들고 Amazon Redshift 데이터베이스로 트래픽을 보고한다.

해설

대용량의 쿼리를 통해서 RDS에 부하를 발생시키고 있기 때문에 읽기 전용 스냅샷을 사용해서 쿼리를 실행해야 한다.

35 다음 정책은 Amazon EC2 관리자가 개발했다. 수많은 사용자를 포함하는 IAM 그룹에 할당된다. 이 정책은 어떤 영향을 미치는가?

```json
{
    "Version": "2022-03-15",
    "Statement": [
        {
            "Effect": "Allow",
            "Action": "ec2:TerminateInstances",
            "Resource": "*",
            "Condition": {
                "IpAddress": {
                    "aws:SourceIp": "10.100.100.0/24"
                }
            }
        },
        {
            "Effect": "Deny",
            "Action": "ec2:*",
            "Resource": "*",
            "Condition": {
                "StringNotEquals": {
                    "ec2:Region": "us-east-1"
                }
            }
        }
    ]
}
```

1) 사용자는 us-east-1을 제외한 모든 AWS 리전에서 EC2 인스턴스를 종료할 수 있다.

2) 사용자는 us-east-1 리전에서 IP 주소가 10.100.100.1인 EC2 인스턴스를 종료할 수 있다.

3) 사용자의 소스 IP가 10.100.100.254인 경우 사용자는 us-east-1 리전에서 EC2 인스턴스를 종료할 수 있다.

4) 사용자의 소스 IP가 10.100.100.254인 경우 사용자는 us-east-1 리전에서 EC2 인스턴스를 종료할 수 없다.

Effect가 Allow이고 Action이 EC2 TerminateInstances 이므로 IP주소가 10.100.100.0대는 EC2 인스턴스를 종료할 수 있다.

36 회사 웹사이트에서 과거 실적 보고서를 받을 수 있다. 웹사이트에는 전세계 웹사이트 요구 사항에 맞게 확장할 수 있는 솔루션이 필요하다. 솔루션은 비용 효율적이어야 하고, 인프라 리소스 프로비저닝을 최소화하고, 실현 가능한 가장 빠른 반응 시간을 제공해야 한다.

솔루션 아키텍트는 이러한 요구 사항을 충족하기 위해 어떤 솔루션 조합을 제안해야 하는가?

1) Amazon CloudFront 및 Amazon S3
2) AWS Lambda 및 Amazon DynamoDB
3) Amazon EC2 Auto Scaling이 있는 Application Load Balancer
4) 내부 Application Load Balancer가 있는 Amazon Route 53

과거 실적 보고서라는 것은 변경이 없기 때문에 정적 콘텐츠다. 정적 콘텐츠는 S3에 저장해야 한다. 그리고 전 세계 웹사이트에 맞게 확장하고 대기시간을 최소화하는 것은 CloudFront의 Cache Server이다.

37 솔루션 아키텍트는 Amazon Web Services(AWS) 클라우드에서 하이브리드 애플리케이션을 개발하고 있다. AWS Direct Link(DX)는 온프레미스 데이터 센터를 AWS에 연결하는 데 사용된다. AWS와 온프레미스 데이터 센터 간의 애플리케이션 연결은 매우 내구성이 있어야 한다.

이러한 기준을 충족하려면 어떤 DX 설정을 사용해야 하는가?

1) VPN을 사용하여 DX 연결을 구성한다.
2) 여러 DX 위치에서 DX 연결을 구성한다.
3) 가장 신뢰할 수 있는 DX 파트너를 사용하여 DX 연결을 구성한다.
4) DX 연결 위에 여러 가상 인터페이스를 구성한다.

온프레미스와 AWS를 연결하기 위해서 전용선인 Direct Connect를 사용하는 것으로 내구성을 높이기 위해서는 여러 DX 위치에서 DX 연결을 구성해야 한다.

38 회사에서 Amazon EC2 인스턴스의 보안 평가를 자동화하려고 한다. 조직은 개발 프로세스가 보안 및 규정 준수 요구 사항을 준수하는지 확인해야 한다.

이러한 기준이 충족되도록 솔루션 아키텍트는 어떤 조치를 취해야 하는가?

1) Amazon Macie를 사용하여 EC2 인스턴스를 자동으로 검색, 분류 및 보호한다.
2) Amazon GuardDuty를 사용하여 Amazon Simple Notification Service(Amazon SNS) 알림을 게시한다.
3) Amazon CloudWatch와 함께 Amazon Inspector를 사용하여 Amazon Simple Notification Service(Amazon SNS) 알림을 게시한다.
4) Amazon EventBridge(Amazon CloudWatch Events)를 사용하여 AWS Trusted Advisor 확인 상태의 변경 사항을 감지하고 대응한다.

36 ① 37 ② 38 ③ **정답**

AWS Inspector는 웹 취약점을 자동으로 검사하여 보고한다. CloudWatch는 자원 모니터링을 할 수 있는 서비스이므로 DDoS 공격이 발생하면 자원을 급격히 사용하게 된다.

39 Amazon EC2에서 Amazon RDS 데이터베이스에 의해 백업되는 매우 안전한 애플리케이션을 운영하고 있다. 모든 개인 식별 정보(PII)는 규정 준수 표준을 준수하기 위해 저장 시 암호화되어야 한다.

최소한의 인프라 변경으로 이러한 요구 사항을 달성하기 위해 솔루션 아키텍트는 어떤 솔루션을 제안해야 하는가?

1) AWS Certificate Manager를 배포하여 인증서를 생성하고 인증서를 사용하여 데이터베이스 볼륨을 암호화한다.

2) AWS CloudHSM을 배포하고 암호화 키를 생성하고 고객 마스터 키(CMK)를 사용하여 데이터베이스 볼륨을 암호화한다.

3) AWS Key Management Service 고객 마스터 키(AWS KMS CMK)를 사용하여 SSL 암호화를 구성하여 데이터베이스 볼륨을 암호화한다.

4) 인스턴스 및 데이터베이스 볼륨을 암호화하도록 AWS Key Management Service(AWS KMS) 키로 Amazon Elastic Block Store(Amazon EBS) 암호화 및 Amazon RDS 암호화를 구성한다.

해설

개인식별자 정보라는 것은 주민등록번호, 운전면허번호, 여권번호 등이다. 이러한 개인식별자를 암호화하기 위해서는 암호화 키가 필요하게 된다. 따라서 AWS KMS 서비스로 키를 관리하고 파일시스템에 있는 데이터와 관계형 데이터베이스에 있는 데이터를 암호화해야 한다.

40 솔루션 아키텍트는 다음과 같은 IAM 정책을 설정했다.

정책은 어떤 조치를 허용하는가?

```json
{
    "Version": "2022-03-15",
    "Statement": [
        {
            "Effect": "Allow",
            "Action": [
                "lambda": "*"
            ],
            "Resource": "*"
        },
        {
            "Effect": "Deny",
            "Action": [
                "lambda:CreateFunction",
                "lambda:DeleteFunction"
            ],
            "Resource": "*"
            "Condition": {
                "IpAddress": {
                    "aws:Sourcelp": "220.100.16.0/20"
                }
            }
        }
    ]
}
```

1) AWS Lambda 함수는 모든 네트워크에서 삭제할 수 있다.

2) AWS Lambda 함수는 모든 네트워크에서 생성할 수 있다.

3) AWS Lambda 함수는 100.220.0.0/20 네트워크에서 삭제할 수 있다.

4) AWS Lambda 함수는 220.100.16.0/20 네트워크에서 삭제할 수 있다.

해설

4번 보기는 Deny로 설정되어 있으므로 삭제할 수 없다. 3번은 Allow에 해당되고 "*"로 모든 권한이 부여되어 있다.

41 회사는 Amazon EC2 인스턴스를 사용하여 API 기반 인벤토리 보고 애플리케이션을 운영한다. 프로그램은 Amazon DynamoDB 데이터베이스를 사용하여 데이터를 저장한다. 기업의 물류 센터는 API와 통신하는 온프레미스 배송 애플리케이션을 사용하여 배송 라벨을 생성하기 전에 인벤토리를 업데이트한다. 매일 회사는 애플리케이션 중단으로 인해 트랜잭션이 누락되는 것을 목격했다.

솔루션 아키텍트는 애플리케이션의 탄력성을 높이기 위해 무엇을 제안해야 하는가?

1) 로컬 데이터베이스에 쓰도록 배송 애플리케이션을 수정한다.
2) AWS Lambda를 사용하여 서버리스를 실행하도록 애플리케이션 API를 수정한다.
3) EC2 인벤토리 애플리케이션 API를 호출하도록 Amazon API Gateway를 구성한다.
4) Amazon Simple Queue Service(Amazon SQS)를 사용하여 인벤토리 업데이트를 보내도록 애플리케이션을 수정한다.

해설

데이터베이스에 기록을 해야하는데 애플리케이션 중단이 발생해서 트랜잭션이 누락된다. 이렇게 누락된 트랜잭션의 데이터는 복구할 수 없는 것이다. 따라서 로컬 데이터베이스에 저장한 후 추후 DynamoDB에 저장해야 한다.

42 프라이빗 서브넷의 Amazon EC2 인스턴스는 애플리케이션을 실행하는 데 사용된다. 애플리케이션은 Amazon DynamoDB의 테이블에 액세스해야 한다.

트래픽이 AWS 네트워크를 나가는 것을 허용하지 않고 테이블에 액세스하는 가장 안전한 방법은 무엇인가?

1) 프라이빗 서브넷에서 NAT 인스턴스 사용
2) 퍼블릭 서브넷에서 NAT 게이트웨이 사용
3) DynamoDB용 VPC 엔드포인트 사용
4) VPC에 연결된 인터넷 게이트웨이 사용

해설

VPC 엔드포인트(End-Point)는 인터넷 게이트웨이, NAT 디바이스, VPN 연결, Direct Connect 연결 없이 VPC(Virtual Private Cloud)와 연결할 수 있는 서비스이다.

43 회사는 단일 Amazon EC2 인스턴스에서 ASP.NET MVC 애플리케이션을 실행한다. 최근 애플리케이션 사용량이 급증하면서 사용자는 점심 시간에 응답 시간이 지연되고 있다. 회사는 가능한 최소한의 설정을 사용하여 이 문제를 해결해야 한다.

솔루션 아키텍트는 이러한 요구 사항을 충족하기 위해 어떤 권장 사항을 제시해야 하는가?

1) 애플리케이션을 AWS Elastic Beanstalk로 이동한다. 부하 기반 Auto Scaling 및 시간 기반 크기 조정을 구성하여 점심 시간에 조정 처리한다.
2) 애플리케이션을 Amazon Elastic Container Service(Amazon ECS)로 이동한다. 점심 시간 동안 조정을 처리하는 AWS Lambda 함수를 생성한다.
3) 애플리케이션을 Amazon Elastic Container Service(Amazon ECS)로 이동한다. 점심 시간에 AWS Application Auto Scaling에 대한 예약 조정을 구성한다.
4) 애플리케이션을 AWS Elastic Beanstalk로 이동한다. 부하 기반 Auto Scaling을 구성하고 점심 시간 동안 조정을 처리하는 AWS Lambda 함수를 생성한다.

웹서버에서 지연이 발생하므로 Auto Scaling 서비스를 사용해야 한다. 그리고 AWS Elastic Beanstalk는 JAVA, .NET, PHP, Node.js, Python, Ruby, Go, Docker를 사용해서 개발된 웹 애플리케이션을 배포하고 조정할 수 있다.

44 Amazon EC2 인스턴스 기반 애플리케이션은 Amazon DynamoDB 데이터베이스에 대한 액세스 권한이 필요하다. EC2 인스턴스와 DynamoDB 테이블은 모두 동일한 AWS 계정으로 관리된다.

DynamoDB 테이블에 대한 EC2 인스턴스 최소 권한 액세스를 제공하는 접근 방식은 무엇인가?

1) DynamoDB 테이블에 대한 액세스를 허용하는 적절한 정책으로 IAM 역할을 생성한다. 이 IAM 역할을 EC2 인스턴스에 할당하기 위해 인스턴스 프로파일을 생성한다.

2) DynamoDB 테이블에 대한 액세스를 허용하는 적절한 정책으로 IAM 역할을 생성한다. 역할을 맡을 수 있도록 EC2 인스턴스를 신뢰 관계 정책 문서에 추가한다.

3) DynamoDB 테이블에 대한 액세스를 허용하는 적절한 정책으로 IAM 사용자를 생성한다. 자격 증명을 Amazon S3 버킷에 저장하고 애플리케이션 코드 내에서 직접 읽는다.

4) DynamoDB 테이블에 대한 액세스를 허용하는 적절한 정책으로 IAM 사용자를 생성한다. 애플리케이션이 IAM 자격 증명을 로컬 스토리지에 안전하게 저장하고 이를 사용하여 DynamoDB를 호출하는지 확인한다.

IAM을 사용해서 사용자를 생성하고 역할을 할당한 후에 EC2 인스턴스에 등록해야 한다.

45 회사는 온프레미스 애플리케이션을 AWS로 마이그레이션하고 있다. 프로그램 서버와 Microsoft SQL Server 데이터베이스가 응용 프로그램을 구성한다. SQL Server 기능을 사용하는 응용 프로그램의 NET 코드로 인해 데이터베이스를 다른 엔진으로 전송할 수 없다. 회사는 운영 및 관리 비용을 줄이는 동시에 가용성을 극대화해야 한다.

솔루션 아키텍트는 이를 달성하기 위해 어떤 조치를 취해야 하는가?

1) 다중 AZ 배포의 Amazon EC2에 SQL Server를 설치한다.

2) 다중 AZ 배포에서 SQL Server용 Amazon RDS로 데이터를 마이그레이션한다.

3) 다중 AZ 복제본이 있는 SQL Server용 Amazon RDS에 데이터베이스를 배포한다.

4) 교차 리전 다중 AZ 배포에서 SQL Server용 Amazon RDS로 데이터를 마이그레이션한다.

다중 가용 영역 복제본을 RDS에 배포해야 한다.

46 Amazon Redshift는 분석을 수행하고 고객 보고서를 생성하는 데 사용된다. 이 회사는 고객에 대한 추가 50테라바이트의 인구 통계 데이터를 얻었다. 데이터는 Amazon S3 in.csv 파일에 저장된다. 회사는 데이터를 효율적으로 병합하고 결과를 시각화하는 시스템이 필요하다.

솔루션 아티텍트는 이러한 요구 사항을 충족하기 위해 어떤 권장 사항을 제시해야 하는가?

1) Amazon Redshift Spectrum을 사용하여 Amazon S3의 데이터를 직접 쿼리하고 해당 데이터를 Amazon Redshift의 기존 데이터와 결합한다. Amazon QuickSight를 사용하여 시각화를 구축한다.

2) Amazon Athena를 사용하여 Amazon S3의 데이터를 쿼리한다. Amazon QuickSight를 사용하여 Athena의 데이터를 Amazon Redshift의 기존 데이터와 결합하고 시각화를 구축한다.

3) Amazon Redshift 클러스터의 크기를 늘리고 Amazon S3에서 데이터를 로드한다. Amazon EMR 노트북을 사용하여 Amazon Redshift에서 데이터를 쿼리하고 시각화를 구축한다.

4) Amazon Redshift 클러스터의 데이터를 Amazon S3의 Apache Parquet 파일로 내보낸다. Amazon Elasticsearch Service(Amazon ES)를 사용하여 데이터를 쿼리한다. Kibana를 사용하여 결과를 시각화한다.

해설

• Amazon Redshift Spectrum은 Amazon S3에 저장된 데이터를 직접 쿼리할 수 있고 성능 효율성을 달성할 수 있다.

• Amazon QuickSight는 자연어 질문에 대해서 대화형 대시보드를 탐색하거나 기계학습을 사용해서 패턴과 이상값을 찾는다. 또한 수백만 개의 대시보드를 지원한다.

47 기업의 데이터 계층은 PostgreSQL 데이터베이스용 Amazon RDS를 사용한다. 데이터베이스의 비밀번호는 순환(비밀번호 변경)해야 한다.

다음 중 운영 오버헤드가 가장 적은 이 기준을 충족하는 옵션은 무엇인가?

1) AWS Secrets Manager에 암호를 저장한다. 보안 비밀에 대한 자동 순환을 활성화한다.

2) AWS Systems Manager Parameter Store에 암호를 저장한다. 매개변수에서 자동 회전을 활성화한다.

3) AWS Systems Manager Parameter Store에 암호를 저장한다. 암호를 교체하는 AWS Lambda 함수를 작성한다.

4) AWS Key Management Service(AWS KMS)에 암호를 저장한다. 고객 마스터 키(CMK)에서 자동 교체를 활성화한다.

해설

AWS Secrets Manager는 애플리케이션, 서비스 IT 리소스에 액세스할 때 보안정보를 보호하는 서비스이다. AWS Secrets Manager는 보안암호에 대해서 자동 교체를 설정할 수 있다.

본 문제에서 순환이라는 말이 비밀번호 변경을 의미한다.

46 1   47 1   **정답**

48 회사는 동일한 AWS 계정 내에서 us-west-2 리전에 위치한 두 개의 VPC를 가지고 있다. 비즈니스는 이러한 VPC 간의 네트워크 통신을 허용해야 한다. 매월 약 500GB의 데이터가 VPC 간에 전송된다.

이러한 VPC를 연결하는 데 가장 비용 효율적인 접근 방식은 무엇인가?

1) AWS Transit Gateway를 구현하여 VPC를 연결한다. VPC 간 통신에 전송 게이트웨이를 사용하도록 각 VPC의 라우팅 테이블을 업데이트한다.

2) VPC 간에 AWS Site-to-Site VPN 터널을 구현한다. VPC 간 통신에 VPN 터널을 사용하도록 각 VPC의 라우팅 테이블을 업데이트한다.

3) VPC 간에 VPC 피어링 연결을 설정한다. VPC 간 통신에 VPC 피어링 연결을 사용하도록 각 VPC의 라우팅 테이블을 업데이트한다.

4) VPC 간에 1GB AWS Direct Connect 연결을 설정한다. VPC 간 통신에 Direct Connect 연결을 사용하도록 각 VPC의 라우팅 테이블을 업데이트한다.

해설

두 개의 VPC 간에 연결을 위해서 사용하는 서비스가 VPC peering 서비스이다.

49 기업의 온프레미스 데이터 센터가 스토리지 한도에 도달했다. 조직은 대역폭 비용을 가능한 한 낮게 유지하면서 스토리지 시스템을 AWS로 전환하려고 한다. 솔루션은 빠르고 비용 없는 데이터 검색을 가능하게 해야 한다.

어떤 솔루션이 이러한 기준을 충족하는가?

1) Amazon S3 Glacier Vault를 배포하고 신속 검색을 활성화한다. 워크로드에 대해 프로비저닝된 검색 용량을 활성화한다.

2) 캐시된 볼륨을 사용하여 AWS Storage Gateway를 배포한다. Storage Gateway를 사용하여 Amazon S3에 데이터를 저장하는 동시에 자주 액세스하는 데이터 하위 집합의 복사본을 로컬에 유지한다.

3) 저장된 볼륨을 사용하여 AWS Storage Gateway를 배포하여 데이터를 로컬에 저장한다. Storage Gateway를 사용하여 데이터의 특정 시점 스냅샷을 Amazon S3에 비동기식으로 백업한다.

4) AWS Direct Connect를 배포하여 온프레미스 데이터 센터에 연결한다. 데이터를 로컬에 저장하도록 AWS Storage Gateway를 구성한다. Storage Gateway를 사용하여 데이터의 특정 시점 스냅샷을 Amazon S3에 비동기식으로 백업한다.

해설

AWS Storage Gateway는 온프레미스 애플리케이션에 무제한의 클라우드 스토리지 액세스를 제공하는 서비스이다. AWS Storage Gateway에 자주 액세스하는 복사본을 로컬에 유지하여 비용 없이 빠르게 데이터 검색이 가능하다.

50 회사에는 파일 공유 서비스가 없다. 새 프로젝트에는 온프레미스 데스크톱 컴퓨터용 디스크로 탑재할 수 있는 파일 저장소가 필요하다. 사용자가 저장소에 액세스하려면 먼저 파일 서버가 Active Directory 도메인에 대해 사용자를 인증해야 한다.

Active Directory 사용자가 워크스테이션에 드라이브로 스토리지를 배포할 수 있는 서비스는 무엇인가?

1) Amazon S3 Glacier
2) AWS DataSync
3) AWS Snowball Edge
4) AWS 스토리지 게이트웨이

해설

AWS Storage Gateway는 온프레미스에서 클라우드 기반 스토리지에 연결하여 스토리지에 접근할 수 있는 서비스이다. AWS Storage Gateway는 파일 기반 파일 게이트웨이, 볼륨 기반 및 테이프 기반 스토리지 솔루션을 제공한다.

51 솔루션 아키텍트는 인터넷 기반 타사 웹 서비스에서 2분마다 데이터를 검색하는 솔루션을 만들어야 한다. 각 데이터 검색은 Python 스크립트를 사용하여 100밀리초 미만으로 수행된다. 정답은 센서 데이터를 포함하여 크기가 1KB 미만인 JSON 객체이다. 솔루션 아키텍트는 JSON 개체와 날짜를 모두 유지해야 한다.

이러한 요구 사항을 충족하는 데 가장 비용 효율적인 접근 방식은 무엇인가?

1) Linux 운영 체제로 Amazon EC2 인스턴스를 배포한다. 2분마다 스크립트를 실행하도록 크론 작업을 구성한다. Amazon RDS DB 인스턴스에서 호스팅되는 MySQL 데이터베이스에 타임스탬프와 함께 JSON 객체를 저장하도록 스크립트를 확장한다.

2) Linux 운영 체제가 있는 Amazon EC2 인스턴스를 배포하여 스크립트가 2분마다 무한 루프에서 실행되도록 확장한다. 타임스탬프를 기본 키로 사용하는 Amazon DynamoDB 테이블에 타임스탬프와 함께 JSON 객체를 저장한다. EC2 인스턴스에서 스크립트를 실행한다.

3) AWS Lambda 함수를 배포하여 타임스탬프를 기본 키로 사용하는 Amazon DynamoDB 테이블에 타임스탬프와 함께 JSON 객체를 저장하도록 스크립트를 확장한다. 2분마다 시작되는 Amazon EventBridge(Amazon CloudWatch Events) 예약 이벤트를 사용하여 Lambda 함수를 호출한다.

4) AWS Lambda 함수를 배포하여 스크립트가 2분마다 무한 루프에서 실행되도록 확장한다. 타임스탬프를 기본 키로 사용하는 Amazon DynamoDB 테이블에 타임스탬프와 함께 JSON 객체를 저장한다. Lambda 함수에 대해 구성된 핸들러 함수에서 스크립트를 호출하는지 확인한다.

해설

2분마다 데이터를 검색해야 하므로 이벤트를 발생시켜야 한다. 따라서 Amazon EventBridge 예약 이벤트를 사용해서 Lambda 함수를 호출해야 한다.

52 회사는 온프레미스 애플리케이션의 유연성과 가용성을 높이기 위해 AWS로 전환하고 있다. Microsoft SQL Server 데이터베이스를 사용하고 있다. 회사는 다른 데이터베이스 솔루션을 조사하고 필요한 경우 데이터베이스 엔진을 마이그레이션하려고 한다. 개발 팀은 테스트 데이터베이스를 만들기 위해 4시간마다 프로덕션 데이터베이스의 전체 복사본을 만든다. 이 기간 동안 사용자는 지연이 발생한다.

솔루션 아키텍트는 대체 데이터베이스로 어떤 데이터베이스를 제안해야 하는가?

1) 다중 AZ Aurora 복제본과 함께 Amazon Aurora를 사용하고 테스트 데이터베이스에 대해 mysqldump에서 복원한다.
2) 다중 AZ Aurora 복제본과 함께 Amazon Aurora를 사용하고 테스트 데이터베이스에 대해 Amazon RDS에서 스냅샷을 복원한다.
3) 다중 AZ 배포 및 읽기 전용 복제본과 함께 MySQL용 Amazon RDS를 사용하고 테스트 데이터베이스에 대기 인스턴스를 사용한다.
4) 다중 AZ 배포 및 읽기 전용 복제본과 함께 SQL Server용 Amazon RDS를 사용하고 테스트 데이터베이스용으로 RDS에서 스냅샷을 복원한다.

해설

지연을 줄이고 전체 복사본을 만들어야 하므로 Amazon RDS를 사용하고 RDS 스냅샷을 복원한다.

53 회사의 온프레미스 인프라와 AWS에는 보안 연결이 필요하다. 이 연결은 많은 양의 대역폭이 필요하지 않으며 제한된 양의 트래픽을 처리할 수 있다. 링크는 즉시 설정되어야 한다.

이러한 종류의 연결을 설정하는 데 가장 저렴한 방법은 무엇인가?

1) 클라이언트 VPN 구현
2) AWS Direct Connect 구현
3) Amazon EC2에서 배스천 호스트 구현
4) AWS Site-to-Site VPN 연결 구현

해설

온프레미스와 AWS 간의 연결 방법은 VPN과 Direct Connect 방법이 있으며, VPN은 저렴한 비용으로 사용이 가능하다.

54 회사는 여러 가용 영역에 분산된 Amazon EC2 인스턴스에서 작동할 웹 기반 애플리케이션을 개발 중이다. 온라인 애플리케이션을 통해 900TB 이상의 텍스트 콘텐츠 컬렉션에 액세스할 수 있다. 회사는 온라인 지원에 대한 수요가 많을 것으로 예상한다. 솔루션 아키텍트는 텍스트 문서 스토리지가 애플리케이션의 요구 사항을 충족하도록 확장성을 보장해야 한다.

비용 효율성 측면에서 이러한 기준을 가장 잘 충족하는 스토리지 시스템은 무엇인가?

1) Amazon Elastic Block Store(Amazon EBS)
2) Amazon Elastic File System(Amazon EFS)
3) Amazon Elasticsearch Service (Amazon ES)
4) Amazon S3

문서 스토리지로 900TB 이상의 파일을 저장하고 액세스하므로 S3를 사용해야 한다.

55 개발 팀에는 다른 개발 팀이 액세스할 수 있는 웹사이트가 있어야 한다. HTML, CSS, 클라이언트 측 JavaScript 및 그래픽은 웹사이트의 콘텐츠를 구성한다.

어떤 형태의 웹사이트 호스팅이 가장 비용 효율적인가?

1) 웹사이트를 컨테이너화하고 AWS Fargate에서 호스팅한다.
2) Amazon S3 버킷을 생성하고 거기에서 웹사이트를 호스팅한다.
3) Amazon EC2 인스턴스에 웹 서버를 배포하여 웹사이트를 호스팅한다.
4) Express.js 프레임워크를 사용하는 AWS Lambda 대상으로 Application Load Balancer를 구성한다.

HTML, CSS, Javascript로 개발되었으므로 자주 변경되지 않는다. 따라서 S3에 버킷을 생성하고 호스팅하면 된다.

56 기업의 데이터 웨어하우스는 Amazon Redshift를 사용한다. 회사는 구성 요소 오류 발생 시 데이터의 장기적인 가용성을 보장해야 한다.

솔루션 아키텍트는 어떤 권장 사항을 제시해야 하는가?

1) 동시성 확장을 활성화한다.
2) 교차 리전 스냅샷을 활성화한다.

3) 데이터 보유 기간을 늘린다.
4) 다중 AZ에 Amazon Redshift를 배포한다.

여러 개의 리전에 스냅샷 기능을 활성화하면 가용성을 보장할 수 있다.

57 기업은 품목 가격을 기반으로 세금 계산을 자동화하는 API를 제공한다. 크리스마스 시즌에는 회사에 문의가 증가하여 응답 시간이 지연된다. 솔루션 아키텍트는 확장 가능하고 탄력적인 시스템을 만들어야 한다.

이를 달성하기 위해 솔루션 아키텍트는 어떤 방법을 제시해야 하는가?

1) Amazon EC2 인스턴스에서 호스팅되는 API를 제공한다. EC2 인스턴스는 API 요청이 있을 때 필요한 계산을 수행한다.
2) 항목 이름을 허용하는 Amazon API Gateway를 사용하여 REST API를 설계한다. API Gateway는 세금 계산을 위해 항목 이름을 AWS Lambda에 전달한다.
3) 뒤에 두 개의 Amazon EC2 인스턴스가 있는 Application Load Balancer를 생성한다. EC2 인스턴스는 수신된 항목 이름에 대한 세금을 계산한다.
4) Amazon EC2 인스턴스에서 호스팅되는 API와 연결하는 Amazon API Gateway를 사용하여 REST API를 설계한다. API Gateway는 세금 계산을 위해 항목 이름을 수락하고 EC2 인스턴스에 전달한다.

특정 시즌에 확장 가능하고 탄력적으로 운영하기 위해서는 서버리스인 Lambda 서비스를 사용해야 한다.

55 ② 56 ② 57 ② **정답**

58 분석 목적으로 판매 통계를 수집하고 필터링하려면 매일 예약된 작업을 실행해야 한다. 판매 기록은 Amazon S3 버킷에 저장된다. 각 개체의 최대 파일 크기는 10GB이다. 판매 이벤트의 양에 따라 작업을 완료하는 데 최대 1시간이 소요될 수 있다. 작업의 CPU 및 메모리 요구 사항은 일관되어 있다. 솔루션 아키텍트는 작업을 완료하는 데 필요한 운영 작업의 양을 줄여야 한다.

어떤 솔루션이 이러한 기준을 충족하는가?

1) Amazon EventBridge(Amazon CloudWatch Events) 알림이 있는 AWS Lambda 함수를 생성한다. EventBridge(CloudWatch 이벤트) 이벤트가 하루에 한 번 실행되도록 예약한다.

2) AWS Lambda 함수를 생성한다. Amazon API Gateway HTTP API를 생성한다. API를 기능과 통합한다. API를 호출하고 함수를 호출하는 Amazon EventBridge(Amazon CloudWatch Events) 예약 이벤트를 생성한다.

3) AWS Fargate 시작 유형으로 Amazon Elastic Container Service(Amazon ECS) 클러스터를 생성한다. 작업을 실행하기 위해 클러스터에서 ECS 작업을 시작하는 Amazon EventBridge(Amazon CloudWatch Events) 예약 이벤트를 생성한다.

4) Amazon EC2 시작 유형이 있는 Amazon Elastic Container Service(Amazon ECS) 클러스터와 하나 이상의 EC2 인스턴스가 있는 Auto Scaling 그룹을 생성한다. 작업을 실행하기 위해 클러스터에서 ECS 작업을 시작하는 Amazon EventBridge(Amazon CloudWatch Events) 예약 이벤트를 생성한다.

해설

AWS Fargate는 서버리스 애플리케이션을 구축할 수 있고 Amazon Elastic Container Service와 호환된다. 마지막으로 예약된 작업을 실행해야 하기 때문에 Amazon EventBridge 예약 이벤트를 사용해야 한다.

59 애플리케이션은 Amazon RDS 다중 AZ 데이터베이스 인스턴스에 연결된다. 데이터베이스 성능으로 인해 애플리케이션이 느려졌다. 차세대 인스턴스 유형으로 업그레이드한 후에도 성능이 크게 향상되지 않았다. 분석에 따르면 약 700IOPS가 유지되고 일반적인 쿼리가 장기간 실행되며 메모리 사용량이 높다.

솔루션 아키텍트는 이러한 문제를 해결하기 위해 어떻게 제안해야 하는가?

1) RDS 인스턴스를 Amazon Redshift 클러스터로 마이그레이션하고 매주 가비지 수집을 활성화한다.

2) 장기 실행 쿼리를 새로운 다중 AZ RDS 데이터베이스로 분리하고 필요한 데이터베이스를 쿼리하도록 애플리케이션을 수정한다.

3) 2노드 Amazon ElastiCache 클러스터를 배포하고 클러스터를 먼저 쿼리하고 필요한 경우에만 데이터베이스를 쿼리하도록 애플리케이션을 수정한다.

4) 일반적인 쿼리를 위한 Amazon Simple Queue Service(Amazon SQS) FIFO 대기열을 생성하고 먼저 쿼리하고 필요한 경우에만 데이터베이스를 쿼리한다.

해설

Amazon ElastiCache는 인메모리 캐싱 기능으로 마이크로 초 단위의 대기시간을 달성한다. 따라서 장기간 실행되는 쿼리에 대해서 메모리 내에서 조회하여 결과를 되돌리게 된다.

60 회사는 AWS 클라우드 호스팅 게임 애플리케이션을 위한 공유 스토리지 솔루션을 개발하고 있다. 회사는 SMB 클라이언트를 통해 데이터에 액세스할 수 있는 능력이 필요하다. 솔루션은 완전히 제어되어야 한다.

이 기준을 충족하는 AWS 솔루션은 무엇인가?

1) 데이터를 탑재 가능한 파일 시스템으로 공유하는 AWS DataSync 작업을 생성한다. 파일 시스템을 애플리케이션 서버에 마운트한다.

2) Amazon EC2 Windows 인스턴스를 생성한다. 인스턴스에 Windows 파일 공유 역할을 설치하고 구성한다. 응용 프로그램 서버를 파일 공유에 연결한다.

3) Windows 파일 서버용 Amazon FSx 파일 시스템을 생성한다. 파일 시스템을 원본 서버에 연결한다. 응용 프로그램 서버를 파일 시스템에 연결한다.

4) Amazon S3 버킷을 생성한다. 애플리케이션에 IAM 역할을 할당하여 S3 버킷에 대한 액세스 권한을 부여하고, S3 버킷을 애플리케이션 서버에 마운트한다.

해설

Amazon FSx 고성능 파일 시스템을 생성할 수 있고 이를 원본 서버에 연결한다. 그리고 응용 프로그램 서버를 파일 시스템에 연결하면 된다.

61 기업은 객체 스토리지에 Amazon S3를 사용한다. 회사는 수백 개의 S3 버킷에 데이터를 저장한다. 특정 S3 버킷에는 다른 버킷보다 액세스 빈도가 낮은 데이터가 포함되어 있다. 솔루션 아키텍트에 따르면 수명 주기 규칙이 일관되게 따르지 않거나 부분적으로 시행되어 데이터가 고가의 스토리지에 보관된다.

객체의 가용성을 유지하면서 비용을 절감할 수 있는 옵션은 무엇인가?

1) S3 ACL을 사용한다.

2) Amazon Elastic Block Store(Amazon EBS) 자동 스냅샷 사용

3) S3 One Zone-Infrequent Access(S3 One Zone-IA) 사용

4) S3 Intelligent-Tiering 스토리지 사용

해설

S3 Intelligent-Tiering은 데이터 액세스 패턴이 변경되면 성능 및 스토리지 비용을 자동으로 최적화하는 스토리지 서비스이다.

62 기업에서 AWS를 사용하여 새로운 기계 학습 모델 솔루션을 구축하고 있다. 모델은 Amazon S3에서 약 1GB의 모델 데이터를 가져와 시작하는 동안 메모리에 저장하는 독립형 마이크로서비스로 구성된다. 모델은 비동기 API를 통해 사용자가 액세스한다. 사용자는 단일 요청 또는 일괄 요청을 제출하고 결과의 대상을 지정할 수 있다. 수백 명의 사람들이 모델을 사용하며 액세스는 불규칙적이다. 특정 모델은 사용하지 않고 며칠 또는 몇 주가 소요될 수 있다. 다른 모델은 동시에 수백 개의 쿼리를 받을 수 있다.

요구 사항을 충족하려면 어떤 솔루션 아키텍처 접근 방식을 권장해야 하는가?

1) API의 요청은 ALB(Application Load Balancer)로 전송한다. 모델은 ALB에서 호출하는 AWS Lambda 함수로 배포한다.

2) API의 요청은 Amazon Simple Queue Service(Amazon SQS) 대기열 모델로 전송한다. 모델은 SQS 이벤트에 의해 트리거되는 AWS Lambda 함수로 배포

한다. AWS Auto Scaling은 SQS 대기열 크기에 따라 vCPU 수를 늘리기 위해 Lambda에서 활성화한다.

3) API의 요청은 모델의 Amazon Simple Queue Service(Amazon SQS) 대기열로 전송한다. 모델은 대기열에서 읽는 Amazon Elastic Container Service(Amazon ECS) 서비스로 배포한다. AWS App Mesh는 SQS 대기열 크기를 기반으로 ECS 클러스터의 인스턴스를 확장한다.

4) API의 요청은 Amazon Simple Queue Service(Amazon SQS) 대기열 모델로 전송한다. 모델은 Amazon Elastic Container Service(Amazon ECS) 서비스로 배포되며, 대기열 크기에 따라 클러스터 및 서비스 사본 모두에 대해 Amazon ECS에서 AWS Auto Scaling이 활성화된다.

해설

Amazon Simple Queue Service(Amazon SQS)는 마이크로 서비스, 분산 시스템 및 서버리스 애플리케이션을 제공하기 위한 메시지 대기열 서비스이다. 즉 메시지 중심 미들웨어인 것이다.

63 수백 대의 에지 장치에서 1TB의 상태 알림이 생성된다. 각 경고의 파일 크기는 약 2KB다. 솔루션 아키텍트는 추가 조사를 위해 경고를 수집하고 저장하는 시스템을 제공해야 한다. 회사는 액세스 가능성이 매우 높은 솔루션이 필요하다. 그러나 저비용 구조를 가져야 하며 추가 인프라를 처리하기를 원하지 않는다. 또한 회사는 즉각적인 검사를 위해 14일 동안 데이터를 보유하고 오래된 데이터를 보관할 계획이다.

이러한 요구 사항을 충족하는 가장 최적의 방법은 무엇인가?

1) Amazon Kinesis Data Firehose 전송 스트림을 생성하여 알림을 수집한다. Amazon S3 버킷에 알림을 전달하도록 Kinesis Data Firehose 스트림을 구성한다. 14일 후에 데이터를 Amazon S3 Glacier로 전환하도록 S3 수명 주기 구성을 설정한다.

2) 두 가용 영역에서 Amazon EC2 인스턴스를 시작하고 Elastic Load Balancer 뒤에 배치하여 알림을 수집한다. Amazon S3 버킷에 경고를 저장할 EC2 인스턴스에 대한 스크립트를 생성한다. 14일 후에 데이터를 Amazon S3 Glacier로 전환하도록 S3 수명 주기 구성을 설정한다.

3) Amazon Kinesis Data Firehose 전송 스트림을 생성하여 알림을 수집한다. Amazon Elasticsearch Service(Amazon ES) 클러스터에 알림을 전달하도록 Kinesis Data Firehose 스트림을 구성한다. Amazon ES 클러스터를 설정하여 매일 수동 스냅샷을 만들고 클러스터에서 14일이 지난 데이터를 삭제한다.

4) Amazon Simple Queue Service(Amazon SQS) 표준 대기열을 생성하여 알림을 수집하고 메시지 보존 기간을 14일로 설정한다. SQS 대기열을 폴링하고, 메시지의 수명을 확인하고, 필요에 따라 메시지 데이터를 분석하도록 소비자를 구성한다. 메시지가 14일이 지난 경우 소비자는 메시지를 Amazon S3 버킷에 복사하고 SQS 대기열에서 메시지를 삭제한다.

해설

장기간 비용 최적화로 보관할 때는 Amazon S3 Glacier를 사용한다.

64 회사는 2계층 이미지 처리 프로그램을 운영한다. 애플리케이션은 각각 고유한 퍼블릭 서브넷과 프라이빗 서브넷이 있는 두 개의 가용 영역으로 나뉜다. 웹 계층의 ALB(Application Load Balancer)는 퍼블릭 서브넷을 사용한다. 프라이빗 서브넷은 애플리케이션 계층의 Amazon EC2 인스턴스에서 사용된다. 사용자에 따르면 프로그램이 예상 성능보다 느리다. 보안 감사에 따르면 애플리케이션은 소수의 IP 주소에서 수백만 건의 무단 요청을 수신하고 있다. 회사는 영구적인 솔루션을 찾는 동안 솔루션 아키텍트는 빠르게 성능 문제를 해결해야 한다.

요구 사항을 충족하려면 어떤 솔루션 아키텍처 접근 방식을 권장해야 하는가?

1) 웹 계층에 대한 인바운드 보안 그룹을 수정한다. 리소스를 소비하는 IP 주소에 대한 거부 규칙을 추가한다.
2) 웹 계층 서브넷에 대한 네트워크 ACL을 수정한다. 리소스를 소비하는 IP 주소에 대한 인바운드 거부 규칙을 추가한다.
3) 애플리케이션 계층에 대한 인바운드 보안 그룹을 수정한다. 리소스를 소비하는 IP 주소에 대한 거부 규칙을 추가한다.
4) 애플리케이션 계층 서브넷에 대한 네트워크 ACL을 수정한다. 리소스를 소비하는 IP 주소에 대한 인바운드 거부 규칙을 추가한다.

[해설]

소스IP에 수백만 건의 무단 요청이 발생하기 때문에 NACL(Network Access Control)에 인바운드 규칙을 추가하여 거부한다. NACL은 서브넷(Subnet) 단위로 접근통제를 할 수 있다.

65 애플리케이션 개발자는 사용자가 애플리케이션을 구동하는 Amazon RDS 인스턴스에 대한 대규모 프로덕션 보고서를 실행할 때 애플리케이션이 매우 느려지는 것을 발견했다. 쿼리가 실행되는 동안 RDS 인스턴스의 CPU 및 메모리 사용량 지표는 60%를 초과하지 않는다. 사용자는 응용 프로그램의 기능을 손상시키지 않고 보고서를 생성할 수 있어야 한다.

이를 달성하려면 어떤 조치가 필요한가?

1) RDS 인스턴스의 크기를 늘린다.
2) 읽기 전용 복제본을 생성하고 여기에 애플리케이션을 연결한다.
3) RDS 인스턴스에서 여러 가용 영역을 활성화한다.
4) 읽기 전용 복제본을 만들고 비즈니스 보고서를 여기에 연결한다.

[해설]

읽기 전용 복제본을 만들고 비즈니스 보고서를 연결한다.

66 기업은 각 개발자 계정에 대해 Amazon S3 버킷으로 로그 파일을 전송하도록 AWS CloudTrail 로그를 구성했다. 회사는 관리 및 감사를 용이하게 하기 위해 중앙 집중식 AWS 계정을 설정했다. 내부 감사자는 CloudTrail 로그에 액세스해야 하지만 모든 개발자 계정 사용자에 대한 액세스는 제한되어야 한다. 솔루션은 안전하고 효율적이어야 한다.

솔루션 아키텍트는 이러한 고려 사항을 어떻게 해결해야 하는가?

1) 각 개발자 계정에서 AWS Lambda 함수를 구성하여 로그 파일을 중앙 계정에 복사한다. 감사자의 중앙 계정에서 IAM 역할을 생성한다. 버킷에 읽기 전용 권한을 제공하는 IAM 정책을 연결한다.

2) 각 개발자 계정에서 CloudTrail을 구성하여 로그 파일을 중앙 계정의 S3 버킷으로 전달한다. 감사자의 중앙 계정에 IAM 사용자를 생성한다. 버킷에 대한 전체 권한을 제공하는 IAM 정책을 연결한다.

3) 각 개발자 계정에서 CloudTrail을 구성하여 로그 파일을 중앙 계정의 S3 버킷으로 전달한다. 감사자의 중앙 계정에서 IAM 역할을 생성한다. 버킷에 읽기 전용 권한을 제공하는 IAM 정책을 연결한다.

4) 각 개발자 계정의 S3 버킷에서 로그 파일을 복사하도록 중앙 계정에서 AWS Lambda 함수를 구성한다. 감사자의 중앙 계정에 IAM 사용자를 생성한다. 버킷에 대한 전체 권한을 제공하는 IAM 정책을 연결한다.

해설

- CloudTrail은 AWS 인프라 전체의 활동을 모니터링할 수 있는 서비스로 사용자 계정을 추적하거나 API를 추적할 수 있다.
- 문제에서 감시 및 모니터링을 위한 별도의 AWS 계정을 생성하고 S3에 로그를 저장하고 있으므로 해당 계정에 읽기 전용 권한을 부여해야 한다.

67 기업은 향후 연구를 위해 사용자 데이터를 수집하고 유지 관리하는 응용 프로그램을 개발했다. Amazon EC2 인스턴스에서 애플리케이션의 정적 프런트 엔드가 설치된다. 프런트 엔드 애플리케이션은 다른 EC2 인스턴스에서 호스팅되는 백엔드 애플리케이션과 통신한다. 데이터는 이후 백엔드 애플리케이션에 의해 Amazon RDS에 저장된다.

솔루션 아키텍트는 아키텍처를 분리하고 확장하기 위해 무엇을 해야 하는가?

1) Amazon S3를 사용하여 백엔드 애플리케이션을 실행하기 위해 Amazon EC2에 요청을 보내는 프런트 엔드 애플리케이션을 제공한다. 백엔드 애플리케이션은 Amazon RDS에서 데이터를 처리하고 저장한다.

2) Amazon S3를 사용하여 프런트 엔드 애플리케이션을 제공하고 Amazon Simple Notification Service(Amazon SNS) 주제에 대한 요청을 작성한다. 주제의 HTTP/HTTPS 엔드포인트에 Amazon EC2 인스턴스를 구독하고 Amazon RDS에서 데이터를 처리 및 저장한다.

3) EC2 인스턴스를 사용하여 프런트 엔드를 제공하고 Amazon SQS 대기열에 요청을 작성한다. 백엔드 인스턴스를 Auto Scaling 그룹에 배치하고 대기열 깊이에 따라 확장하여 Amazon RDS에서 데이터를 처리하고 저장한다.

4) Amazon S3를 사용하여 정적 프런트 엔드 애플리케이션을 제공하고 Amazon SQS 대기열에 요청을 쓰는 Amazon API Gateway에 요청을 보낸다. 백엔드 인스턴스를 Auto Scaling 그룹에 배치하고 대기열 깊이에 따라 확장하여 Amazon RDS에서 데이터를 처리하고 저장한다.

해설

정적 콘텐츠는 S3에 저장하고 Amazon SQS 요청을 Amazon API Gateway로 보낸다. 그리고 요청이 너무 많으면 Auto Scaling으로 확장하고 최종적으로 RDS에 저장한다.

68 매달 임대 회사는 PDF 명세서를 준비하여 모든 고객에게 전달한다. 각 명령문의 길이는 약 400KB다. 고객은 명세서가 생성된 후 최대 30일 동안 웹사이트에서 명세서를 얻을 수 있다. 고객은 3년 임대 계약이 종료될 때 모든 명세서가 포함된 ZIP 파일을 받게 된다.

이 상황에서 가장 비용 효율적인 저장 방법은 무엇인가?

1) Amazon S3 Standard 스토리지 클래스를 사용하여 명령문을 저장한다. 1일 후에 명령문을 Amazon S3 Glacier 스토리지로 이동하는 수명 주기 정책을 생성한다.

2) Amazon S3 Glacier 스토리지 클래스를 사용하여 명령문을 저장한다. 30일 후에 명령문을 Amazon S3 Glacier Deep Archive 스토리지로 이동하는 수명 주기 정책을 생성한다.

3) Amazon S3 Standard 스토리지 클래스를 사용하여 명령문을 저장한다. 30일 후에 명령문을 Amazon S3 One Zone-Infrequent Access(S3 One Zone-IA) 스토리지로 이동하는 수명 주기 정책을 생성한다.

4) Amazon S3 Standard-Infrequent Access(S3 Standard-IA) 스토리지 클래스를 사용하여 명령문을 저장한다. 30일 후에 명령문을 Amazon S3 Glacier 스토리지로 이동하는 수명 주기 정책을 생성한다.

해설

S3 Standard-Infrequent Access는 자주 액세스하지 않지만 빠르게 액세스해야 하는 경우에 적합한 스토리지이다. GB(Giga Byte)당 스토리지 요금과 검색 요금이 부여된다. 또한 장기간 보관용으로는 Amazon S3 Glacier를 사용한다.

69 회사의 전자 상거래 사이트 방문자 수가 증가하고 있다. 회사의 상점은 웹 계층과 별도의 데이터베이스 계층이 있는 Amazon EC2 인스턴스에서 2계층 2애플리케이션으로 구현된다. 트래픽이 증가함에 따라 조직은 설계로 인해 소비자에게 적시에 마케팅 및 구매 확인 이메일을 전달하는 데 심각한 지연을 감지한다. 조직은 어려운 이메일 전달 문제를 해결하는 데 소요되는 시간을 줄이고 운영 비용을 절감하고자 한다.

이러한 기준이 충족되도록 솔루션 아키텍트는 어떤 조치를 취해야 하는가?

1) 이메일 처리 전용 EC2 인스턴스를 사용하여 별도의 애플리케이션 계층을 생성한다.

2) Amazon Simple Email Service (Amazon SES)를 통해 이메일을 보내도록 웹 인스턴스를 구성한다.

3) Amazon Simple Notification Service(Amazon SNS)를 통해 이메일을 보내도록 웹 인스턴스를 구성한다.

4) 이메일 처리 전용 EC2 인스턴스를 사용하여 별도의 애플리케이션 계층을 생성한다. Auto Scaling 그룹에 인스턴스를 배치한다.

해설

Amazon Simple Email Service(Amazon SES)는 대용량 인바운드와 아웃바운드 이메일 서비스를 제공한다.

70 회사 애플리케이션은 AWS Lambda 기능을 사용한다. 코드 검사 결과 데이터베이스 자격 증명이 Lambda 함수의 소스 코드에 보관되어 회사의 보안 정책을 위반하고 있다. 보안 정책 요구 사항을 준수하려면 자격 증명을 안전하게 유지 관리하고 정기적으로 자동으로 순환해야 한다.

솔루션 아키텍트는 이러한 요구 사항을 충족하는 가장 안전한 방법으로 무엇을 제안해야 하는가?

1) AWS CloudHSM에 암호를 저장한다. 키 ID를 사용하여 CloudHSM에서 암호를 검색할 수 있는 역할과 Lambda 함수를 연결한다. CloudHSM을 사용하여 비밀번호를 자동으로 교체한다.

2) AWS Secrets Manager에 암호를 저장한다. 보안 ID를 사용하여 Secrets Manager에서 비밀번호를 검색할 수 있는 역할과 Lambda 함수를 연결한다. Secrets Manager를 사용하여 암호를 자동으로 교체한다.

3) AWS Key Management Service(AWS KMS)에 암호를 저장한다. 키 ID를 사용하여 AWS KMS에서 암호를 검색할 수 있는 역할과 Lambda 함수를 연결한다. AWS KMS를 사용하여 업로드된 암호를 자동으로 교체한다.

4) 데이터베이스 암호를 Lambda 함수와 연결된 환경 변수로 이동한다. 함수를 호출하여 환경 변수에서 암호를 검색한다. 암호를 자동으로 교체하는 배포 스크립트를 만든다.

해설

자동으로 순환한다는 말은 비밀번호를 변경해야 한다는 의미이다. 자동으로 비밀번호를 변경하기 위해서는 Secrets Manager 서비스를 사용한다.

71 기업에서는 개인 감사기록을 Amazon S3에 저장한다. 최소 권한의 개념에 따라 S3 버킷은 버킷 제한을 구현하여 감사 팀 IAM 사용자 자격 증명에 대한 액세스를 제한한다. 회사 경영진은 S3 버킷에서 의도하지 않은 문서 파괴에 대해 우려하고 있으며 보다 안전한 솔루션이 필요하다.

솔루션 아키텍트는 감사 문서의 보안을 보장하기 위해 어떤 단계를 수행해야 하는가?

1) S3 버킷에서 버전 관리 및 MFA 삭제 기능을 활성화한다.
2) 각 감사 팀 IAM 사용자 계정의 IAM 사용자 자격 증명에 대해 다단계 인증(MFA)을 활성화한다.
3) 감사 날짜 동안 s3:DeleteObject 작업을 거부하기 위해 감사 팀의 IAM 사용자 계정에 S3 수명 주기 정책을 추가한다.
4) AWS Key Management Service(AWS KMS)를 사용하여 S3 버킷을 암호화하고 감사 팀 IAM 사용자 계정이 KMS 키에 액세스하지 못하도록 제한한다.

해설

S3 버킷의 버전 관리를 활성화하면 객체 삭제에 대한 복원을 할 수 있고 MFA 기능을 활성화하여 인증 기능을 강화한다.

72 솔루션 아키텍트가 웹사이트를 개선하고 있다. 애플리케이션은 실시간 스트리밍은 물론 주문형 시청도 가능하다. 이 행사는 전 세계에서 많은 인터넷 사용자를 끌어들일 것으로 예상된다.

실시간 및 주문형 스트리밍 성능을 모두 최적화하는 서비스는 무엇인가?

1) Amazon CloudFront
2) AWS Global Accelerator
3) Amazon Route S3
4) Amazon S3 Transfer Acceleration

해설

영상을 해당 지역의 Cache Server를 이용해서 빠르게 서비스할 수 있는 것은 CloudFront이다.

73 회사 시설의 각 입구에는 배지 판독기가 장착되어 있다. 배지가 스캔되면 판독기는 해당 특정 항목을 입력하려고 시도한 사람을 나타내는 HTTPS 메시지를 전송한다. 솔루션 아키텍트는 이러한 센서 신호를 처리할 시스템을 개발해야 한다. 솔루션은 회사의 보안 직원이 분석할 수 있도록 결과를 제공하여 액세스 가능성이 높아야 한다.

솔루션 아키텍트가 권장해야 하는 시스템 설계는 무엇인가?

1) Amazon EC2 인스턴스를 시작하여 HTTPS 엔드포인트 역할을 하고 메시지를 처리한다. 결과를 Amazon S3 버킷에 저장하도록 EC2 인스턴스를 구성한다.

2) Amazon API Gateway에서 HTTPS 엔드포인트를 생성한다. AWS Lambda 함수를 호출하여 메시지를 처리하고 결과를 Amazon DynamoDB 테이블에 저장하도록 API Gateway 엔드포인트를 구성한다.

3) Amazon Route 53을 사용하여 수신 센서 메시지를 AWS Lambda 함수로 보낸다. 메시지를 처리하고 결과를 Amazon DynamoDB 테이블에 저장하도록 Lambda 함수를 구성한다.

4) Amazon S3용 게이트웨이 VPC 엔드포인트를 생성한다. 센서 데이터가 VPC 엔드포인트를 통해 S3 버킷에 직접 기록될 수 있도록 시설 네트워크에서 VPC로의 Site-to-Site VPN 연결을 구성한다.

[해설]

센서 신호를 수신하기 위해서 HTTPS를 사용하고 있고 API를 호출하여 데이터를 전송하고 있기 때문에 Amazon API Gateway를 사용하고 전송된 데이터는 Lambda 함수를 호출하여 DynamoDB에 저장한다.

74 기업은 AWS를 사용해 문서 스토리지 솔루션을 개발하고 있다. 애플리케이션은 다양한 Amazon EC2 가용 영역에 배포된다. 회사는 접근성이 높은 문서 저장소를 요구한다. 요청 시 문서를 신속하게 반환해야 한다. 수석 엔지니어는 Amazon Elastic Block Store(Amazon EBS)에 문서를 저장하도록 애플리케이션을 설정했지만 가용성 요구 사항을 충족하기 위해 추가 솔루션을 검토할 수 있다.

솔루션 아키텍트는 어떤 권장 사항을 제시해야 하는가?

1) EBS 볼륨을 정기적으로 스냅샷하고 추가 가용 영역에서 해당 스냅샷을 사용하여 새 볼륨을 빌드한다.

2) EC2 인스턴스 루트 볼륨에 Amazon Elastic Block Store(Amazon EBS)를 사용한다. Amazon S3에 문서 저장소를 구축하도록 애플리케이션을 구성한다.

3) EC2 인스턴스 루트 볼륨에 Amazon Elastic Block Store(Amazon EBS)를 사용한다. Amazon S3 Glacier에 문서 저장소를 구축하도록 애플리케이션을 구성한다.

4) EC2 인스턴스에 대해 최소 3개의 프로비저닝된 IOPS EBS 볼륨을 사용한다. RAID 5 구성의 EC2 인스턴스에 볼륨을 탑재한다.

[해설]

EC2 인스턴스의 루트 볼륨은 EBS를 사용하고 자주 변경되지 않는 문서는 S3에 저장해야 한다.

75 기업은 재무 보고 목적으로 AWS 요금을 추적해야 한다. 클라우드 운영 팀은 AWS Organizations 관리 계정의 모든 구성원 계정에 대한 AWS 비용 및 사용 보고서를 쿼리하기 위한 아키텍처를 개발하고 있다. 한 달에 한 번 팀은 이 쿼리를 실행하고 청구서에 대한 전체 분석을 제공해야 한다.

어떤 솔루션이 가장 확장 가능하고 비용 효율적인 방식으로 이러한 요구 사항을 충족하는가?

1) 관리 계정에서 비용 및 사용 보고서를 활성화한다. Amazon Kinesis에 보고서를 전달한다. 분석에 Amazon EMR을 사용한다.

2) 회원 계정에 대한 비용 및 사용 보고서를 활성화한다. 보고서를 Amazon S3에 전달한다. 분석을 위해 Amazon Redshift를 사용한다.

3) 회원 계정에 대한 비용 및 사용 보고서를 활성화한다. 보고서를 Amazon Kinesis에 전달한다. 분석을 위해 Amazon QuickSight를 사용한다.

4) 관리 계정에서 비용 및 사용 보고서를 활성화한다. 보고서를 Amazon S3에 전달한다. 분석에 Amazon Athena를 사용한다.

해설

비용에 대한 관리는 비용관리를 사용하면 된다. 비용관리 데이터 보고서를 S3에 저장하면 Amazon Athena 서비스를 사용해서 S3에 저장된 데이터를 SQL로 쿼리할 수 있다.

76 모든 신규 사용자가 암호 난이도 표준을 충족하고 정기적으로 IAM 사용자 암호를 교체해야 한다.

이를 달성하기 위해 솔루션 아키텍트는 무엇을 해야 하는가?

1) 전체 AWS 계정에 대한 전체 암호 정책을 설정한다.

2) AWS 계정의 각 IAM 사용자에 대한 암호 정책을 설정한다.

3) 타사 공급업체 소프트웨어를 사용하여 암호 요구 사항을 설정한다.

4) Amazon CloudWatch 규칙을 Create_newuser 이벤트에 연결하여 적절한 요구 사항으로 암호를 설정한다.

해설

암호화 난이도 표준은 암호화 정책을 등록하면 된다. 또한 정기적인 암호 변경도 암호정책 메뉴에서 등록하면 된다.

77 회사는 AWS를 사용하여 웹사이트를 호스팅한다. 조직은 극도로 변동하는 수요를 수용하기 위해 Amazon EC2 Auto Scaling을 활용했다. 경영진은 회사가 특히 3계층 애플리케이션의 프런트 엔드에서 인프라를 과도하게 프로비저닝하고 있다고 우려하고 있다. 솔루션 아키텍트는 성능 저하 없이 비용을 최소화해야 한다.

이를 달성하기 위한 솔루션 아키텍트는 무엇을 해야 하는가?

1) 예약 인스턴스에서 Auto Scaling을 사용한다.

2) 예약된 조정 정책으로 Auto Scaling을 사용한다.

3) 일시 중단-재개 기능과 함께 Auto Scaling을 사용한다.

4) 대상 추적 조정 정책과 함께 Auto Scaling을 사용한다.

해설

성능 저하 문제는 Auto Scaling 서비스를 사용하면 되고, 과도한 프로비저닝에 대비하려면 서비스가 필요 없을 때 일시 중단, 재개를 하면 된다. 중단 기간은 비용이 발생하지 않는다.

78 기업에서 AWS Systems Manager를 사용하여 Amazon EC2 인스턴스 집합을 관리하려고 한다. 회사의 보안 요구 사항에 따라 EC2 인스턴스는 인터넷 액세스가 허용되지 않는다. 솔루션 아키텍트는 이 보안 요구 사항을 준수하면서 EC2 인스턴스와 Systems Manager 간의 네트워크 연결 설계를 해야 한다.

어떤 솔루션이 이러한 기준을 충족하는가?

1) EC2 인스턴스를 인터넷 경로가 없는 프라이빗 서브넷에 배포한다.
2) Systems Manager에 대한 인터페이스 VPC 엔드포인트를 구성한다. 끝점을 사용하도록 경로를 업데이트한다.
3) NAT 게이트웨이를 퍼블릭 서브넷에 배포한다. NAT 게이트웨이에 대한 기본 경로를 사용하여 프라이빗 서브넷을 구성한다.
4) 인터넷 게이트웨이를 배포한다. Systems Manager를 제외한 모든 대상에 대한 트래픽을 거부하도록 네트워크 ACL을 구성한다.

해설

VPC 엔드포인트는 VPC에서 연결할 수 있는 특정 엔드포인트 서비스를 제어할 수 있다.

79 기업은 Amazon EC2 인스턴스에서 애플리케이션을 실행한다. 애플리케이션은 us-east-1 리전의 3개 가용 영역 내 프라이빗 서브넷에 배포된다. 파일을 다운로드하려면 인스턴스가 인터넷에 액세스할 수 있어야 한다. 회사는 지역 전체에서 쉽게 액세스할 수 있는 디자인을 찾고 있다.

인터넷 액세스가 중단되지 않도록 하려면 어떤 솔루션을 수행해야 하는가?

1) 각 가용 영역의 프라이빗 서브넷에 NAT 인스턴스를 배포한다.
2) 각 가용 영역의 퍼블릭 서브넷에 NAT 게이트웨이를 배포한다.
3) 각 가용 영역의 프라이빗 서브넷에 전송 게이트웨이를 배포한다.
4) 각 가용 영역의 퍼블릭 서브넷에 인터넷 게이트웨이를 배포한다.

해설

퍼블릭 서브넷에 NAT 게이트웨이가 있어야 프라이빗 서브넷을 할당할 수 있다.

80 애플리케이션은 Amazon EC2 인스턴스를 사용하여 다양한 가용 영역에 배포된다. 인스턴스는 Amazon EC2 Auto Scaling 그룹의 Application Load Balancer 뒤에 배포된다. 프로그램은 Amazon EC2 인스턴스의 CPU 사용량이 40%에 가깝거나 같을 때 최적으로 동작한다.

솔루션 아키텍트는 모든 그룹 인스턴스에서 필요한 성능을 유지하기 위해 무엇을 해야 하는가?

1) Auto Scaling 그룹을 동적으로 확장하려면 간단한 확장 정책을 사용한다.
2) 대상 추적 정책을 사용하여 Auto Scaling 그룹을 동적으로 확장한다.
3) AWS Lambda 함수를 사용하여 원하는 Auto Scaling 그룹 용량을 업데이트한다.
4) 예약된 조정 작업을 사용하여 Auto Scaling 그룹을 확장 및 축소한다.

부하 발생 시에 자동으로 확장할 수 있는 Auto Scaling 그룹을 동적으로 확장해야 한다.

81 회사의 웹 애플리케이션은 Amazon EC2 인스턴스에서 호스팅되며 Application Load Balancer로 보호된다. 이 회사는 최근 정책을 변경하여 단일 국가에서만 애플리케이션에 액세스할 수 있도록 했다.

어떤 솔루션이 이러한 기준을 충족하는가?

1) EC2 인스턴스에 대한 보안 그룹을 구성한다.
2) Application Load Balancer에서 보안 그룹을 구성한다.
3) VPC의 Application Load Balancer에서 AWS WAF를 구성한다.
4) EC2 인스턴스가 포함된 서브넷에 대해 네트워크 ACL을 구성한다.

현재 사용하는 것이 Application Load Balancer이다. 따라서 단일 국가에서만 액세스하는 것을 구성하기 위해서는 WAF(Web Application Firewall)를 구성해야 한다.

82 솔루션 아키텍트는 Amazon EC2 인스턴스 호스팅 공개 웹사이트에서 Amazon S3 버킷으로 정적 콘텐츠를 마이그레이션하고 있다. 정적 자산은 Amazon CloudFront 배포를 사용하여 배포된다. EC2 인스턴스의 보안 그룹은 IP 범위의 하위 집합에 대한 액세스를 제한한다. 정적 자산에 대한 접근은 유사한 방식으로 규제되어야 한다.

어떤 솔루션이 이러한 기준을 충족하는가?
(2개를 선택하세요.)

1) 오리진 액세스 ID(OAI)를 생성하고 이를 배포와 연결한다. OAI만 객체를 읽을 수 있도록 버킷 정책의 권한을 변경한다.
2) EC2 보안 그룹에 존재하는 것과 동일한 IP 제한을 포함하는 AWS WAF 웹 ACL을 생성한다. 이 새 웹 ACL을 CloudFront 배포와 연결한다.
3) 현재 EC2 보안 그룹에 존재하는 것과 동일한 IP 제한을 포함하는 새 보안 그룹을 생성한다. 이 새 보안 그룹을 CloudFront 배포와 연결한다.
4) 현재 EC2 보안 그룹에 존재하는 것과 동일한 IP 제한을 포함하는 새 보안 그룹을 생성한다. 이 새 보안 그룹을 정적 콘텐츠를 호스팅하는 S3 버킷과 연결한다.
5) 새 IAM 역할을 생성하고 해당 역할을 배포와 연결한다. 새로 생성된 IAM 역할만 읽기 및 다운로드 권한을 갖도록 S3 버킷 또는 S3 버킷 내의 파일에 대한 권한을 변경한다.

S3 버킷에서 제공하는 콘텐츠에 접근을 제한하기 위해서는 원본 액세스 ID(OAI)라는 것을 CloudFront와 연결한다. CloudFront에서 OAI를 사용하면 버킷의 파일에 대해서 S3 버킷 권한을 구성할 수 있다.

83 회사는 다중 계층 애플리케이션을 운영하는 데 AWS를 사용한다. Amazon EC2는 프런트 엔드 및 백엔드 계층을 모두 호스팅하는 반면, Amazon RDS for MySQL은 데이터베이스를 호스팅한다. 백엔드 계층은 RDS 인스턴스와의 통신을 담당한다. 동일한 데이터 세트를 얻기 위해 데이터베이스에 대한 요청이 많아 성능이 저하된다.

백엔드의 성능을 최적화하려면 어떤 작업을 수행해야 하는가?

1) Amazon SNS를 구현하여 데이터베이스 호출을 저장한다.

2) Amazon ElastiCache를 구현하여 대규모 데이터 세트를 캐시한다.

3) RDS for MySQL 읽기 전용 복제본을 구현하여 데이터베이스 호출을 캐시한다.

4) Amazon Kinesis Data Firehose를 구현하여 데이터베이스에 대한 호출을 스트리밍한다.

해설

Amazon ElastiCache는 In-memory 캐싱서비스로 대규모 데이터베이스를 캐시하고 고성능의 응답으로 제공한다.

84 회사는 지점 사무실에서 가상화된 컴퓨팅 리소스가 없는 작은 데이터 클로짓에서 애플리케이션을 실행한다. 애플리케이션의 데이터는 NFS(네트워크 파일 시스템) 볼륨에 저장된다. 규정 준수 요구 사항에 따라 NFS 볼륨의 일일 오프사이트 백업이 필요하다.

어떤 솔루션이 이러한 기준을 충족하는가?

1) AWS Storage Gateway 파일 게이트웨이를 온프레미스에 설치하여 Amazon S3에 데이터를 복제한다.

2) AWS Storage Gateway 파일 게이트웨이 하드웨어 어플라이언스를 온프레미스에 설치하여 데이터를 Amazon S3에 복제한다.

3) 데이터를 Amazon S3에 복제하기 위해 온프레미스에 볼륨이 저장된 AWS Storage Gateway 볼륨 게이트웨이를 설치한다.

4) 온프레미스에 캐시된 볼륨이 있는 AWS Storage Gateway 볼륨 게이트웨이를 설치하여 Amazon S3에 데이터를 복제한다.

해설

네트워크에 연결되지 않는 NFS 볼륨에 대해서 매일 백업을 수행해야 한다. 따라서 AWS Storage Gateway를 온프레미스에 설치하고 S3로 백업한다.

85 회사에서 AWS를 사용하여 전 세계 소비자를 위한 선거 보고 웹사이트를 호스팅하고 있다. 웹사이트는 웹 및 애플리케이션 계층용 Application Load Balancer가 있는 Auto Scaling 그룹의 Amazon EC2 인스턴스를 사용한다. 데이터베이스 계층은 MySQL용 Amazon RDS로 구동된다. 웹사이트는 선거 결과로 한 시간에 한 번씩 업데이트되며 이전에는 수백 명이 데이터를 확인했다. 이 회사는 많은 국가에서 임박한 선거의 결과로 앞으로 몇 달 동안 수요가 크게 증가할 것으로 예상한다. 솔루션 아키텍트의 목표는 더 많은 EC2 인스턴스에 대한 요구 사항을 제한하면서 증가하는 수요를 관리할 수 있는 웹사이트의 용량을 늘리는 것이다.

어떤 솔루션이 이러한 기준을 충족하는가?

1) Amazon ElastiCache 클러스터를 시작하여 공통 데이터베이스 쿼리를 캐시한다.

2) Amazon CloudFront 웹 배포를 시작하여 일반적으로 요청되는 웹사이트 콘텐츠를 캐시한다.

3) EC2 인스턴스에서 디스크 기반 캐싱을 활성화하여 일반적으로 요청되는 웹사이트 콘텐츠를 캐시한다.

4) 일반적으로 요청되는 웹사이트 콘텐츠에 대해 캐싱이 활성화된 EC2 인스턴스를 사용하여 역방향 프록시를 배포한다.

해설

Amazon CloudFront 서비스의 Cache Server를 사용하면 웹사이트 콘텐츠를 캐시하여 빠르게 서비스할 수 있다.

86 기업은 인터넷을 통해 액세스할 수 있는 웹 응용 프로그램을 개발 중이다. 애플리케이션은 Amazon RDS MySQL 다중 AZ DB 인스턴스를 활용하여 민감한 사용자 데이터를 저장하는 Linux 인스턴스용 Amazon EC2에서 호스팅한다. 퍼블릭 서브넷은 EC2 인스턴스에 사용되는 반면, 프라이빗 서브넷은 RDS DB 인스턴스에 사용된다. 보안 팀은 데이터베이스 인스턴스에 대한 웹 기반 공격을 방지할 것을 요구했다.

솔루션 아키텍트는 어떤 권장 사항을 제시해야 하는가?

1) EC2 인스턴스가 Auto Scaling 그룹의 일부이고 Application Load Balancer 뒤에 있는지 확인한다. 의심스러운 웹 트래픽을 삭제하도록 EC2 인스턴스 iptables 규칙을 구성한다. DB 인스턴스에 대한 보안 그룹을 생성한다. 개별 EC2 인스턴스에서 들어오는 포트 3306만 허용하도록

RDS 보안 그룹을 구성한다.

2) EC2 인스턴스가 Auto Scaling 그룹의 일부이고 Application Load Balancer 뒤에 있는지 확인한다. DB 인스턴스를 EC2 인스턴스가 있는 동일한 서브넷으로 이동한다. DB 인스턴스에 대한 보안 그룹을 생성한다. 개별 EC2 인스턴스에서 들어오는 포트 3306만 허용하도록 RDS 보안 그룹을 구성한다.

3) EC2 인스턴스가 Auto Scaling 그룹의 일부이고 Application Load Balancer 뒤에 있는지 확인한다. AWS WAF를 사용하여 위협에 대한 인바운드 웹 트래픽을 모니터링한다. 웹 애플리케이션 서버용 보안 그룹과 DB 인스턴스용 보안 그룹을 생성한다. 웹 응용 프로그램 서버 보안 그룹에서 들어오는 포트 3306만 허용하도록 RDS 보안 그룹을 구성한다.

4) EC2 인스턴스가 Auto Scaling 그룹의 일부이고 Application Load Balancer 뒤에 있는지 확인한다. AWS WAF를 사용하여 위협에 대한 인바운드 웹 트래픽을 모니터링한다. 트래픽이 많은 경우 새 DB 인스턴스를 자동으로 생성하도록 Auto Scaling 그룹을 구성한다. RDS DB 인스턴스에 대한 보안 그룹을 생성한다. 포트 3306 인바운드만 허용하도록 RDS 보안 그룹을 구성한다.

해설

웹 기반 공격은 WAF(Web Application Firewall)를 통해서 방어하고 RDS의 MySQL은 3306 포트를 사용하기 때문에 보안 그룹에서 허용된 트래픽한 허용해야 한다.

87 기업에서는 Amazon S3를 사용해 날씨 기록을 저장한다. 기록은 회사 웹사이트의 도메인 이름을 참조하는 URL을 통해 액세스된다. 구독을 통해 전 세계 사용자가 이 자료에 액세스할 수 있다. 회사의 핵심 도메인 이름은 타사 운영자가 호스팅하지만, 이 회사는 최근 일부 서비스를 Amazon Route 53으로 이전했다. 회사는 계약을 통합하고, 사용자 지연 시간을 최소화하고, 구독자에게 애플리케이션을 제공하는 비용을 낮추려고 한다.

어떤 솔루션이 이러한 기준을 충족하는가?

1) Amazon CloudFront에서 웹 배포를 생성하여 애플리케이션에 대한 S3 콘텐츠를 제공한다. CloudFront 배포를 가리키는 Amazon Route 53 호스팅 영역에서 ALIAS 레코드를 생성하여 애플리케이션의 URL 도메인 이름을 확인한다.

2) Amazon CloudFront에서 웹 배포를 생성하여 애플리케이션에 대한 S3 콘텐츠를 제공한다. CloudFront 배포를 가리키는 Route 53 호스팅 영역에서 CNAME 레코드를 생성하여 애플리케이션의 URL 도메인 이름을 확인한다.

3) 애플리케이션에 대한 Route 53 호스팅 영역에서 A 레코드를 생성한다. 웹 애플리케이션에 대한 Route 53 트래픽 정책을 생성하고 지리적 위치 규칙을 구성한다. 엔드포인트의 상태를 확인하고 엔드포인트가 비정상인 경우 DNS 쿼리를 다른 엔드포인트로 라우팅하도록 상태 확인을 구성한다.

4) 애플리케이션에 대한 Route 53 호스팅 영역에서 A 레코드를 생성한다. 웹 애플리케이션에 대한 Route 53 트래픽 정책을 생성하고 지리 근접 규칙을 구성한다.

엔드포인트의 상태를 확인하고 엔드포인트가 비정상인 경우 DNS 쿼리를 다른 엔드포인트로 라우팅하도록 상태 확인을 구성한다.

해설

Amazon Route 53 서비스에서 ALIAS(별칭)를 생성하면 AWS 리소스만으로 쿼리를 리다이렉션할 수 있다.

88 솔루션 아키텍트는 온프레미스에서 AWS로 데이터베이스를 마이그레이션하기 위한 솔루션을 설계해야 한다. 데이터베이스 관리자에 따르면 데이터베이스에는 64,000IOPS가 필요하다. 가능한 경우 데이터베이스 관리자는 단일 Amazon Elastic Block Store(Amazon EBS) 볼륨에서 데이터베이스 인스턴스를 호스팅하려고 한다.

데이터베이스 관리자의 요구 사항을 가장 효과적으로 충족시키는 옵션은 무엇인가?

1) EC2 I3 I/O 최적화 제품군의 인스턴스를 사용하고 로컬 임시 스토리지를 활용하여 IOPS 요구 사항을 달성한다.

2) Amazon Elastic File System(Amazon EFS) 볼륨을 생성하여 데이터베이스 인스턴스에 매핑하고 볼륨을 사용하여 데이터베이스에 필요한 IOPS를 달성한다.

3) 두 개의 볼륨을 프로비저닝하고 각각에 32,000IOPS를 할당한다. IOPS 요구 사항을 달성하기 위해 두 볼륨을 집계하는 논리 볼륨을 운영 체제 수준에서 만든다.

4) Amazon Elastic Block Store(Amazon EBS) 프로비저닝된 IOPS SSD(io1) 볼륨이 연결된 Nitro 기반 Amazon EC2 인스턴스를 생성한다. 64,000IOPS를 갖도록 볼륨을 구성한다.

87 1 88 4 **정답**

프로비저닝된 SSD는 99.999%의 내구성을 제공하면 64,000 이상 혹은 1,000Mib/s 이상의 처리량을 제공한다.

89 솔루션 아키텍트는 AWS 클라우드에 배포할 새 애플리케이션에 대한 아키텍처를 생성해야 한다. Amazon EC2 온디맨드 인스턴스는 애플리케이션을 실행하는 데 사용되며 다른 가용 영역에서 자동으로 확장된다. 하루 종일 EC2 인스턴스는 주기적으로 확장 및 축소된다. 부하 분산은 ALB(Application Load Balancer)에서 처리한다. 아키텍처는 분산된 세션 데이터를 관리할 수 있어야 한다. 회사는 코드에 필요한 조정을 할 준비가 되어 있다.

솔루션 아키텍트는 분산 세션 데이터 관리가 가능하도록 하기 위해 어떤 설계를 해야 하는가?

1) Amazon ElastiCache를 사용하여 세션 데이터를 관리하고 저장한다.
2) ALB의 세션 선호도(고정 세션)를 사용하여 세션 데이터를 관리한다.
3) AWS Systems Manager의 Session Manager를 사용하여 세션을 관리한다.
4) AWS Security Token Service(AWS STS)에서 GetSessionToken API 작업을 사용하여 세션을 관리한다.

Amazon ElastiCache는 세션 스토어, 게임 리더보드, 스트리밍 및 분석과 같이 내구성이 필요하지 않는 기본 데이터 스토어로 사용할 수 있다.

90 회사는 계층적 디렉터리 구조가 필요한 애플리케이션을 실행하기 위해 VPC 내에 여러 Amazon EC2 Linux 인스턴스를 사용하고 있다. 앱은 빠르고 동시에 공유 저장소에 액세스하고 쓸 수 있어야 한다.

어떤 솔루션이 이러한 기준을 충족하는가?

1) Amazon Elastic File System(Amazon EFS)을 생성하고 각 EC2 인스턴스에서 탑재한다.
2) Amazon S3 버킷을 생성하고 VPC의 모든 EC2 인스턴스에서 액세스를 허용한다.
3) Amazon Elastic Block Store(Amazon EBS) 프로비저닝된 IOPS SSD(io1) 볼륨에 파일 시스템을 생성한다. 볼륨을 모든 EC2 인스턴스에 연결한다.
4) 각 EC2 인스턴스에 연결된 Amazon Elastic Block Store(Amazon EBS) 볼륨에 파일 시스템을 생성한다. 다양한 EC2 인스턴스에서 Amazon Elastic Block Store(Amazon EBS) 볼륨을 동기화한다.

Amazon Elastic File System(Amazon EFS)은 파일이 추가, 삭제될 때 자동으로 확장 및 축소되는 스토리지이다. 본 문제의 EC2 인스턴스에서 EFS를 사용해야 한다. EFS는 공유 파일 시스템을 구성할 수 있다.

91 기업은 사용자 데이터를 저장하는 데 AWS를 사용한다. 데이터는 지속적으로 액세스되며 작업 시간 동안 최대 사용량이 발생한다. 액세스 패턴은 다양하며 일부 데이터는 액세스하지 않고 몇 개월이 걸린다. 솔루션 아키텍트는 높은 수준의 가용성을 유지하면서 비용 효율적이고 내구성 있는 솔루션을 선택해야 한다.

이 기준을 충족하는 스토리지 옵션은 무엇인가?

1) Amazon S3 Standard
2) Amazon S3 Intelligent-Tiering
3) Amazon S3 Glacier Deep Archive
4) Amazon S3 One Zone-Infrequent Access(S3 One Zone-IA)

해설

Amazon S3 Intelligent-Tiering은 데이터 액세스 패턴이 변경되었을 때 성능에 영향 없이 스토리지 비용을 자동으로 최적하는 서비스를 제공한다. Amazon S3 Intelligent-Tiering은 액세스 패턴이 변경되는 경우에 적합한 서비스이다.

92 클래식 애플리케이션을 AWS로 마이그레이션하는 것을 고려하고 있다. 현재 애플리케이션은 NFS를 통해 온프레미스 스토리지 시스템과 통신한다. NFS 이외의 다른 통신 프로토콜을 사용하여 이 기능을 수행하도록 프로그램을 변경할 수 없다.

어떤 솔루션이 이러한 기준을 충족하는가?

1) AWS DataSync
2) Amazon Elastic Block Store(Amazon EBS)
3) Amazon Elastic File System(Amazon EFS)
4) Amazon EMR 파일 시스템(Amazon EMRFS)

해설

문제는 공유 파일 시스템을 제공할 수 있는 방법을 묻고 있는 것이다. 따라서 EFS 스토리지 서비스를 사용해야 한다.

93 회사는 많은 웹사이트를 호스팅한다. 하위 도메인에 따르면 이러한 웹사이트를 방문하는 모든 사람은 적절한 백엔드 Amazon EC2 인스턴스로 연결된다. 정적 웹 페이지, 그림, PHP, JavaScript와 같은 서버 측 프로그래밍은 모두 웹사이트에서 호스팅된다. 특정 웹사이트는 비즈니스 시작 후 처음 2시간 동안 트래픽이 급증한 후 나머지 시간 동안 지속적으로 사용된다. 솔루션 아키텍트는 비용 효율적이면서도 특정 트래픽 패턴에 자동으로 용량을 조정하는 시스템을 구축해야 한다.

요구 사항에 적합한 AWS 서비스 또는 기능 조합은 무엇인가? (2개를 선택하세요.)

1) AWS Batch
2) Network Load Balancer
3) Application Load Balancer
4) Amazon EC2 Auto Scaling
5) Amazon S3 website hosting

해설

애플리케이션 계층에서 Auto Scaling을 수행해야 하므로 Application Load Balancer와 Auto Scaling 서비스가 필요하다.

94 회사는 온프레미스 NAS(Network Attached Storage)를 Amazon Web Services(AWS)로 마이그레이션하려고 한다. 회사는 VPC 내부의 모든 Linux 인스턴스에서 데이터에 액세스할 수 있도록 하고 데이터 저장소에 대한 변경 사항이 이를 사용하는 모든 인스턴스에서 즉시 동기화되도록 보장해야 한다. 대량의 데이터는 드물게 보는 반면, 특정 파일은 많은 사람들이 동시에 읽는다.

이 기준을 충족하고 가장 비용 효율적인 옵션은 무엇인가?

1) 데이터가 포함된 Amazon Elastic Block Store(Amazon EBS) 스냅샷을 생성한다. VPC 내의 사용자와 공유한다.

2) 적절한 일 수 후에 데이터를 S3 Standard-Infrequent Access(S3 Standard-IA)로 전환하도록 설정된 수명 주기 정책이 있는 Amazon S3 버킷을 생성한다.

3) VPC 내에 Amazon Elastic File System(Amazon EFS)을 생성한다. 처리량 모드를 프로비저닝됨으로 설정하고 동시 사용을 지원하는 데 필요한 IOPS 양으로 설정한다.

4) VPC 내에 Amazon Elastic File System(Amazon EFS)을 생성한다. 적절한 일 수 후에 데이터를 EFS IA(EFS Infrequent Access)로 전환하도록 수명 주기 정책을 설정한다.

해설

문제가 비용 효율적인 옵션을 질문하고 있으므로 EFS IA(EFS Infrequent Access)가 된다. EFS IA는 스토리지가 확장되면 해당 애플리케이션의 모든 파일에 대한 액세스 가능 가능성이 줄어들고 사용 패턴도 바뀔 수가 있다. 따라서 정기적으로 액세스하지 않는 파일에 비용 최적화를 제공한다.

---

95 회사는 수년 동안 Amazon RDS 인스턴스에 분석 데이터를 저장했다. 회사는 데이터에 액세스하는 API를 개발하기 위해 솔루션 아키텍트를 고용했다. 프로그램은 유휴 기간이 있을 것으로 예상되지만 몇 초 안에 트래픽이 급증할 수 있다.

솔루션 아키텍트는 이러한 기준이 충족되도록 어떤 설계를 해야 하는가?

1) Amazon API Gateway를 설정하고 Amazon ECS를 사용한다.

2) Amazon API Gateway를 설정하고 AWS Elastic Beanstalk를 사용한다.

3) Amazon API Gateway를 설정하고 AWS Lambda 함수를 사용한다.

4) Amazon API Gateway를 설정하고 Auto Scaling과 함께 Amazon EC2를 사용한다.

해설

AWS Lambda 함수를 사용해서 RDS로 접근하고 서비스할 수 있다. AWS Lambda는 자동으로 데이터 볼륨과 일치하도록 크기를 조정하고 대규모 파일 처리를 위해서 병렬 공유 액세스를 지원한다.

---

96 기업은 모든 이메일을 7년 동안 외부에 저장 및 보존해야 하는 규제 의무를 준수해야 한다. 관리자가 온프레미스에서 압축된 이메일 파일을 준비했으며 관리형 서비스를 통해 데이터를 AWS 스토리지로 전송해야 한다.

솔루션 아키텍트가 추천해야 하는 관리형 서비스는 무엇인가?

1) Amazon Elastic File System(Amazon EFS)

2) Amazon S3 Glacier

3) AWS Backup

4) AWS Storage Gateway

해설

AWS Storage Gateway는 클라우드 스토리지 액세스를 위해서 온프레미스에 제공하는 하이브리드 클라우드 스토리지이다.

97 기업이 인프라를 온프레미스에서 AWS 클라우드로 이전하고 있다. 회사의 앱 중 하나는 DFSR(분산 파일 시스템 복제)을 활용하여 데이터 일관성을 유지하는 Windows 파일 서버 팜에 데이터를 저장한다. 솔루션 아키텍트는 서버팜을 교체해야 한다.

솔루션 아키텍트는 어떤 서비스를 사용해야 하는가?

1) Amazon Elastic File System(Amazon EFS)
2) Amazon FSx
3) Amazon S3
4) AWS Storage Gateway

해설

Amazon FSx는 공유 스토리지를 위해서 NetApp, ONTAP, OpenZFS, Windows 파일 서버 및 Lustre를 선택할 수 있다.

98 AWS에서 기업은 고성능 컴퓨팅(HPC) 워크로드를 운영한다. 밀접하게 연결된 노드 간 통신을 통해 낮은 네트워크 대기 시간과 높은 네트워크 처리량을 필요로 했다. Amazon EC2 인스턴스는 기본 구성으로 시작되며 계산 및 스토리지 기능에 맞게 적절하게 확장된다.

솔루션 아키텍트는 워크로드의 성능을 최적화하기 위해 무엇을 해야 하는가?

1) Amazon EC2 인스턴스를 시작하는 동안 클러스터 배치 그룹을 선택한다.
2) Amazon EC2 인스턴스를 시작하는 동안 전용 인스턴스 테넌시를 선택한다.
3) Amazon EC2 인스턴스를 시작하는 동안 Elastic Inference 액셀러레이터를 선택한다.

4) Amazon EC2 인스턴스를 시작하는 동안 필요한 용량 예약을 선택한다.

해설

고성능 컴퓨팅(High Performance Computing)을 위해서 클러스터 배치 그룹으로 짧은 지연 시간에 고성능을 얻을 수 있다.

99 회사에는 처리할 페이로드가 포함된 메시지를 보내는 응용 프로그램과 페이로드가 포함된 메시지를 받는 응용 프로그램의 두 가지 응용 프로그램이 있다. 회사는 두 앱 간의 통신을 관리하기 위해 Amazon Web Services(AWS) 솔루션을 만들어야 한다. 발신자 프로그램은 매시간 약 1,000개의 메시지를 보낼 수 있다. 통신 처리에는 최대 2일이 소요될 수 있다. 메시지가 처리되지 않으면 후속 메시지 처리를 방해하지 않도록 보관해야 한다.

어떤 솔루션이 이러한 요구 조건을 충족하고 운영 효율성 측면에서 가장 최적인가?

1) Redis 데이터베이스를 실행하는 Amazon EC2 인스턴스를 설정한다. 인스턴스를 사용하도록 두 애플리케이션을 모두 구성한다. 메시지를 각각 저장, 처리 및 삭제한다.
2) Amazon Kinesis 데이터 스트림을 사용하여 발신자 애플리케이션에서 메시지를 수신한다. 처리 애플리케이션을 Kinesis 클라이언트 라이브러리(KCL)와 통합한다.
3) 발신자 및 프로세서 애플리케이션을 Amazon Simple Queue Service(Amazon SQS) 대기열과 통합한다. 처리에 실패한 메시지를 수집하도록 배달 못한 메시지 대기열을 구성한다.

4) 처리할 알림을 수신하려면 처리 애플리케이션을 Amazon Simple Notification Service(Amazon SNS) 주제에 등록한다. SNS 주제에 쓸 발신자 애플리케이션을 통합한다.

해설

Amazon Simple Queue Service(Amazon SQS)는 메시지를 처리하기 위한 대기열 서비스로 실패한 메시지를 수집하여 배달 못한 메시지에 대해서 대기열을 구성해야 한다.

100 기업은 ELB Application Load Balancer를 통해 라우팅되는 Amazon EC2 인스턴스에서 웹사이트를 호스팅한다. DNS는 Amazon Route 53을 통해 처리된다. 회사는 웹사이트를 사용할 수 없게 된 경우 사용자가 연락할 수 있는 메시지, 전화번호 및 이메일 주소가 포함된 백업 웹사이트를 구축하려고 한다.

솔루션 아키텍트는 이것을 어떻게 구현해야 하는가?

1) 백업 웹사이트에 Amazon S3 웹사이트 호스팅을 사용하고 Route 53 장애 조치 라우팅 정책을 사용한다.

2) 백업 웹사이트에 Amazon S3 웹사이트 호스팅을 사용하고 Route 53 지연 라우팅 정책을 사용한다.

3) 다른 AWS 리전에 애플리케이션을 배포하고 장애 조치 라우팅을 위해 ELB 상태 확인을 사용한다.

4) 다른 AWS 리전에 애플리케이션을 배포하고 기본 웹사이트에서 서버 측 리다이렉션을 사용한다.

해설

백업 웹사이트에 Amazon S3 웹사이트 호스팅을 사용하고 Route 53 장애 조치 라우팅 정책을 사용한다.

101 회사는 수 기가바이트의 데이터를 AWS로 마이그레이션하려고 한다. 오프라인 데이터는 선박에서 얻는다. 회사는 데이터를 전송하기 전에 복잡한 변환을 수행한다.

솔루션 아키텍트는 이 마이그레이션을 위해 어떤 서비스를 제안해야 하는가?

1) AWS Snowball

2) AWS Snowmobile

3) AWS Snowball Edge Storage Optimize

4) AWS Snowball Edge Compute Optimize

해설

AWS Snowball Edge Compute Optimize는 52개의 vCPU와 208GiB 메모리, NVIDIA Tesla V100 GPU을 제공하여 고성능 처리가 가능하다.

102 기업은 Amazon RDS를 사용하여 웹 애플리케이션을 구동한다. 새로운 데이터베이스 관리자가 실수로 데이터베이스 테이블에서 데이터를 삭제했을 때 복구를 지원하기 위해 조직은 데이터베이스를 지난 30일 동안 변경이 발생하기 5분 전의 상태로 복원해야 한다.

요구 사항을 충족하기 위해 설계에 포함해야 하는 기능은 무엇인가?

1) 읽기 전용 복제본

2) 수동 스냅샷

3) 자동 백업

4) 다중 AZ 배포

해설

자동 백업을 설정하여 특정 시점으로 복원한다.

103 기업이 AWS에서 호스팅될 비디오 변환기 애플리케이션을 구축하고 있다. 이 프로그램은 무료 버전과 프리미엄 버전의 두 가지 버전으로 제공된다. 프리미엄 계층의 사용자가 먼저 비디오를 변환하고 트리 계층의 사용자가 그 다음으로 변환한다.

1) 유료 계층을 위한 하나의 FIFO 대기열과 무료 계층을 위한 하나의 표준 대기열
2) 모든 파일 유형에 대한 단일 FIFO Amazon Simple Queue Service (Amazon SQS) 대기열
3) 모든 파일 유형에 대한 단일 표준 Amazon Simple Queue Service (Amazon SQS) 대기열
4) 2개의 표준 Amazon Simple Queue Service(Amazon SQS) 대기열이 하나는 유료 계층용이고 다른 하나는 무료 계층용

해설

2개의 표준 Amazon Simple Queue Service(Amazon SQS) 대기열이 하나는 유료 계층용이고, 다른 하나는 무료 계층용으로 운영하면 된다.

104 솔루션 아키텍트는 Amazon Linux 기반 HPC(고성능 컴퓨팅) 환경을 위한 스토리지를 만들고 있다. 워크로드는 공유 스토리지와 고성능 계산을 사용해야 하는 수많은 엔지니어링 도면을 저장하고 분석한다.

솔루션 아키텍트는 어떤 스토리지 옵션을 권장해야 하는가?

1) Amazon Elastic File System(Amazon EFS)
2) Lustre용 Amazon FSx
3) Amazon EC2 인스턴스 스토어

4) Amazon Elastic Block Store(Amazon EBS) 프로비저닝된 IOPS SSD(io1)

해설

공유 스토리지와 고성능을 위해서는 Amazon FSx를 사용한다.

105 기업은 AWS 클라우드에서 다계층 전자 상거래 웹 애플리케이션을 운영하고 있다. 애플리케이션은 Amazon RDS MySQL 다중 AZ 데이터베이스에 연결된 Amazon EC2 인스턴스에서 호스팅된다. Amazon RDS는 Amazon Elastic Block Store(Amazon EBS)의 범용 SSD(gp2) 볼륨에 최신 세대 인스턴스와 2,000GB의 스토리지를 사용한다. 수요가 많은 순간에는 데이터베이스 성능이 애플리케이션에 영향을 미친다. Amazon CloudWatch Logs의 로그를 연구한 후 데이터베이스 관리자는 읽기 및 쓰기 IOPS 수가 6,000을 초과하면 애플리케이션의 성능이 지속적으로 떨어지는 것을 발견했다.

솔루션 아키텍트는 애플리케이션의 성능을 최적화하기 위해 무엇을 해야 하는가?

1) 볼륨을 마그네틱 볼륨으로 교체한다.
2) gp2 볼륨의 IOPS 수를 늘린다.
3) 볼륨을 프로비저닝된 IOPS(PIOPS) 볼륨으로 교체한다.
4) 2,000GB gp2 볼륨을 2개의 1,000GBgp2 볼륨으로 교체한다.

해설

IOPS(Input/Output Operations Per Second) 수가 6,000을 초과하면 성능이 떨어지기 때문에 IOPS 볼륨을 교체해야 한다.

103 4   104 2   105 3   **정답**

106 최근 기업에서 새로운 형태의 인터넷 연결 센서를 도입했다. 수천 개의 센서를 사용해 대량의 데이터를 중앙 서버에 전송할 예정이다. 솔루션 아키텍트는 엔지니어링 팀이 검사할 수 있도록 밀리초 응답으로 실시간으로 데이터를 수집하고 저장하는 시스템을 개발해야 한다.

솔루션 아키텍트는 어떤 솔루션을 권장해야 하는가?

1) Amazon SQS 대기열을 사용하여 데이터를 수집한다. AWS Lambda 함수로 데이터를 소비한 다음 Amazon Redshift에 데이터를 저장한다.
2) Amazon SQS 대기열을 사용하여 데이터를 수집한다. AWS Lambda 함수로 데이터를 소비한 다음 Amazon DynamoDB에 데이터를 저장한다.
3) Amazon Kinesis Data Streams를 사용하여 데이터를 수집한다. AWS Lambda 함수로 데이터를 소비한 다음 Amazon Redshift에 데이터를 저장한다.
4) Amazon Kinesis Data Streams를 사용하여 데이터를 수집한다. AWS Lambda 함수로 데이터를 소비한 다음 Amazon DynamoDB에 데이터를 저장한다.

해설

Amazon Kinesis Data Streams는 대규모에서 쉽게 데이터 스트리밍 서비스를 제공한다. 즉 애플리케이션 및 서비스 로그, 클릭 스트림 데이터, 센서 데이터를 수집하고 라이브 대시보드를 제공한다.

107 솔루션 아키텍트는 고가용성 배스천 호스트 아키텍처를 설계해야 한다. 솔루션은 단일 AWS 리전 내에서 강력해야 하며 유지 관리 노력을 거의 하지 않아야 한다.

솔루션 아키텍트는 어떤 솔루션을 권장해야 하는가?

1) UDP 리스너를 사용하여 Auto Scaling 그룹에서 지원하는 Network Load Balancer를 생성한다.
2) 파티션 배치 그룹의 인스턴스가 있는 스팟 집합에서 지원하는 Network Load Balancer를 생성한다.
3) 다른 가용 영역의 기존 서버가 지원하는 Network Load Balancer를 대상으로 생성한다.
4) 여러 가용 영역의 인스턴스를 대상으로 하여 Auto Scaling 그룹에서 지원하는 Network Load Balancer를 생성한다.

해설

단일 AWS 리전 내에 버스천 호스트가 있기 때문에 Auto Scaling 그룹에 NLB(Network Load Balancing)를 생성해야 한다.

108 솔루션 아키텍트는 Amazon API Gateway와 함께 사용할 새로운 서비스를 개발 중이다. 서비스의 요청 패턴은 초당 0에서 500까지 범위가 불규칙하다. 백엔드 데이터베이스에 유지되어야 하는 전체 데이터 양은 이제 1GB 미만이며 향후 확장에 대해 예측할 수 없다. 간단한 키-값 쿼리를 사용하여 데이터를 쿼리할 수 있다.

이러한 요구 사항에 가장 적합한 AWS 서비스 조합은 무엇인가? (2개를 선택하세요.)

1) AWS Fargate

2) AWS Lambda

3) Amazon DynamoDB

4) Amazon EC2 Auto Scaling

5) MySQL 호환 Amazon Aurora

키-값 쿼리이므로 NoSQL 데이터베이스인 DynamoDB를 사용해야 하고 Amazon API Gateway와 Lambda을 연계해서 사용해야 한다.

109 회사는 ALB(Application Load Balancer)를 사용하여 인터넷에 애플리케이션을 제공하고 있다. 회사는 애플리케이션 전체에서 비정상적인 트래픽 액세스 패턴을 식별한다. 솔루션 아키텍트는 비즈니스가 이러한 이상 현상을 이해하도록 지원하기 위해 인프라에 대한 가시성을 높여야 한다.

이러한 요구 사항을 충족하는 가장 최적의 옵션은 무엇인가?

1) Amazon Athena에서 AWS CloudTrail 로그용 테이블을 생성한다. 관련 정보에 대한 쿼리를 생성한다.

2) Amazon S3에 대한 ALB 액세스 로깅을 활성화한다. Amazon Athena에서 테이블을 생성하고 로그를 쿼리한다.

3) Amazon S3에 대한 ALB 액세스 로깅을 활성화한다. 텍스트 편집기에서 각 파일을 열고 각 행에서 관련 정보를 검색한다.

4) 전용 Amazon EC2 인스턴스에서 Amazon EMR을 사용하여 ALB에 직접 쿼리하여 트래픽 액세스 로그 정보를 얻는다.

ALB 액세스 로깅을 활성화하고 Amazon Athena 서비스를 사용해서 S3의 데이터를 쿼리한다.

110 회사 내 운영 팀에는 버킷에 새 항목이 생성될 때 Amazon SQS 대기열에 알림을 보내도록 설정된 Amazon S3 버킷이 있다. 또한 개발 팀은 새 개체가 생성될 때 알림을 받아야 한다. 운영 팀의 현재 워크플로를 유지해야 한다.

이러한 기준을 충족하는 솔루션은 무엇인가?

1) 다른 SQS 대기열을 만든다. 버킷의 S3 이벤트를 업데이트하여 새 객체가 생성될 때 새 대기열도 업데이트한다.

2) Amazon S3만 대기열에 액세스하도록 허용하는 새 SQS 대기열을 생성한다. 새 객체가 생성될 때 이 대기열을 업데이트하려면 Amazon S3를 업데이트한다.

3) 버킷 업데이트를 위한 Amazon SNS 주제 및 SQS 대기열을 생성한다. 새 주제에 이벤트를 보내도록 버킷을 업데이트한다. Amazon SNS를 폴링하도록 두 대기열을 모두 업데이트한다.

4) 버킷 업데이트를 위한 Amazon SNS 주제 및 SQS 대기열을 생성한다. 새 주제에 이벤트를 보내도록 버킷을 업데이트 주제의 두 대기열에 대한 구독을 추가한다.

버킷 업데이트를 위한 Amazon SNS 주제 및 SQS 대기열을 생성한다. 새 주제에 이벤트를 보내도록 버킷을 업데이트하고 주제의 두 대기열에 대한 구독을 추가한다.

111 회사에는 Amazon Simple Queue Service에 메시지를 보내는 애플리케이션이 있다. 다른 프로그램은 큐를 폴링하고 메시지에 대해 I/O 집약적인 작업을 수행한다. 회사에는 메시지 수신과 사용자 응답 사이에 허용되는 최대 시간을 규정하는 서비스 수준 계약(SLA)이 있다. 메시지 볼륨의 증가로 인해 회사는 지속적으로 SLA를 이행하는 데 어려움을 겪고 있다.

솔루션 아키텍트는 애플리케이션의 처리 속도를 높이고 모든 수준의 로드를 관리할 수 있도록 지원하기 위해 무엇을 해야 하는가?

1) 처리에 사용되는 인스턴스에서 Amazon 머신 이미지(AMI)를 생성한다. 인스턴스를 종료하고 더 큰 크기로 교체한다.

2) 처리에 사용되는 인스턴스에서 Amazon 머신 이미지(AMI)를 생성한다. 인스턴스를 종료하고 Amazon EC2 전용 인스턴스로 교체한다.

3) 처리에 사용된 인스턴스에서 Amazon 머신 이미지(AMI)를 생성한다. 시작 구성에서 이 이미지를 사용하여 Auto Scaling 그룹을 생성한다. 총 CPU 사용률을 70% 미만으로 유지하도록 대상 추적 정책으로 그룹을 구성한다.

4) 처리에 사용되는 인스턴스에서 Amazon 머신 이미지(AMI)를 생성한다. 시작 구성에서 이 이미지를 사용하여 Auto Scaling 그룹을 생성한다. SQS 대기열에서 가장 오래된 메시지의 수명을 기반으로 하는 대상 추적 정책으로 그룹을 구성한다.

해설

AMI(Amazon Machine Image)를 생성하고 해당 이미지를 사용해서 Auto Scaling 그룹을 생성한다. 그리고 추적정책으로 그룹을 구성해야 한다.

112 회사는 Amazon Web Services(AWS) 클라우드로 전환하고 있다. 이동할 초기 워크로드는 파일 서버다. 파일 공유는 SMB(서버 메시지 블록) 프로토콜을 통해 액세스할 수 있어야 한다.

이 기준을 충족하는 AWS 관리형 서비스는 무엇인가?

1) Amazon Elastic Block Store(Amazon EBS)
2) Amazon EC2
3) Amazon FSx
4) Amazon S3

해설

파일 서버는 공유 스토리지이므로 Amazon FSx를 사용한다.

113 회사에는 AWS의 여러 리전에 설치되어 있는 퍼블릭 고정 IP가 할당된 애플리케이션이 있다. 사용자는 전 세계에 있다. 사용자가 인터넷을 통해 프로그램을 사용할 때 성능 문제가 발생한다.

솔루션 아키텍트는 인터넷 대기 시간을 줄이는 수단으로 무엇을 제안해야 하는가?

1) AWS Global Accelerator를 설정하고 엔드포인트를 추가한다.
2) 여러 리전에 AWS Direct Connect 위치를 설정한다.
3) 애플리케이션에 액세스할 수 있도록 Amazon CloudFront 배포를 설정한다.
4) 트래픽을 라우팅하도록 Amazon Route 53 지리 근접 라우팅 정책을 설정한다.

해설

AWS Global Accelerator는 글로벌 네트워크 인프라를 사용해서 사용자 트래픽의 성능을 최대 60% 개선하는 네트워크 서비스이다.

114 회사는 Amazon S3 버킷을 사용하여 다양한 위치의 여러 부서에서 제출한 데이터를 저장하고 있다. 재무 관리자는 AWS Well-Architected 평가 중에 매월 10TB의 S3 Standard 스토리지 데이터가 청구되었음을 발견했다. 그러나 Amazon S3용 AWS Management 콘솔에서 모든 파일과 폴더를 선택하면 총 크기가 5TB다.

이러한 불일치의 잠재적인 이유는 무엇인가? (2개를 선택하세요.)

1) 일부 파일은 중복 제거로 저장한다.
2) S3 버킷에 버전 관리가 활성화되어 있다.
3) 불완전한 S3 멀티파트 업로드가 있다.
4) S3 버킷에는 AWS Key Management Service(AWS KMS)가 활성화되어 있다.
5) S3 버킷에 Intelligent-Tiering이 활성화되어 있다.

해설

사이즈가 다른 이유는 S3 버킷의 버전 관리가 활성화되어 있으면 복구를 위해서 데이터를 중복 저장하게 된다.

115 게임 회사는 AWS를 사용하여 브라우저 기반 애플리케이션을 호스팅한다. 애플리케이션 사용자는 Amazon S3에 저장된 많은 양의 영화와 사진을 소비한다. 이 자료는 모든 사용자에게 일관성 있게 제공된다. 이 프로그램은 수백만 명의 사용자가 매일 미디어 파일에 액세스하면서 인기를 얻었다. 회사는 원본에 대한 부담을 최소화하면서 소비자에게 파일을 제공해야 한다.

비용 효율성 측면에서 이러한 기준에 가장 적합한 옵션은 무엇인가?

1) 웹 서버 앞에 AWS Global Accelerator를 배포한다.
2) S3 버킷 앞에 Amazon CloudFront 웹을 배포한다.
3) 웹 서버 앞에 Amazon ElastiCache for Redis 인스턴스를 배포한다.
4) 웹 서버 앞에 Amazon ElastiCache for Memcached 인스턴스를 배포한다.

해설

Amazon CloudFront는 Cache Server를 사용해서 콘텐츠를 제공하게 된다.

116 솔루션 아키텍트는 Amazon S3를 사용해 새로운 디지털 미디어 애플리케이션 스토리지를 개발하고 있다. 미디어 파일은 가용 영역에 장애가 발생한 경우에도 견고해야 한다. 특정 파일은 일상적으로 액세스되고 다른 파일은 드물게 예기치 않은 방식으로 액세스된다. 솔루션 아키텍트는 미디어 파일을 저장하고 검색하는 비용을 최소화해야 한다.

이러한 기준을 충족하는 스토리지 옵션은 무엇인가?

1) S3 Standard
2) S3 Intelligent-Tiering
3) S3 Standard-Infrequent Access(S3 Standard-IA)
4) S3 One Zone-Infrequent Access(S3 One Zone-IA)

해설

Amazon S3 Intelligent-Tiering은 데이터 액세스 패턴이 변경되었을 때 성능에 영향 없이 스토리지 비용을 자동으로 최적화하는 서비스를 제공한다. Amazon S3 Intelligent-Tiering 은 액세스 패턴이 변경되는 경우에 적합한 서비스이다.

117 회사의 재무 애플리케이션은 월별 보고서를 Amazon S3 버킷에 저장한다. 재무 담당 부사장은 이러한 보고서에 대한 모든 액세스와 로그 파일에 대한 조정을 문서화하도록 지시했다.

솔루션 아키텍트는 이러한 요구 사항을 준수하기 위해 무엇을 해야 하는가?

1) 데이터 읽기 및 쓰기 이벤트와 로그 파일 유효성 검사 옵션이 활성화된 보고서가 있는 버킷에서 S3 서버 액세스 로깅을 사용한다.

2) 읽기 및 쓰기 관리 이벤트와 로그 파일 유효성 검사 옵션이 활성화된 보고서가 있는 버킷에서 S3 서버 액세스 로깅을 사용한다.

3) AWS CloudTrail을 사용하여 새 추적을 생성한다. 보고서가 포함된 S3 버킷에서 데이터 읽기 및 쓰기 이벤트를 기록하도록 추적 구성한다. 이러한 이벤트를 새 버킷에 기록하고 로그 파일 유효성 검사를 활성화한다.

4) AWS CloudTrail을 사용하여 새 추적을 생성한다. 보고서가 있는 S3 버킷에 대한 읽기 및 쓰기 관리 이벤트를 기록하도록 추적 구성한다. 이러한 이벤트를 새 버킷에 기록하고 로그 파일 유효성 검사를 활성화한다.

해설

CloudTrail은 리소스, 사용자 계정, API 호출 등을 추적할 수 있다.

118 솔루션 아키텍트는 사진 모음을 탐색하고 사용자 지정 이미지를 요청할 수 있는 솔루션을 개발하고 있다. 이미지 사용자 지정을 위한 파라미터는 AWS API Gateway API에 대한 각 요청에 포함된다. 맞춤형 사진은 요청 시 생성되며 소비자는 이를 보거나 다운로드할 수 있는 링크를 받게 된다. 솔루션은 사진을 보고 수정하는 측면에서 매우 사용자 친화적이어야 한다.

이러한 요구 사항을 충족하는 데 가장 비용 효율적인 접근 방식은 무엇인가?

1) Amazon EC2 인스턴스를 사용하여 원본 이미지를 요청된 사용자 지정으로 조작한다. 원본 이미지와 조작된 이미지를 Amazon S3에 저장한다. EC2 인스턴스 앞에 Elastic Load Balancer를 구성한다.

2) AWS Lambda를 사용하여 원본 이미지를 요청된 사용자 지정으로 조작한다. 원본 이미지와 조작된 이미지를 Amazon S3에 저장한다. S3 버킷을 오리진으로 사용하여 Amazon CloudFront 배포를 구성한다.

3) AWS Lambda를 사용하여 원본 이미지를 요청된 사용자 지정으로 조작한다. 원본 이미지는 Amazon S3에 저장하고 조작된 이미지는 Amazon DynamoDB에 저장한다. Amazon EC2 인스턴스 앞에 Elastic Load Balancer를 구성한다.

4) Amazon EC2 인스턴스를 사용하여 원본 이미지를 요청된 사용자 지정으로 조작한다. 원본 이미지는 Amazon S3에 저장하고 조작된 이미지는 Amazon DynamoDB에 저장한다. S3 버킷을 오리진으로 사용하여 Amazon CloudFront 배포를 구성한다.

AWS API Gateway를 통해서 API를 호출하여 서비스를
제공하므로 AWS Lambda 서비스를 사용하고, 데이터는
S3에 저장하면 S3 버킷의 오리진으로 CloudFront를 구성
해야 한다.

119 회사의 애플리케이션은 프라이빗 서브넷의
Amazon EC2 인스턴스에서 실행되고, 패치
및 업그레이드를 받으려면 퍼블릭 웹사이트
에 액세스해야 한다. 회사는 다른 웹사이트
가 EC2 인스턴스의 IP 주소를 보거나 액세
스 되지 않아야 한다.

**솔루션 아키텍트는 이 목표를 어떻게 달성할
수 있는가?**

1) 프라이빗 서브넷과 공용 사이트가 배포
   된 네트워크 간에 사이트 간 VPN을 연
   결한다.
2) 퍼블릭 서브넷에 NAT 게이트웨이를 생
   성한다. NAT 게이트웨이를 통해 프라이
   빗 서브넷의 아웃바운드 트래픽을 라우
   팅한다.
3) 배포된 EC2 인스턴스가 퍼블릭 웹사이
   트의 IP 주소 범위에서만 액세스를 허용
   하는 프라이빗 서브넷에 대한 네트워크
   ACL을 생성한다.
4) 공개 웹사이트의 IP 주소 범위에서만 연
   결을 허용하는 보안 그룹을 생성한다. 보
   안 그룹을 EC2 인스턴스에 연결한다.

NAT Gateway는 퍼블릭 서브넷에서 생성되어야 한다. 그
리고 NAT Gateway를 통해서 프라이빗 서브넷의 아웃바운
드 트래픽을 라우팅한다.

120 회사는 AWS를 사용하여 웹사이트를 호스
팅한다. 웹사이트는 HTTP 및 HTTPS 트
래픽을 독립적으로 관리하도록 구성된
ALB(Application Load Balancer)에 의해
보호된다. 회사는 HTTPS를 통해 모든 쿼리
를 웹사이트로 라우팅하려고 한다.

**솔루션 아키텍트는 이 기준을 충족하기 위해
어떤 솔루션을 구현해야 하는가?**

1) HTTPS 트래픽만 허용하도록 ALB 네트
   워크 ACL을 업데이트한다.
2) URL의 HTTP를 HTTPS로 바꾸는 규칙
   을 생성한다.
3) ALB에서 리스너 규칙을 생성하여 HTTP
   트래픽을 HTTPS로 리디렉션한다.
4) ALB를 SNI(서버 이름 표시)를 사용하도
   록 구성된 Network Load Balancer로
   교체한다.

ALB의 리스너 규칙에 의해서 HTTP 트래픽을 HTTPS로
리디렉션하면 오직 HTTPS만 사용하게 된다.

121 기업은 ALB(Application Load Balancer)
로 보호되는 Amazon EC2 인스턴스 집합을
사용하여 다국어 웹사이트를 호스팅한다. 이
아키텍처는 현재 us-west-1 지역에서 작동
하고 있지만 전 세계 다른 지역의 고객에게
는 상당한 요청 지연이 있다. 웹사이트는 위
치에 관계없이 사용자 쿼리에 빠르고 효과적
으로 응답해야 한다. 그러나 조직은 현재 인
프라를 여러 지역에 복제하는 것을 원하지
않는다.

**솔루션 아키텍트는 이 기준을 충족하기 위해
어떤 솔루션을 구현해야 하는가?**

1) 기존 아키텍처를 Amazon S3 버킷에서 제공하는 웹사이트로 교체한다. S3 버킷을 오리진으로 사용하여 Amazon CloudFront 배포를 구성한다.

2) ALB를 오리진으로 사용하여 Amazon CloudFront 배포를 구성한다. Accept-Language 요청 헤더를 기반으로 캐시만 캐시하도록 캐시 동작을 설정한다.

3) ALB를 통합으로 사용하여 Amazon API Gateway를 설정한다. HTTP 통합 유형을 사용하도록 API Gateway를 구성한다. API 캐시를 활성화하도록 API 게이트웨이 단계를 설정한다.

4) 각 추가 리전에서 EC2 인스턴스를 시작하고 해당 리전의 캐시 서버 역할을 하도록 NGINX를 구성한다. 모든 인스턴스와 ALB를 지리적 위치 라우팅 정책이 있는 Amazon Route 53 레코드 세트 뒤에 배치한다.

해설

웹사이트의 위치와 관계없이 빠르게 서비스 하기 위해서는 CloudFront를 사용해야 한다.

122 기업의 온프레미스 데이터 센터는 디렉터리 서비스 및 DNS와 같은 중요한 네트워크 서비스를 호스팅한다. AWS Direct Connect는 데이터 센터를 AWS 클라우드(DX)에 연결한다. 이러한 네트워크 서비스에 대한 지속적이고 신속하며 비용 효율적인 액세스가 필요한 추가 AWS 계정이 예상된다.

이러한 기준이 가능한 한 최소한의 운영 오버헤드를 충족하도록 하기 위해 솔루션 아키텍트는 어떤 조치를 취해야 하는가?

1) 각각의 새 계정에서 DX 연결을 생성한다. 네트워크 트래픽을 온프레미스 서버로 라우팅한다.

2) 모든 필수 서비스에 대해 DX VPC에서 VPC 엔드포인트를 구성한다. 네트워크 트래픽을 온프레미스 서버로 라우팅한다.

3) 각각의 새 계정과 DX VPC 간에 VPN 연결을 생성한다. 네트워크 트래픽을 온프레미스 서버로 라우팅한다.

4) 계정 간에 AWS Transit Gateway를 구성한다. DX를 전송 게이트웨이에 할당하고 네트워크 트래픽을 온프레미스 서버로 라우팅한다.

해설

AWS Transit Gateway는 Amazon VPC, AWS 계정 및 온프레미스 네트워크를 단일 게이트웨이로 연결한다.

123 회사 내부의 수많은 비즈니스 프로세스는 파일 공유에 보관된 데이터에 액세스해야 한다. 파일 공유는 SMB(서버 메시지 블록) 프로토콜을 사용하여 시스템에서 액세스한다. 파일 공유 솔루션은 기업의 온프레미스 및 클라우드 환경 모두에서 사용할 수 있어야 한다.

솔루션 아키텍트는 이 기준을 충족하기 위해 어떤 스토리지를 사용해야 하는가? (2개를 선택하세요.)

1) Amazon Elastic Block Store(Amazon EBS)

2) Amazon Elastic File System(Amazon EFS)

3) Windows용 Amazon FSx

4) Amazon S3

5) AWS Storage Gateway 파일 게이트웨이

파일 공유 시스템은 Amazon FSx이고 온프레미스 환경과
클라우드 환경 모두를 제공하기 위해서는 AWS Storage
Gateway가 필요하다.

124 기업에서 대용량 데이터를 저장하기 위한 새
로운 애플리케이션을 개발 중이다. 시간별 데
이터 분석 및 수정은 여러 가용 영역에 분산
된 많은 Amazon EC2 Linux 인스턴스에서
수행된다. 애플리케이션 팀은 필요한 공간이
6개월 동안 계속 확장될 것으로 예상된다.

이러한 요구 사항을 충족하기 위해 솔루션
아키텍트는 어떤 조치를 취해야 하는가?

1) Amazon Elastic Block Store(Amazon
   EBS) 볼륨에 데이터를 저장한다. 애플
   리케이션 인스턴스에 EBS 볼륨을 탑재
   한다.

2) Amazon Elastic File System(Amazon
   EFS)에 데이터를 저장한다. 애플리케
   이션 인스턴스에 파일 시스템을 마운트
   한다.

3) Amazon S3 Glacier에 데이터를 저장한
   다. 애플리케이션 인스턴스에 대한 액세
   스를 허용하도록 S3 Glacier 볼트 정책
   을 업데이트한다.

4) 애플리케이션 인스턴스 간에 공유되는
   Amazon Elastic Block Store(Amazon
   EBS) 프로비저닝된 IOPS 볼륨에 데이터
   를 저장한다.

6개월 동안 계속 확장이 예상되므로 Amazon Elastic File
System(Amazon EFS)을 사용해야 한다. EFS는 자동으로
확장 가능한 파일 시스템이다.

125 회사는 3계층 애플리케이션을 Amazon
Web Services로 이전하고 있다. 프로그램
에는 MySQL 데이터베이스가 필요하다. 이
전에는 응용 프로그램 사용자가 새 항목을
추가하는 동안 프로그램의 느린 성능에 대
해 불평했다. 사용자가 업무 시간 동안 프로
그램에서 다양한 실시간 보고서를 생성할 때
성능 문제가 발생했다.

AWS로 마이그레이션할 때 애플리케이션의
성능을 최적화하는 솔루션은 무엇인가?

1) 프로비저닝된 용량이 있는 Amazon
   DynamoDB 테이블로 데이터를 가져온
   다. 보고서에 DynamoDB를 사용하도록
   애플리케이션을 리팩터링한다.

2) 컴퓨팅 최적화 Amazon EC2 인스턴스
   에 데이터베이스를 생성한다. 컴퓨팅 리
   소스가 온프레미스 데이터베이스를 초과
   하는지 확인한다.

3) 여러 읽기 전용 복제본이 있는 Amazon
   Aurora MySQL 다중 AZ DB 클러스
   터를 생성한다. 보고서에 리더 엔드포
   인트를 사용하도록 애플리케이션을 구
   성한다.

4) Amazon Aurora MySQL 다중 AZ DB
   클러스터를 생성한다. 클러스터의 백업
   인스턴스를 보고서의 끝점으로 사용하도
   록 애플리케이션을 구성한다.

느린 성능을 해결하기 위해서 읽기 전용 복제본을 생성하고
Amazon Aurora MySQL 다중 가용 영역 DB 클러스터를
생성한다.

126 회사의 애플리케이션 아키텍처는 2계층으로
되어 있으며 퍼블릭 서브넷과 프라이빗 서브
넷에 분산되어 있다. 퍼블릭 서브넷에는 웹
애플리케이션을 실행하는 Amazon EC2 인
스턴스가 포함되어 있는 반면, 프라이빗 서
브넷에는 데이터베이스가 있다. 웹 애플리케
이션 인스턴스와 데이터베이스는 모두 단일
가용 영역(AZ)에 포함된다.

솔루션 아키텍트는 이 아키텍처의 고가용성
을 보장하기 위해 어떤 조치를 취해야 하는
가? (2개를 선택하세요.)

1) 고가용성을 위해 동일한 AZ에 새 퍼블릭
   및 프라이빗 서브넷을 생성한다.
2) 여러 AZ에 걸쳐 Amazon EC2 Auto
   Scaling 그룹 및 Application Load
   Balancer를 생성한다.
3) Application Load Balancer 뒤의 Auto
   Scaling 그룹에 기존 웹 애플리케이션 인
   스턴스를 추가한다.
4) 새 AZ에 새 퍼블릭 및 프라이빗 서브넷
   을 생성한다. 하나의 AZ에서 Amazon
   EC2를 사용하여 데이터베이스를 생성한
   다.
5) 동일한 VPC에서 각각 새 AZ에 새 퍼블
   릭 및 프라이빗 서브넷을 생성한다. 데이
   터베이스를 Amazon RDS 다중 AZ 배
   포로 마이그레이션한다.

해설

고가용성을 보장하기 위해서 ALB와 Auto Scaling 서비스
를 사용하고 RDS를 다중 AZ(가용 영역)에 배포해야 한다.

127 회사는 소비자에게 가능한 한 최소한의 지
연이 필요한 모바일 애플리케이션용 아키
텍처를 개발하고 있다. 회사의 아키텍처는
Auto Scaling 그룹에서 작동하도록 구성된
Application Load Balancer를 통해 라우
팅되는 Amazon EC2 인스턴스로 구성된다.
Amazon EC2 인스턴스는 Amazon RDS와
통신한다. 응용 프로그램의 베타 테스트에서
데이터를 읽는 동안 속도가 느려지는 것으로
나타났다. 그러나 데이터에 따르면 EC2 인스
턴스가 초과하는 CPU 사용량 기준은 없다.

솔루션 아키텍트는 이 문제를 어떻게 해결할
수 있는가?

1) Auto Scaling 그룹에서 CPU 사용률 임
   계값을 줄인다.
2) Application Load Balancer를
   Network Load Balancer로 교체한다.
3) RDS 인스턴스에 대한 읽기 전용 복제본
   을 추가하고 읽기 트래픽을 복제본으로
   보낸다.
4) 다중 AZ 지원을 RDS 인스턴스에 추가하
   고 읽기 트래픽을 새 EC2 인스턴스로 보
   낸다.

해설

데이터를 읽는 동안 느려지는 것은 읽기 전용 복제본을 추가
한다.

128 회사는 온프레미스 데이터 세트의 보조 스토
리지 위치로 Amazon S3를 활용하려고 한
다. 회사에서 이 사본에 액세스할 필요가 거
의 없다. 스토리지 솔루션의 비용은 최소로
유지되어야 한다.

이 기준을 충족하는 스토리지 옵션은 무엇인가?

1) S3 Standard

2) S3 Intelligent-Tiering

3) S3 Standard-Infrequent Access(S3 Standard-IA)

4) S3 One Zone-Infrequent Access(S3 One Zone-IA)

해설

S3 One Zone-Infrequent Access(S3 One Zone-IA)는 액세스 빈도가 낮은 데이터를 사용할 때 저렴한 비용을 제공한다.

129 솔루션 아키텍트는 Amazon S3 버킷에 제출된 모든 항목의 암호화를 보장하기 위해 무엇을 해야 하는가?

1) PutObject에 s3:x-amz-acl 헤더 세트가 없는 경우 거부하도록 버킷 정책을 업데이트한다.

2) PutObject에 private로 설정된 s3:x-amz-acl 헤더가 없는 경우 거부하도록 버킷 정책을 업데이트한다.

3) PutObject에 aws:SecureTransport 헤더가 true로 설정되지 않은 경우 거부하도록 버킷 정책을 업데이트한다.

4) PutObject에 x-amz-server-side-encryption 헤더 세트가 없는 경우 거부하도록 버킷 정책을 업데이트한다.

해설

x-amz-server-side-encryption은 암호화 알고리즘이 기록된 것으로 AWS256 등의 값이 지정된다. 따라서 x-amz-server-side-encryption이 없다는 것은 암호화를 수행하지 않는 것과 같은 것이다.

130 회사는 기계에 예측 유지보수를 구현하는 데 관심이 있다. 회사는 실시간 데이터를 AWS로 전송할 수백 개의 IoT 센서를 배포할 것이다. 솔루션 아키텍트는 각 장비에 대해 순서대로 이벤트를 수신하고 후속 처리를 위해 데이터가 보존되도록 보장하는 솔루션을 설계해야 한다.

위의 조건을 만족하는 가장 효과적인 옵션은 무엇인가?

1) 각 장비 자산에 대한 파티션이 있는 실시간 이벤트에 Amazon Kinesis Data Streams를 사용한다. Amazon Kinesis Data Firehose를 사용하여 Amazon S3에 데이터를 저장한다.

2) 각 장비 자산에 대한 샤드가 있는 실시간 이벤트에 Amazon Kinesis Data Streams를 사용한다. Amazon Kinesis Data Firehose를 사용하여 Amazon Elastic Block Store(Amazon EBS)에 데이터를 저장한다.

3) 각 장비 자산에 대해 하나의 대기열이 있는 실시간 이벤트에 Amazon SQS FIFO 대기열을 사용한다. SQS 대기열에 대한 AWS Lambda 함수를 트리거하여 Amazon Elastic File System(Amazon EFS)에 데이터를 저장한다.

4) 각 장비 자산에 대해 하나의 대기열이 있는 실시간 이벤트에 Amazon SQS 표준 대기열을 사용한다. SQS 대기열에서 AWS Lambda 함수를 트리거하여 Amazon S3에 데이터를 저장한다.

해설

Amazon Kinesis Data Streams는 스트리밍 데이터 서비스를 제공하는 것이고, Amazon Kinesis Data Firehose

는 실시간 스트림을 데이터 스토어, 웨어하우스, 분석 서비스에 저장한다.

131 회사는 모놀리식 애플리케이션을 AWS로 이전했으며 현재 단일 Amazon EC2 머신에서 작동하고 있다. 애플리케이션 제한으로 인해 자동화된 확장을 사용하여 애플리케이션을 확장할 수 없다. CTO(최고 기술 책임자)는 기본 하드웨어가 손상될 가능성이 매우 높은 상황에서 EC2 인스턴스를 복원하는 자동화된 방법을 원한다.

EC2 인스턴스의 실현 가능한 가장 빠른 자동 복구를 가능하게 하는 방법은 무엇인가?

1) EC2 인스턴스가 손상된 경우 복구를 트리거하는 Amazon CloudWatch 경보를 구성한다.
2) EC2 인스턴스가 손상될 때 CTO에게 경고하는 SNS 메시지를 트리거하도록 Amazon CloudWatch 경보를 구성한다.
3) EC2 인스턴스의 상태를 모니터링하도록 AWS CloudTrail을 구성하고 손상되면 인스턴스 복구를 트리거한다.
4) EC2 인스턴스의 상태를 확인하고 EC2 인스턴스가 비정상인 경우 인스턴스 복구를 트리거하는 AWS Lambda 함수를 한 시간에 한 번씩 트리거하도록 Amazon EventBridge 이벤트를 구성한다.

해설

EC2 인스턴스가 손상된 경우 복구를 트리거하는 Amazon CloudWatch 경보를 구성해야 한다.

132 회사는 내부적으로 미디어 및 애플리케이션 파일을 전달해야 한다. 사용자는 Active Directory를 통해 권한이 부여되고 Microsoft Windows 플랫폼을 통해서만 파일에 액세스할 수 있다. CEO는 이전과 동일한 사용자 권한을 유지하기 원하지만 저장 용량 제한에 가까워지면 필요한 만큼 늘리길 원한다.

솔루션 아키텍트는 어떤 권장 사항을 제시해야 하는가?

1) 기업 Amazon S3 버킷을 설정하고 모든 미디어 및 애플리케이션 파일을 이동한다.
2) Windows 파일 서버용 Amazon FSx를 구성하고 모든 미디어 및 애플리케이션 파일을 이동한다.
3) Amazon Elastic File System(Amazon EFS)을 구성하고 모든 미디어 및 애플리케이션 파일을 이동한다.
4) Windows에서 Amazon EC2를 설정하고, 여러 Amazon Elastic Block Store(Amazon EBS) 볼륨을 연결하고, 모든 미디어 및 애플리케이션 파일을 이동한다.

해설

Windows 파일 서버용 Amazon FSx를 사용해서 파일 공유를 하고 파일을 저장한다.

133 회사는 자연 재해가 발생하기 쉬운 지역에 위치하여 데이터 센터 공급업체로부터 고르지 못한 서비스를 경험했다. 회사는 AWS 클라우드로 완전히 이동할 준비가 되어 있지 않지만, 온프레미스 데이터 센터에 장애가 발생할 경우 AWS에서 장애 조치 시나리오를 원한다. 회사는 제3자 제공업체에 연결되는 웹 서버를 운영한다. AWS와 온프레미스에 저장된 데이터는 일관성이 있어야 한다.

솔루션 아키텍트는 다운타임을 최소화하기 위해 어떤 구성을 해야 하는가?

1) Amazon Route 53 장애 조치 레코드를 구성한다. Auto Scaling 그룹의 Application Load Balancer 뒤에서 Amazon EC2 인스턴스에서 애플리케이션 서버를 실행한다. Amazon S3에 데이터를 백업하기 위해 저장된 볼륨으로 AWS Storage Gateway를 설정한다.

2) Amazon Route 53 장애 조치 레코드를 구성한다. 스크립트에서 AWS CloudFormation 템플릿을 실행하여 Application Load Balancer 뒤에 Amazon EC2 인스턴스를 생성한다. Amazon S3에 데이터를 백업하기 위해 저장된 볼륨으로 AWS Storage Gateway를 설정한다.

3) Amazon Route 53 장애 조치 레코드를 구성한다. VPC와 데이터 센터 간에 AWS Direct Connect 연결을 설정한다. Auto Scaling 그룹의 Amazon EC2에서 애플리케이션 서버를 실행한다. AWS Lambda 함수를 실행하고 AWS CloudFormation 템플릿을 실행하여 Application Load Balancer를 생성한다.

4) Amazon Route 53 장애 조치 레코드를 구성한다. AWS Lambda 함수를 실행하고 AWS CloudFormation 템플릿을 실행하여 두 개의 Amazon EC2 인스턴스를 시작한다. Amazon S3에 데이터를 백업하기 위해 저장된 볼륨으로 AWS Storage Gateway를 설정한다. VPC와 데이터 센터 간에 AWS Direct Connect 연결을 설정한다.

해설

온프레미스 데이터 센터에 장애가 발생할 경우 AWS에서 장애 조치가 필요하므로 AWS Storage Gateway가 필요하다.

134 회사의 웹사이트는 Amazon EC2 인스턴스에서 호스팅되고 Amazon S3에 저장 분류된 데이터를 처리한다. 회사는 보안 문제로 인해 EC2 리소스와 Amazon S3 간의 안전한 비공개 연결을 원한다.

어떤 솔루션이 이러한 기준을 충족하는가?

1) VPC 엔드포인트에서 액세스를 허용하도록 S3 버킷 정책을 설정한다.

2) S3 버킷에 대한 읽기−쓰기 액세스 권한을 부여하도록 IAM 정책을 설정한다.

3) NAT 게이트웨이를 설정하여 프라이빗 서브넷 외부의 리소스를 액세스한다.

4) S3 버킷에 액세스하기 위한 액세스 키 ID와 보안 액세스 키를 설정한다.

해설

VPC 엔드포인트는 EC2 리소스와 S3 간에 안전한 비공개 연결을 제공한다. 단, S3 버킷 정책에서 VPC 엔드포인트가 접근할 수 있도록 허용해야 한다.

135 회사의 응용 프로그램은 전 세계에 사용자가 있다. 애플리케이션은 Application Load Balancer 뒤에 있는 Auto Scaling 그룹의 Amazon EC2 인스턴스에 배포된다. 회사는 한 지역의 리소스에서 다른 지역으로 트래픽을 리디렉션할 수 있는 능력이 필요하다.

솔루션 아키텍트는 어떤 권장 사항을 제시해야 하는가?

1) Amazon Route 53 지연 시간 라우팅 정책 구성
2) Amazon Route 53 지리적 위치 라우팅 정책 구성
3) Amazon Route 53 지리 근접 라우팅 정책 구성
4) Amazon Route 53 다중값 응답 라우팅 정책 구성

해설

지리 근접 라우팅 정책은 Route 53이 지리적 위치를 기반으로 트래픽을 라우팅할 수 있다.

136 회사에서 새 AWS 계정을 만들었다. 계정이 새로 설정되었으며 기본 설정이 변경되지 않았다. 회사는 AWS 계정 루트 사용자의 보안에 대해 걱정하고 있다.

루트 사용자를 보호하기 위해 어떤 조치를 취해야 하는가?

1) 일일 관리 작업을 위한 IAM 사용자를 생성한다. 루트 사용자를 비활성화한다.
2) 일일 관리 작업을 위한 IAM 사용자를 생성한다. 루트 사용자에 대해 다단계 인증을 활성화한다.
3) 루트 사용자에 대한 액세스 키를 생성한

다. AWS Management 콘솔 대신 일일 관리 작업에 액세스 키를 사용한다.
4) 최상위 솔루션 설계자에게 루트 사용자 자격 증명을 제공한다. 솔루션 설계자가 일상적인 관리 작업에 루트 사용자를 사용한다.

해설

AWS 루트 사용자에 대해서는 MFA(Multi-Factor Authentication)를 사용해야 한다.

137 기업은 AWS에서 다중 계층 웹 애플리케이션을 운영하고 있다. 애플리케이션의 데이터베이스 계층은 Amazon Aurora MySQL을 기반으로 한다. 애플리케이션 및 데이터베이스 계층은 us-east-1 지역에 있다. 데이터베이스 관리자는 Aurora DB 클러스터의 읽기 트래픽이 간헐적으로 급증하면 읽기 전용 복제본의 CPU 사용량이 높아져 애플리케이션의 읽기 지연 시간이 증가하는 것을 확인했다.

솔루션 아키텍트는 애플리케이션의 읽기 확장성을 높이려면 어떻게 해야 하는가?

1) Aurora DB 클러스터를 재부팅한다.
2) 교차 리전 읽기 전용 복제본을 생성한다.
3) 읽기 전용 복제본의 인스턴스 클래스를 늘린다.
4) 읽기 전용 복제본에 대해 Aurora Auto Scaling을 구성한다.

해설

문제는 읽기 트래픽이 간헐적으로 CPU 사용량을 급증시키는 것이다. 이러한 경우 AWS에서 읽기 전용 복제본에 대해서 Aurora Auto Scaling을 구성하기를 권고한다.

138 기업의 HTTP 애플리케이션은 NLB(Network Load Balancer)로 보호된다. NLB의 대상 그룹은 웹 서비스를 실행하는 수많은 EC2 인스턴스가 있는 Amazon EC2 Auto Scaling 그룹이다. 회사는 응용 프로그램의 HTTP 오류가 NLB에서 감지되지 않는 것으로 확인했다. 이러한 문제는 웹 서비스의 EC2 인스턴스를 수동으로 다시 시작해야 한다. 조직은 맞춤형 스크립트나 코드를 작성하지 않고도 애플리케이션의 가용성을 높일 수 있는 방법이 필요하다.

이러한 기준이 충족되도록 솔루션 아키텍트는 어떤 조치를 취해야 하는가?

1) 회사 애플리케이션의 URL을 제공하여 NLB에서 HTTP 상태 확인을 활성화한다.

2) EC2 인스턴스에 cron 작업을 추가하여 1분에 한 번씩 로컬 애플리케이션의 로그를 확인한다. HTTP 오류가 감지되면 애플리케이션이 다시 시작된다.

3) NLB를 Application Load Balancer로 교체한다. 회사 응용 프로그램의 URL을 제공하여 HTTP 상태 확인을 활성화한다. 비정상 인스턴스를 교체하도록 Auto Scaling 작업을 구성한다.

4) NLB에 대한 UnhealthyHostCount 지표를 모니터링하는 Amazon CloudWatch 경보를 생성한다. 경보가 ALARM 상태일 때 비정상 인스턴스를 교체하도록 Auto Scaling 작업을 구성한다.

해설

문제의 내용은 HTTP 오류가 NLB에서 감지되지 않은 것이다. 하지만 HTTP는 OSI 7계층에서 응용 계층이고 NLB는 네트워크 계층이다. 따라서 HTTP 오류를 감지하기 위해서 같은 계층인 ALB로 교체해야 한다.

139 회사는 1PB의 온프레미스 이미지 리포지토리를 AWS로 이전하려고 한다. 사진은 서버리스 웹 애플리케이션에서 활용된다. 드물게 사용되지만 즉시 액세스할 수 있어야 한다. 또한 사진을 저장하는 동안 암호화해야 하며 실수로 삭제되는 것을 방지해야 한다.

어떤 솔루션이 이러한 기준을 충족하는가?

1) 클라이언트 측 암호화를 구현하고 이미지를 Amazon S3 Glacier 볼트에 저장한다. 실수로 삭제되지 않도록 볼트 잠금을 설정한다.

2) S3 Standard-Infrequent Access(S3 Standard-IA) 스토리지 클래스의 Amazon S3 버킷에 이미지를 저장한다. S3 버킷에서 버전 관리, 기본 암호화 및 MFA 삭제를 활성화한다.

3) Windows 파일 서버 파일 공유용 Amazon FSx에 이미지를 저장한다. AWS Key Management Service(AWS KMS) 고객 마스터 키(CMK)를 사용하여 파일 공유의 이미지를 암호화하도록 Amazon FSx 파일 공유를 구성한다. 실수로 삭제되는 것을 방지하려면 이미지에 NTFS 권한 집합을 사용한다.

4) Infrequent Access 스토리지 클래스의 Amazon Elastic File System(Amazon EFS) 파일 공유에 이미지를 저장한다. AWS Key Management Service(AWS KMS) 고객 마스터 키(CMK)를 사용하여 파일 공유의 이미지를 암호화하도록 EFS 파일 공유를 구성한다. 실수로 삭제되는 것을 방지하려면 이미지에 NFS 권한 집합을 사용한다.

S3 Standard–Infrequent Access를 사용해서 이미지를 저장하고 버전 관리, 암호화, MFA를 활성화해야 한다. 문장에서 "MFA 삭제를 활성화"라는 말은 MFA를 사용하라는 의미이다.

140 회사는 온프레미스 데이터베이스 서버를 위한 복원력 있는 백업 스토리지 솔루션이 필요하며, 신속한 복구를 위해 온프레미스 앱이 백업에 액세스할 수 있도록 보장해야 한다. 회사는 이러한 백업을 AWS 스토리지 서비스에 저장한다. 솔루션 아키텍트는 가능한 최소한의 운영 오버헤드로 솔루션을 개발해야 한다.

솔루션 아키텍트가 구현해야 하는 솔루션은 무엇인가?

1) AWS Storage Gateway 파일 게이트웨이를 온프레미스에 배포하고 Amazon S3 버킷과 연결한다.
2) 데이터베이스를 AWS Storage Gateway 볼륨 게이트웨이에 백업하고 Amazon S3 API를 사용하여 액세스한다.
3) 데이터베이스 백업 파일을 Amazon EC2 인스턴스에 연결된 Amazon Elastic Block Store(Amazon EBS) 볼륨으로 전송한다.
4) 데이터베이스를 AWS Snowball 디바이스에 직접 백업하고 수명 주기 규칙을 사용하여 데이터를 Amazon S3 Glacier Deep Archive로 이동한다.

온프레미스에서 백업 스토리지를 액세스해야 하므로 AWS Storage Gateway 서비스를 사용하고 S3 버킷과 연결해야 한다.

141 회사는 Amazon S3를 활용하여 민감한 사용자 데이터를 저장하려고 한다. 내부 보안 규정 준수 요구 사항에 따라 데이터를 Amazon S3로 보내기 전에 암호화해야 한다.

솔루션 아키텍트는 이러한 요구 사항을 충족하기 위해 어떤 방법을 제시해야 하는가?

1) 고객이 제공한 암호화 키를 사용한 서버 측 암호화
2) Amazon S3 관리형 암호화 키를 사용한 클라이언트 측 암호화
3) AWS key Management Service(AWS KMS)에 저장된 키를 사용한 서버 측 암호화
4) AWS Key Management Service(AWS KMS)에 저장된 마스터 키로 클라이언트 측 암호화

S3에 보내기 전에 암호화를 해야 한다. 따라서 클라이언트가 암호화 키를 사용해서 암호화한 후에 S3에 전송해야 한다.

142 회사는 보안 문제를 위해 프라이빗 서브넷에 구성된 많은 Amazon EC2 인스턴스가 있다. 이러한 인스턴스는 Amazon S3에서 대량의 데이터를 자주 읽고 쓰는 애플리케이션을 실행하는 데 사용된다. 현재 서브넷 라우팅은 NAT 게이트웨이를 통해 모든 트래픽을 인터넷으로 라우팅한다. 조직은 Amazon S3 또는 공용 인터넷과 인터페이스할 수 있는 애플리케이션의 용량을 유지하면서 전체 비용을 줄이고자 한다.

솔루션 아키텍트는 비용을 절감하기 위해 어떤 조치를 취해야 하는가?

1) 추가 NAT 게이트웨이를 생성한다. NAT 게이트웨이로 라우팅하도록 라우팅 테이블을 업데이트한다. S3 트래픽을 허용하도록 네트워크 ACL을 업데이트한다.

2) 인터넷 게이트웨이를 생성한다. 인터넷 게이트웨이로 트래픽을 라우팅하도록 라우팅 테이블을 업데이트한다. S3 트래픽을 허용하도록 네트워크 ACL을 업데이트한다.

3) Amazon S3용 VPC 엔드포인트를 생성한다. 엔드포인트 정책을 엔드포인트에 연결한다. 트래픽을 VPC 엔드포인트로 보내도록 라우팅 테이블을 업데이트한다.

4) VPC 외부에 AWS Lambda 함수를 생성하여 S3 요청을 처리한다. IAM 정책을 EC2 인스턴스에 연결하여 Lambda 함수를 호출한다.

해설

VPC 엔드포인트는 끝점과 끝점을 연결하여 비용을 절감한다.

143 솔루션 아키텍트는 대용량 전자 상거래 온라인 애플리케이션을 위한 데이터베이스를 설계해야 한다. 고객 프로필 및 장바구니 정보는 데이터베이스에 저장된다. 데이터베이스는 최고 수준에서 초당 수백만 개의 쿼리를 처리하고 밀리초 단위로 응답할 수 있어야 한다. 데이터베이스 노후화 및 확장성과 관련된 운영 오버헤드는 최소로 유지되어야 한다.

솔루션 아키텍트가 추천해야 하는 데이터베이스 솔루션은 무엇인가?

1) Amazon Aurora

2) Amazon DynamoDB

3) Amazon RDS

4) Amazon Redshift

해설

AWS DynamoDB는 10밀리초 미만의 성능으로 거의 무제한의 처리량을 제공한다. 따라서 초당 수백만 개의 쿼리를 밀리초 단위로 제공하려면 DynamoDB를 사용해야 한다.

144 회사는 사내 구축형 Microsoft Windows 공유 파일 저장소가 있다. 회사는 이 워크로드를 AWS 클라우드로 마이그레이션하고 다른 스토리지 솔루션을 사용하는 것을 고려하고 있다. 저장소 솔루션은 가용성이 높아야 하며 Active Directory와 결합된 액세스 제어 기능이 있어야 한다.

어떤 솔루션이 이러한 기준을 충족하는가?

1) Amazon EFS Amazon Elastic File System(Amazon EFS) 스토리지를 구성하고 인증을 위해 Active Directory 도메인을 설정한다.

2) 2개의 가용 영역에 있는 AWS Storage Gateway 파일 게이트웨이에 SMB 파일 공유를 생성한다.

3) Amazon S3 버킷을 생성하고 볼륨으로 탑재하도록 Microsoft Windows Server를 구성한다.

4) AWS에서 Windows 파일 서버용 Amazon FSx 파일 시스템을 생성하고 인증을 위해 Active Directory 도메인을 설정한다.

해설

Windows용 공유 파일시스템은 Amazon FSx 파일 시스템을 사용한다.

143 2   144 4   **정답**

145 회사는 AWS 클라우드를 사용하여 다계층 공개 웹 애플리케이션을 호스팅한다. Amazon EC2 인스턴스는 웹 애플리케이션을 호스팅하고 Amazon RDS는 데이터베이스를 호스팅한다. 회사는 다가오는 휴일 주말 동안 매출이 크게 증가할 것으로 예상된다. 솔루션 아키텍트는 웹 애플리케이션의 성능을 2분 이하의 단위로 분석하기 위한 솔루션을 제공해야 한다.

이 요구 사항을 충족하기 위해 솔루션 아키텍트는 어떤 조치를 취해야 하는가?

1) Amazon CloudWatch 로그를 Amazon Redshift로 보낸다. Amazon QuickSight를 사용하여 추가 분석을 수행한다.

2) 모든 EC2 인스턴스에 대한 세부 모니터링을 활성화한다. Amazon CloudWatch 지표를 사용하여 추가 분석을 수행한다.

3) Amazon CloudWatch Logs에서 EC2 로그를 가져오는 AWS Lambda 함수를 생성한다. Amazon CloudWatch 지표를 사용하여 추가 분석을 수행한다.

4) EC2 로그를 Amazon S3로 보낸다. Amazon Redshift를 사용하여 S3 버킷에서 로그를 가져와 Amazon QuickSight로 추가 분석을 위해 원시 데이터를 처리한다.

해설

모든 EC2 인스턴스에 대한 세부 모니터링을 활성화하고 Amazon CloudWatch 지표를 사용하여 추가 분석을 수행한다.

146 회사는 AWS를 사용하여 제품 정보 웹사이트를 호스팅한다. 현재 접근 방식은 Application Load Balancer 뒤의 Auto Scaling 그룹에서 수많은 Amazon EC2 인스턴스를 배포한다. 웹사이트는 특수 DNS 이름을 사용하고 전용 SSL 인증서를 사용하여 HTTPS를 통해서만 상호 작용한다. 이 회사는 새로운 제품을 출시하는 과정에 있으며 전 세계의 사람들이 새 웹사이트에서 가능한 최고의 경험을 즐길 수 있도록 하고자 한다.

이러한 기준이 충족되도록 솔루션 아키텍트는 어떤 조치를 취해야 하는가?

1) Amazon CloudFront를 사용하도록 애플리케이션을 재설계한다.

2) AWS Elastic Beanstalk를 사용하도록 애플리케이션을 재설계한다.

3) Network Load Balancer를 사용하도록 애플리케이션을 재설계한다.

4) Amazon S3 정적 웹사이트 호스팅을 사용하도록 애플리케이션을 재설계한다.

해설

전세계에 서비스를 제공해야 하므로 CloudFront의 Cache Server를 사용해서 비용을 절감하고 빠르게 제공한다.

147 솔루션 아키텍트는 2계층 온라인 애플리케이션을 구축해야 한다. 애플리케이션은 퍼블릭 서브넷의 Amazon EC2에서 호스팅되는 프런트 엔드 웹 계층으로 구성된다. 데이터베이스 계층은 Amazon EC2의 프라이빗 서브넷에서 작동하는 Microsoft SQL Server 인스턴스로 구성된다. 회사는 보안을 매우 중요하게 생각한다.

이 경우 보안 그룹을 어떻게 구성해야 하는가? (2개를 선택하세요.)

1) 0.0.0.0/0에서 포트 443의 인바운드 트래픽을 허용하도록 웹 계층에 대한 보안 그룹을 구성한다.

2) 0.0.0.0/0에서 포트 443의 아웃바운드 트래픽을 허용하도록 웹 계층에 대한 보안 그룹을 구성한다.

3) 웹 계층에 대한 보안 그룹에서 포트 1433의 인바운드 트래픽을 허용하도록 데이터베이스 계층에 대한 보안 그룹을 구성한다.

4) 데이터베이스 계층에 대한 보안 그룹을 구성하여 포트 443 및 1433의 아웃바운드 트래픽을 웹 계층에 대한 보안 그룹을 구성한다.

5) 웹 계층의 보안 그룹에서 포트 443 및 1433의 인바운드 트래픽을 허용하도록 데이터베이스 계층에 대한 보안 그룹을 구성한다.

해설

SSL 포트번호 443과 SQL Server 포트번호 1433의 인바운드만 보안 그룹에서 허용해야 한다.

148 AWS에서 호스팅되는 애플리케이션에는 성능 문제가 있다. 애플리케이션 공급업체는 문제 해결을 위해 로그 파일을 분석하려고 한다. 로그 파일의 크기는 10GB이며 Amazon S3에 저장되어 있다. 짧은 기간 동안 애플리케이션 소유자는 공급업체가 로그 파일에 액세스해야 한다.

이를 수행하는 가장 안전한 방법은 무엇인가?

1) S3 객체에 대한 공개 읽기를 활성화하고 공급업체에 대한 링크를 제공한다.

2) 파일을 Amazon WorkDocs에 업로드하고 공개 링크를 공급업체와 공유한다.

3) 미리 서명된 URL을 생성하고 만료되기 전에 공급업체가 로그 파일을 다운로드하도록 한다.

4) 공급업체가 S3 버킷 및 애플리케이션에 대한 액세스 권한을 제공할 IAM 사용자를 생성한다. 다단계 인증을 시행한다.

해설

미리 서명된 URL을 생성하고 만료되기 전에 공급업체가 로그 파일을 다운로드하도록 한다.

149 회사는 과거의 서비스 데이터를 가지고 있다. 데이터 분석가는Amazon S3에 저장된 csv 파일에 대해 SQL 쿼리를 실행해야 한다 솔루션 아키텍트는 쿼리의 비용 효율성을 극대화하는 솔루션을 제공해야 한다.

어떤 솔루션이 이러한 기준을 충족하는가?

1) Amazon EMR 클러스터 생성. 데이터 로드. 쿼리 수행

2) Amazon Redshift 클러스터 생성. 데이터 로드. 쿼리 수행

3) Amazon Aurora PostgreSQL DB 클러스터 생성. 데이터 로드. 쿼리 수행

4) Amazon Athena 데이터베이스 생성. Amazon S3의 데이터 연결. 쿼리 수행

해설

Amazon Athena는 S3에 저장된 데이터를 SQL로 접근하여 사용할 수 있다.

150 회사의 웹 애플리케이션은 Application Load Balancer를 통해 라우팅되는 Amazon EC2 인스턴스에서 호스팅된다. 사용자는 과거 날씨 데이터를 사용하여 맞춤형 보고서를 작성할 수 있다. 보고서를 생성하는 데 최대 5분이 소요될 수 있다. 이러한 긴 쿼리는 시스템에서 사용 가능한 수신 연결의 상당 부분을 사용하여 시스템을 다른 사용자가 사용할 수 없다.

솔루션 아키텍트는 어떻게 시스템의 응답성을 높일 수 있는가?

1) Amazon SQS를 AWS Lambda와 함께 사용하여 보고서를 생성한다.

2) Application Load Balancer의 유휴 시간 제한을 5분으로 늘린다.

3) 요청 시간 제한을 5분으로 늘리기 위해 클라이언트 측 애플리케이션 코드를 업데이트한다.

4) 보고서를 Amazon S3에 게시하고 Amazon CloudFront를 사용하여 사용자에게 다운로드한다.

해설

Amazon SQS를 AWS Lambda와 함께 사용하여 보고서를 생성한다.

151 회사는 현재 온프레미스에 정적 웹사이트를 유지 관리하고 있으며, 이를 AWS로 이전하려고 한다. 전 세계 사용자들은 웹사이트에 가능한 한 빨리 사용할 수 있어야 한다. 또한 회사는 가장 비용 효율적인 옵션을 찾고 있다.

솔루션 아키텍트는 이를 달성하기 위해 어떤 조치를 취해야 하는가?

1) 웹사이트 콘텐츠를 Amazon S3 버킷에 복사한다. 정적 웹 페이지 콘텐츠를 제공하도록 버킷을 구성한다. S3 버킷을 여러 AWS 리전에 복제한다.

2) 웹사이트 콘텐츠를 Amazon S3 버킷에 복사한다. 정적 웹 페이지 콘텐츠를 제공하도록 버킷을 구성한다. S3 버킷을 오리진으로 사용하여 Amazon CloudFron를 구성한다.

3) 웹사이트 콘텐츠를 Apache HTTP Server를 실행하는 Amazon EBS 지원 Amazon EC2 인스턴스에 복사한다. 가장 가까운 오리진을 선택하도록 Amazon Route 53 지리적 위치 라우팅 정책을 구성한다.

4) 여러 AWS 리전에서 Apache HTTP Server를 실행하는 여러 Amazon EBS 지원 Amazon EC2 인스턴스에 웹사이트 콘텐츠를 복사한다. 가장 가까운 오리진을 선택하도록 Amazon CloudFront 지리적 위치 라우팅 정책을 구성한다.

해설

전 세계 이용자가 빠르게 사용하는 방법은 S3와 CloudFront를 사용하는 것이다.

학습목표

본 장에서는 AWS 서비스의 보안 취약점 검사를 국내
Compliance에 맞게 진단하고 개선하는 방법을 설명한다.

AWS 보안 취약점

Amazon Web Service

Section 01 AWS 서비스

POINT 1 관리자 계정 최소화

모든 AWS 리소스를 보호하기 위해서 IAM에서 최소한의 권한만 부여해야 한다. 특히 관리자 계정은 최소화하여 통제해야 한다.

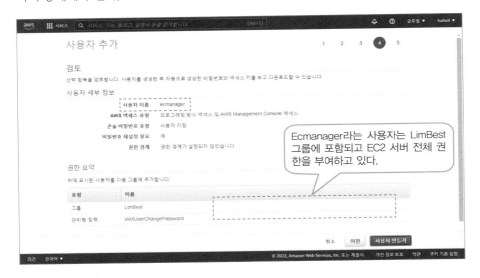

▲ IAM 권한 관리

IAM에서 불필요한 사용자에게 전체 모든 권한을 부여하면 보안에 취약하다. 따라서 최소한의 권한으로 관리해야 한다.

단일 계정 사용

반드시 필요한 경우를 제외하고 IAM 계정은 1인 1계정을 사용해야 한다.

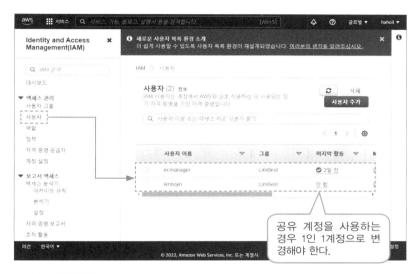

▲ IAM 계정 리스트

IAM 사용자 계정 식별

IAM 계정은 태그 정보를 추가하여 사용자를 식별 및 관리할 수 있도록 한다.

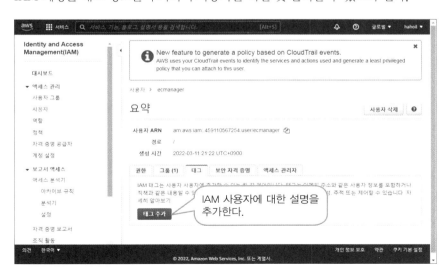

▲ IAM 계정에 대한 태그 정보

EC2 인스턴스에 접근할 때 사용하는 키 페어 파일은 모두 등록해서 관리한다. 키 페어 등록은 키 페어 생성 시에 키 페어 메뉴를 통해서 생성하면 된다.

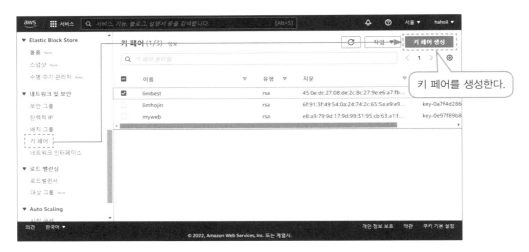

▲ 키 페어 생성

▲ EC2 인스턴스 키 페어 파일

Key Pair(키 페어) 보관

생성된 키 페어 파일은 S3 스토리지에 전용 버킷을 생성하고 관리한다. 해당 버킷은 비인가자가 접근할 수 없도록 통제해야 한다.

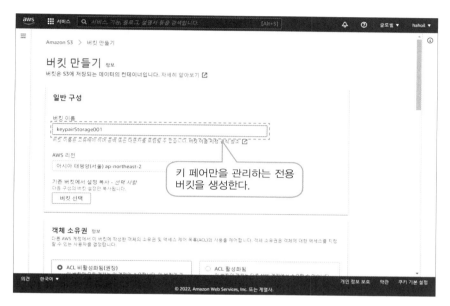

▲ 키 페어 저장 버킷 생성

POINT **6** **MFA(Multi-Factor Authentication) 사용**

AWS 계정과 리소스에 대한 보안성 향상을 위해서 다중 인증 서비스를 활성화한다. 즉 패스워드 이외에 OTP(One-Time Password)를 사용해서 인증한다.

▲ MFA 활성화(1)

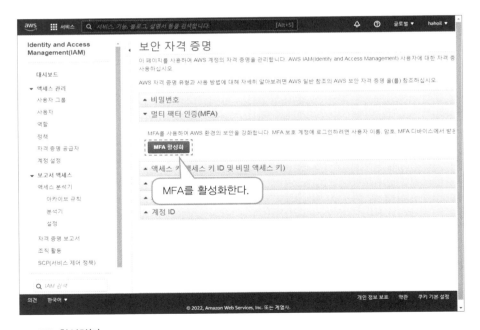

▲ MFA 활성화(2)

AWS 계정에 대한 패스워드 최소 길이, 변경 주기, 패스워드 작성 정책 등을 적용하여 패스워드를 관리해야 한다.

▲ 암호 정책(1)

▲ 암호 정책(2)

POINT 8 권한 관리

IAM 계정 사용자에게 최소한의 권한만 사용할 수 있도록 한다.

▲ 권한 관리

POINT 9 Access key 관리

Access key는 CLI(Command Line Interface) 및 API(Application Program Interface)로 인증할 때 사용된다. 따라서 Access key 유출 시에 보안에 심각한 취약점이 발생하므로 변경 주기 및 안전한 장소에 보관해야 한다.

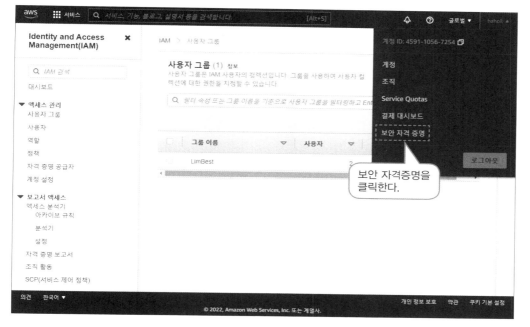

▲ 보안 자격 증명

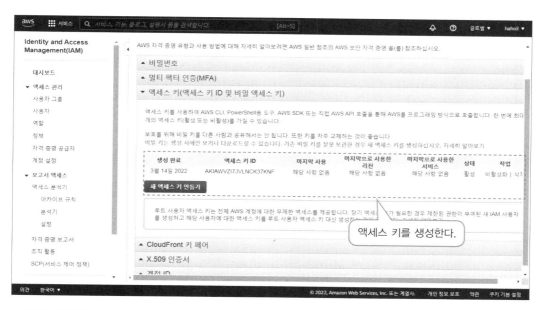

▲ 액세스 키 관리

인스턴스 암호화 설정

EBS에 저장되는 데이터를 암호화하여 애플리케이션 데이터를 안전하게 관리할 수 있다.

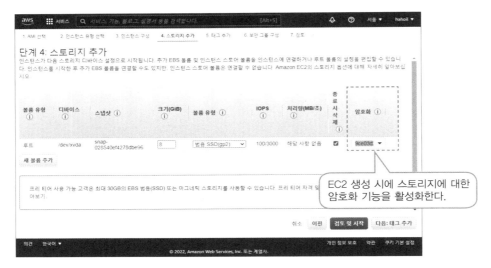

▲ EC2 인스턴스 생성 시에 암호화 기능 활성화

RDS 암호 설정

RDS 생성 시에 데이터베이스에 저장되는 모든 데이터를 암호화한다.

▲ RDS 생성 시에 암호화 설정

POINT 12 S3 암호 설정

S3에 저장되는 객체에 대해서 모두 암호화를 수행한다.

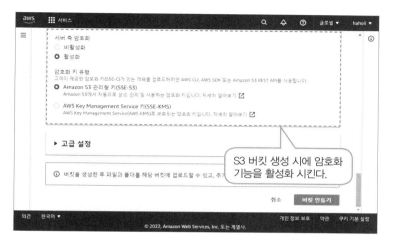

▲ S3 생성 시에 암호화 설정

POINT 13 보안 그룹 설정

보안 그룹 인바운드와 아웃바운드 설정 시에 불필요한 허용을 하지 말고 ANY를 설정하면 안 된다. 또한 불필요하게 등록된 것을 삭제한다.

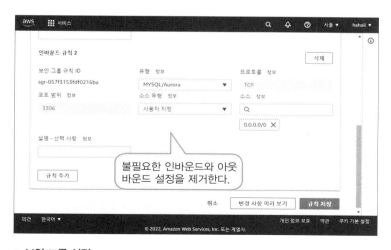

▲ 보안 그룹 설정

서브넷 단위로 접근통제를 수행하는 것이 네트워크 접근 통제이다. 네트워크 접근통제에 불필요하게 트래픽을 허용하면 안 된다.

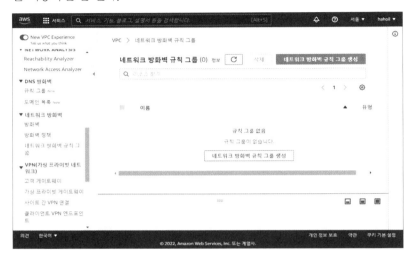

▲ NACL(Network Access Control List)

S3에 저장되어 있는 객체에 대해서 모든 사용자(Everyone)가 읽기, 쓰기 권한이 허용되어 있는 경우 보안에 취약하다.

◀ S3 버킷에 대한 접근통제

AWS CloudTrail 서비스는 AWS 사용자 및 애플리케이션의 활동을 추적관리할 수 있다. 따라서 CloudTrail 서비스를 활성화하여 로그를 기록해야 한다.

– 사용자 계정 추적 및 S3에 저장된 버킷에 대해서 추적성을 확보한다.

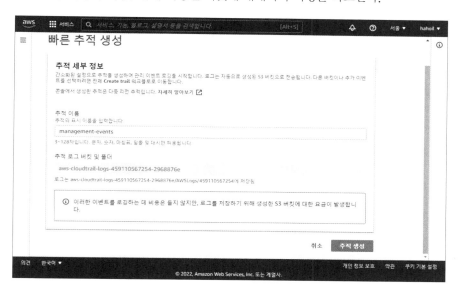

▲ CloudTrail 서비스

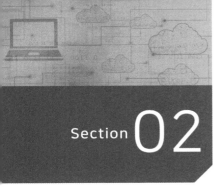

Section 02 AWS EC2 인스턴스 보안 취약점 검사

POINT 1 Root 계정으로 원격접속 가능 확인

- /etc/securetty 파일에서 console과 pts 필드를 확인한다. securetty 파일에 console이 등록되어 있고 pts 필드가 없으면 root 계정에 대한 원격접속은 제한되어 있는 것이다.
- /etc/ssh/sshd_config 파일에 PermitRootLogin인 필드가 yes로 되어 있으면 보안 취약점이 발생한다.

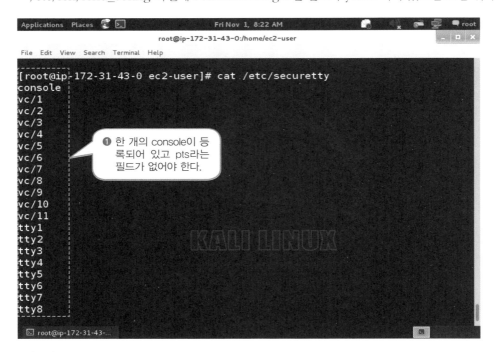

▲ /etc/securetty 파일

▲ ssh root 접속제한

POINT 2 EC2 서버 패스워드에 대한 복잡성 설정

– 패스워드는 최소 8자 이상 숫자, 영문 소문자, 영문 대문자, 특수문자 중 3가지 이상으로 조합해서 사용해야 한다.

[패스워드 작성 규칙]

1. 영문, 숫자, 특수문자를 조합하여 계정명과 상이한 8자 이상의 패스워드 설정
   ※ 다음 각 목의 문자 종류 중 2종류 이상을 조합하여 최소 10자리 이상, 또는 3종류 이상을 조합하여 최소 8자리 이상의 길이로 구성
   가. 영문 대문자(26개)
   나. 영문 소문자(26개)
   다. 숫자(10개)
   라. 특수문자(32개)
2. 시스템마다 상이한 패스워드 사용
3. 패스워드를 기록해 놓을 경우 변형하여 기록
4. 가급적 자주 패스워드를 변경할 것

EC2 계정 잠금 임계치 설정

– 5회 이상 패스워드가 틀린 경우 접속을 제한해야 한다.

– /etc/pam.d/system–auth 파일에 `auth required /lib/security/pam_tally.so deny=5 unlock_`
`time=120 no_magic_root account required /lib/security/pam_tally.so no_magic_root reset`을
설정해야 한다.

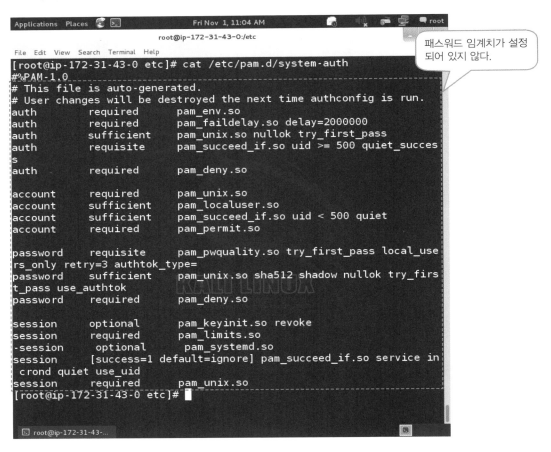

▲ 계정 잠금 임계치 설정

POINT 4 — EC2 패스워드 최대 사용기간 설정

- 패스워드 최대 사용기간은 90일로 되어 있다. /etc/login.defs 파일의 PASS_MAX_DAYS에 패스워드 최대 사용기간이 90일로 설정되어야 한다.
- /etc/passwd 파일에서 사용자 정보를 획득한 후에 /etc/shadow 파일에서 패스워드 최대 사용기간이 90일로 되어 있는지 확인해야 한다.

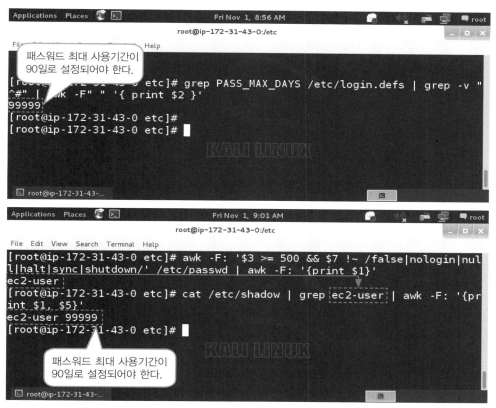

▲ 패스워드 최대 사용기간 확인

– /etc/shadow 파일에 대해서 Other user에게는 Write 권한이 제거되어야 한다.

▲ 패스워드 파일 보호

– PATH 환경변수 ".", ".." 등이 설정되어 있는지 확인해야 한다. 즉 백도어(Backdoor)가 실행될 수 있기 때문에 ".", ".."은 환경변수에서 제거해야 한다.

▲ 패스(Path) 설정

– 파일 및 디렉터리에 nouser와 nogroup이 설정되어 있는 것을 확인해야 한다. 만약 nouser와 nogroup
이 있다면 보안에 취약하다.

▲ 파일 및 디렉터리 소유자

POINT **8** EC2 passwd 파일 소유자 및 권한 설정

– passwd 파일의 소유자는 root이어야 하고 root만 Read와 Write권한이 있어야 한다. Root그룹과 다른
사용자(Other user)는 Read만 가능해야 한다.

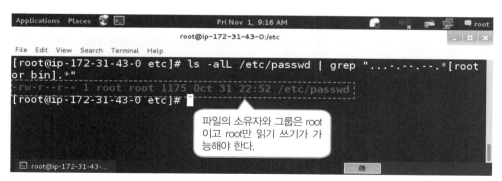

▲ 파일 소유자 및 권한 설정

EC2 shadow 파일 소유자 및 권한 설정

– shadow 파일의 소유자는 root이어야 하고 root만 Read가 가능해야 한다.

▲ shadow 파일 소유자 및 권한 설정

EC2 hosts 파일 소유자 및 권한 설정

– /etc/hosts 파일의 소유자와 그룹은 root이고 root만 Read와 Write가 가능해야 한다.

▲ hosts 파일 소유자 및 권한 설정

EC2 inetd.conf 파일 소유자 및 권한 설정

– /etc/(x)inetd.conf 파일의 소유자와 그룹은 root이고 root만 Read와 Write가 가능해야 한다.

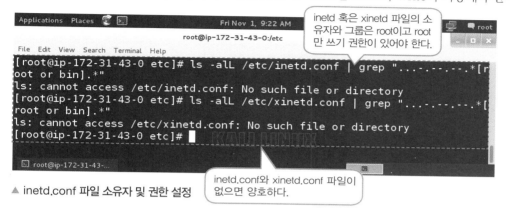

> inetd 혹은 xinetd 파일의 소유자와 그룹은 root이고 root만 쓰기 권한이 있어야 한다.

> inetd.conf와 xinetd.conf 파일이 없으면 양호하다.

▲ inetd.conf 파일 소유자 및 권한 설정

EC2 syslogd.conf 파일 소유자 및 권한 설정

– /etc/syslogd.conf 파일의 소유자와 그룹은 root이고 root만 Read와 Write가 가능해야 한다.

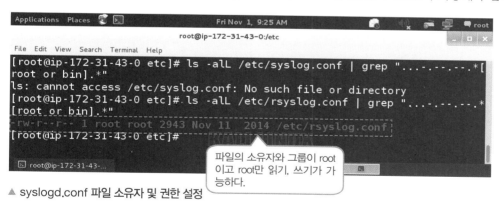

> 파일의 소유자와 그룹이 root이고 root만 읽기, 쓰기가 가능하다.

▲ syslogd.conf 파일 소유자 및 권한 설정

EC2 services 파일 소유자 및 권한 설정

– /etc/services 파일의 소유자와 그룹은 root이고 root만 Read와 Write가 가능해야 한다

▲ services 파일 소유자 및 권한 설정

EC2 특수 권한 확인

– setuid, setgid, sticky bit 설정을 확인한다. 불필요하게 setuid와 setgid, sticky bit가 설정된 파일은
제거해야 한다.

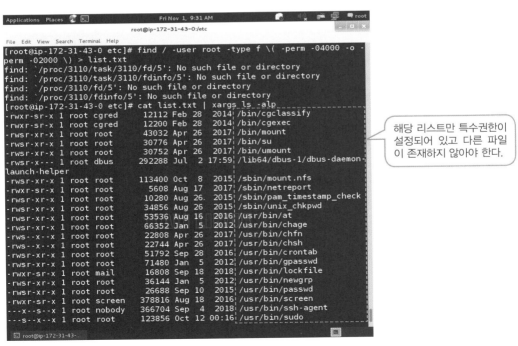

▲ 특수 권한 확인

– 사용자 디렉터리, 그리고 root 소유 디렉터리를 확인한다.

▲ 사용자, 시스템 시작 파일 등 권한

– world writable 파일이라는 것은 모든 사용자가 쓰기 가능한 파일을 의미한다. world writable 파일이 존재하면 그 이유를 확인해야 한다.

▲ world writable 파일 점검

EC2 $HOME/.rhosts, /etc/hosts.equiv 파일 사용 금지

– R–Command를 사용 제한하기 위해서 $HOME/.rhosts 파일과 /etc/hosts.equiv 파일 사용을 금지해
  야 한다.

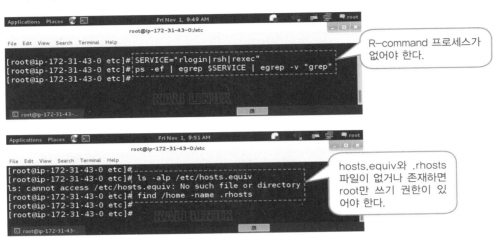

▲ $HOME/.rhosts, /etc/hosts.equiv 파일 사용 금지

EC2 서버 접속 IP 및 포트 제한

– 불필요한 서비스 및 포트를 제한해야 한다.

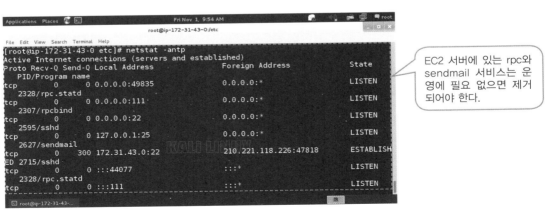

▲ 서버 접속 IP 및 포트 제한

POINT 19 **EC2 cron 파일 소유자 및 권한 설정**

– cron 서비스를 사용하면 cron.allow와 cron.deny 파일에 대한 권한을 확인해야 한다. 즉 소유자와 그룹이 root이고 쓰기 권한은 root만 가지고 있어야 한다.

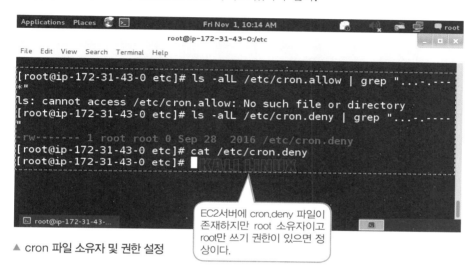

▲ cron 파일 소유자 및 권한 설정

POINT 20 **EC2 finger 서비스 비활성화**

– finger 서비스 실행 여부를 확인해서 finger 서비스를 차단해야 한다.

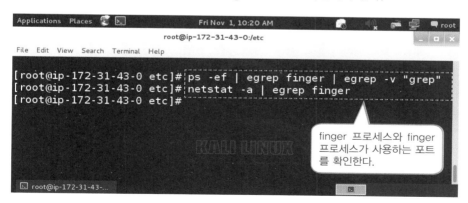

▲ finger 서비스 비활성화

– Anonymous FTP를 비활성화해야 한다.

▲ Anonymous FTP 비활성화

– r계열 서비스를 비활성화해야 한다.

▲ r계열 서비스 비활성화

EC2 DoS 공격에 취약한 서비스 비활성화

- DoS 공격에 취약한 서비스를 비활성화해야 한다.

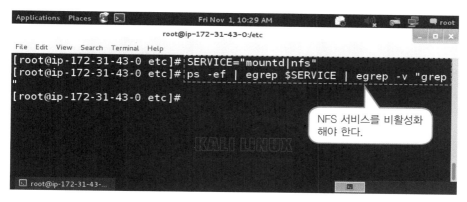

▲ DoS 공격에 취약한 서비스 비활성화

EC2 NFS 서비스 비활성화

- NFS 서비스를 비활성화해야 한다.

▲ NFS 서비스 비활성화

– NFS 서비스를 사용하는 경우에 /etc/exports 파일로 접근 권한을 부여해야 한다.

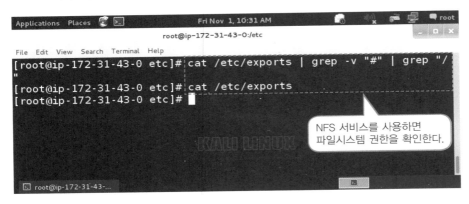

▲ NFS 접근통제

– automounted 서비스는 파일 시스템을 자동으로 마운트한다. 따라서 automountd 서비스를 제거한다.

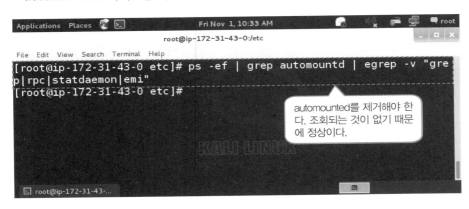

▲ automountd 제거

POINT 27) EC2 RPC 서비스 확인

- RPC 서비스는 원격으로 프로시저를 호출할 수 있는 기능으로 RCP 서비스를 제거한다.

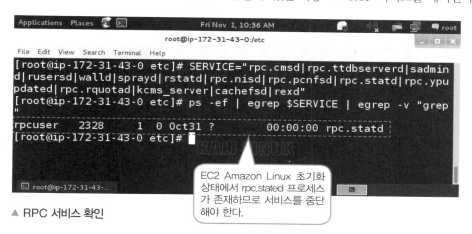

▲ RPC 서비스 확인

POINT 28) EC2 NIS, NIS+ 점검

- NIS 서비스는 리눅스 서버를 원격으로 관리하는 서비스이다. NIS 서비스가 불필요한 경우 제거한다.

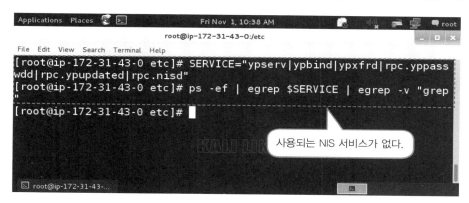

▲ NIS, NIS+ 점검

– tftp, talk 서비스를 비활성화해야 한다.

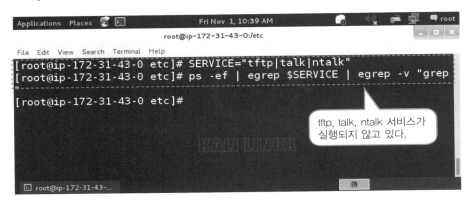

▲ tftp, talk 서비스 비활성화

– Sendmail 버전이 최신 버전인지 확인한다.

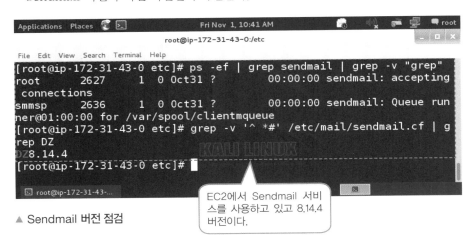

▲ Sendmail 버전 점검

− 스팸 메일 릴레이를 제한한다.

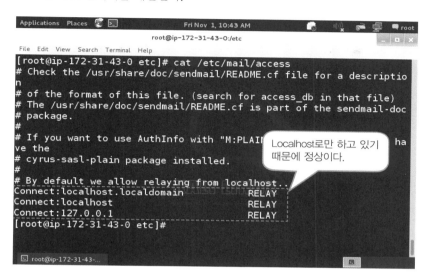

▲ 스팸 메일 릴레이 제한

− 일반 사용자가 Sendmail을 실행하는 것을 방지해야 한다.

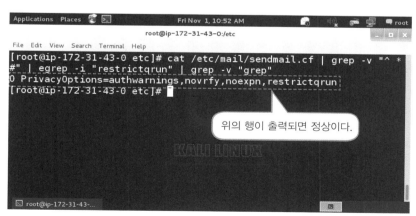

▲ 일반 사용자의 Sendmail 실행 방지

EC2 DNS 보안 버전 패치

- DNS를 최신 버전으로 패치해야 한다.

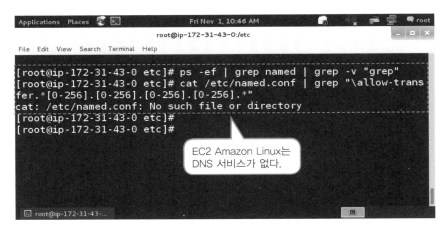

▲ DNS 보안 버전 패치

EC2 DNS ZoneTransfer 설정

- Master DNS와 Slave DNS 간의 Zone 정보를 전송할 때 IP로 제한해야 한다.

EC2 최신 보안패치 및 벤더 권고사항 적용

- DNS를 최신 버전으로 패치해야 한다.

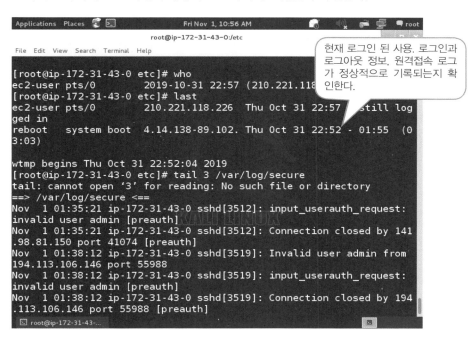

```
[root@ip-172-31-43-0 etc]# cat /etc/*release
NAME="Amazon Linux AMI"
VERSION="2018.03"
ID="amzn"
ID_LIKE="rhel fedora"
VERSION_ID="2018.03"
PRETTY_NAME="Amazon Linux AMI 2018.03"
ANSI_COLOR="0;33"
CPE_NAME="cpe:/o:amazon:linux:2018.03:ga"
HOME_URL="http://aws.amazon.com/amazon-linux-ami/"
Amazon Linux AMI release 2018.03
[root@ip-172-31-43-0 etc]#
```

> Amazon에서 제공하는 최신 버전인지 확인해야 한다.

▲ EC2 최신 보안패치 및 벤더 권고사항

POINT 36 EC2 로그의 정기적 검토 및 보고

— 리눅스 서버의 로그 파일이 정상적으로 기록되고 있는지 확인한다.

```
[root@ip-172-31-43-0 etc]# who
ec2-user pts/0          2019-10-31 22:57 (210.221.118
[root@ip-172-31-43-0 etc]# last
ec2-user pts/0          210.221.118.226  Thu Oct 31 22:57   still log
ged in
reboot   system boot  4.14.138-89.102. Thu Oct 31 22:52 - 01:55   (0
3:03)

wtmp begins Thu Oct 31 22:52:04 2019
[root@ip-172-31-43-0 etc]# tail 3 /var/log/secure
tail: cannot open '3' for reading: No such file or directory
==> /var/log/secure <==
Nov  1 01:35:21 ip-172-31-43-0 sshd[3512]: input_userauth_request:
invalid user admin [preauth]
Nov  1 01:35:21 ip-172-31-43-0 sshd[3512]: Connection closed by 141
.98.81.150 port 41074 [preauth]
Nov  1 01:38:12 ip-172-31-43-0 sshd[3519]: Invalid user admin from
194.113.106.146 port 55988
Nov  1 01:38:12 ip-172-31-43-0 sshd[3519]: input_userauth_request:
invalid user admin [preauth]
Nov  1 01:38:12 ip-172-31-43-0 sshd[3519]: Connection closed by 194
.113.106.146 port 55988 [preauth]
```

> 현재 로그인 된 사용. 로그인과 로그아웃 정보, 원격접속 로그가 정상적으로 기록되는지 확인한다.

▲ 로그의 정기적 검토 및 보고

- /etc/motd 파일에 보안 경고를 포함시킨다.

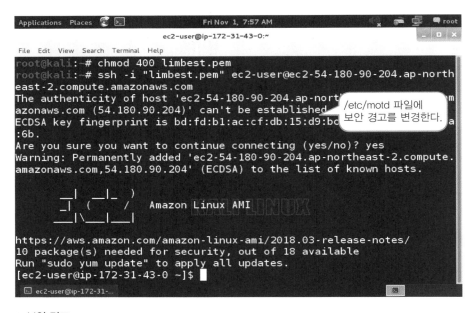

▲ 보안 경고